本书系福建省教育科学规划办2021年基础教育高质量发展重点委托课题"科研赋能教研：指向优质课堂构建的中小学教科研融合行动研究"（FJWTZD21—17）研究成果。

行知创：
初中语文联动课堂

黄玲妹 ◎ 著

海峡出版发行集团 | 福建教育出版社

图书在版编目（CIP）数据

行知创：初中语文联动课堂/黄玲妹著. —福州：福建教育出版社，2024.7. —ISBN 978-7-5758-0027-3

Ⅰ.G633.302

中国国家版本馆 CIP 数据核字第 2024VB1375 号

Xingzhichuang: Chuzhong Yuwen Liandong Ketang

行知创：初中语文联动课堂

黄玲妹　著

出版发行	福建教育出版社
	（福州市梦山路 27 号　邮编：350025　网址：www.fep.com.cn
	编辑部电话：0591-83726971
	发行部电话：0591-83721876　87115073　010-62024258）
出 版 人	江金辉
印　　刷	福建省地质印刷厂
	（福州市金山工业区　邮编：350011）
开　　本	710 毫米×1000 毫米　1/16
印　　张	24
字　　数	355 千字
插　　页	1
版　　次	2024 年 7 月第 1 版　2024 年 7 月第 1 次印刷
书　　号	ISBN 978-7-5758-0027-3
定　　价	59.00 元

如发现本书印装质量问题，请向本社出版科（电话：0591-83726019）调换。

序一

我眼中的行知式"三手"教师

所谓"三手"教师是指课堂教学高手、班级（学校）管理强手、教研写作能手，这一理念是笔者在"同心·行知乡村教师成长计划"公益项目中，经过四年多的实践与探索，为培养乡村教师所提出的主张。黄玲妹老师，以其卓越的教学实践，成为"课堂教学高手"的典型代表。当她把专著《行知创：初中语文联动课堂》文稿寄予我，请求我撰写书序时，我深感荣幸，她的教研写作能力已经达到了一个新的高度，她正是我期待并致力去培养的行知式"三手"教师。

给语文老师写书序，无疑是一种挑战。我曾建议她邀请语文界的名家来完成这一任务，但黄老师坚持认为，作为她成长历程的见证者，我眼中的黄玲妹，将是一个独特的视角。从这个角度出发，我相信自己有足够的话语权。专著第一章"联动"语文的缘起与背景，介绍了她的教学模式形成过程，从"以教为中心"到"以学为中心"，再到"以'做事'为中心"，展现了她对伟大的人民教育家陶行知先生"教学做合一"理念的深刻理解与实践，这是对教育高端境界的一次精彩诠释。黄老师不仅理解了陶行知的"教学做合一"方法论，更是在教学中娴熟运用，实现了高效课堂教学的典范。

我与黄老师相识于指导连城县隔川中学申报第一个省级教学成果奖之时，深度相交于"同心·行知乡村教师成长计划"高级研修班。从2017年底至今，已有6年多了。我见证了她从硬拼会干的一名乡村教师到充满教育智慧名师、行知式"三手"优秀教师的成长,见证了她《不平凡的2018年"十个一"——缘于初中"壮腰"工程省级培训的连锁效应》;见证了她当上福建省科学技术协会第九次代表大会代表(跨界),获评龙岩市名师、连城县第二届教书育人模范、龙岩市芳梅教育奖等。黄老师先后三次获福建省基础教育教学成果奖二等奖,其中一项为成果主持人;2019年以来在CN期刊和省级内刊发表20多篇文章……黄老师多次在省内参与笔者的"基于陶行知'教学做合一'高效课堂教学"专题活动,承担示范教学。她是我眼中的行知式"三手"教师。

一、黄玲妹老师是课堂教学高手型教师

"教学有法,教无定法,贵在得法"。这是教育人的共识。古语说:三百六十行,行行出状元。俗语"高手在民间"则是指各领域总有一些人拥有超越常人的才华和技能,有的是文学才华,有的是武艺高强,有的是医术精湛,有的是技艺超群……课堂教学高手主张正是基于这些共识,中小学也有教学技能高超的教学高手。笔者的课堂教学高手外显特征是:不争课时,不抢课时,课后作业减半或者不布置,成绩名列前茅。不争课时,不抢课时是确保学校开齐开足开好国家课程,落实"立德树人"根本任务,培养学生德智体美劳全面发展的前提;作业减半或基本不布置,是避免题海战术,减轻学生学习负担,体现课堂教学高效的最基本特征,更是教师教学自信和教学实力的反映。课堂教学高手的特征是:课堂教学体现陶行知生活教育理论的方法论"教学做合一"。即一个中心,两条哲理:以"做事"为中心(以目标达成、能力培养为中心),在劳力上劳心,以教人者教己。

2017年底,我到连城隔川中学调研时,听说黄玲妹老师教学水平高,语文教学成绩名列前茅,主动提出要去听她的语文课。发现她的课堂是以给予式、灌输式的教学为主,而不是启发式、引导式、探究式教学,缺乏引导学生动脑思考,缺少给学生动脑思考的时间,表面上教学效果不错,实质效率不高,不符合陶行知"在劳力上劳心"原理。正是此次的听课,黄老师接受了我的建议,开启了基于陶行知"教学做合一"高效课堂教学研究、实践与探索,教学自信、教学技能与教学方法运用获得质的飞跃,取得显著的教学

业绩和教学成果。如今，兼任学校教研重任的她，担任两个大班的语文教学任务，还要指导龙岩市基础教育改革试点基地校"价值连城"跨学科主题实践课程建设，指导项目组成员不断转化教学教研成果。

认真阅读黄老师专著第一章第三节"六动"课堂实践和第二章语文"联动"课堂模式概述及第三章"联动"语文的概念梳理，同时走进黄老师的真实课堂，就会发现黄老师的课堂充满活力，教学得法，处处时时都能感受到其教学设计、教学实施充分体现"以培养能力和目标落实为中心"，教学过程"在劳力上劳心"：精准设置教学目标，精确分析教材学情，精心设计教学环节，精讲课堂教学内容，精心引领"在劳力上劳心"，精选有效习题作业。学生的学习过程充分体现"在劳力上劳心"，基于陶行知"六大解放"思想的"六动"落实到位：脑动、手动、口动、眼动、耳动、脚动，促进学生肯想、敢想、善想、乐想，肯干、敢干、善干、乐干，能言会道、敢问、善答，仔细耐心、善于倾听。"联动课堂"则是"六动课堂"的升级版，更凸显"教学做合一"中"做"的三个特征：行动、思想、产生新价值。"行动"（有效的教与学行为）是前提；"思想"是关键，即有问题意识，有解决问题的思路、想法、策略等等；"产生新价值"是核心，问题解决，知识掌握，能力培养，核心素养落实。教师的"六精"设计实施与学生的"六动联合"主动学习构建了一种高效课堂教学模式。凭借着黄老师的教学自信和卓越的课堂驾驭能力，教学效果必然高效。黄老师具有陶行知"做第一流教育家"的开拓创新精神。

二、黄玲妹老师是教研写作能手型教师

黄老师师范毕业，自考大专和本科，学习能力强。在2019年以前，曾发表论文CN期刊3篇，但期刊级别较低，没有做过省级课题，几乎没有省级教学教研成果。参加"同心·行知乡村教师成长计划"以来，教研意识、教研能力显著增强，教育教学教研成果丰硕。

三次获得省级教学成果奖。2018年3月，笔者发现隔川中学教学质量位于龙岩市初中校前列，其开设的校本课程《连城拳》很有特色，建议以《农村初中小规模学校优质办学实践探索》为题，申报福建省基础教育教学成果

奖。校长把申报书撰写任务交给黄老师，她很快就理解和把握了成果报告申报书核心内容和撰写要领，该项目喜获 2018 年福建省教学成果奖二等奖（黄老师排名第 2），这是连城县第一个省级教学成果奖。黄老师自己主持的项目"基于'教学做合一'的农村初中'六动'课堂行动研究"则在 2 年之后，获得 2020 年福建省教学成果奖二等奖。一位乡村初中教师主持项目获省级教学成果奖实属了不起。第一个成果奖是先做出来后总结，第二个则是先设计后实施，黄老师经历了"总结与培育"两类教学成果获奖体验。2022 年参与龙岩市教育科学研究院游爱娇老师主持的项目"二十载德育·传统文化·综合实践活动融合与创新的研究与探索教学"获福建省教学成果二等奖，这是她第三次获教学成果奖（排名第 6）。

教研成果面广量多。6 年来先后多次在龙岩市教学技能比赛中获奖，语文作业设计获福建省中小学优秀奖，课例获省级优课、"三优联评"市三等奖，微课录制、技能比赛获县一等奖；研学片段教学比赛、精品案例评比获市一等奖，作业设计、片段教学获市二等奖；主持多项省级课题研究；参与《连城拳》校本教材的编写，获福建省中小学精品校本课程；参与龙岩市研学课程开发，担任《龙岩市初中研学课程指导用书》副主编工作；2019 年至今，在《福建教育》《福建基础教育研究》《福建教育学院学报》《生活教育》等期刊发表十余篇 CN 论文，在《福建陶研》发表 16 篇文章。2023 年 8 月，中国教育新闻网开展了"恩师难忘，师情永存"主题征文活动，黄玲妹老师的征文《探寻不惑、知惑、解惑的为师之道》入选优秀作品，并于 2023 年 9 月 7 日在中国教育新闻网上刊发。

黄老师的教研意识已经相当强大。我们经常交流，每次交流似乎都能产生论文选题、研究课题。四年的"行知·乡村教师成长计划"研修学习，帮助黄老师突破了理论瓶颈，并达到处处有教研、天天有教研、时时都有教研的境界。

三、黄玲妹老师也是一位班级（学校）管理强手型教师

黄老师在隔川中学曾兼任班主任、教务处副主任，后因所在区域教育资源整合，学校改名为连城二中分校，担任两个班语文教学。黄老师所带班级

学生活跃，兴趣浓厚，动力强劲，集体观念和班级荣誉感强。她组织学生开展家乡传统文化研究的综合实践活动，有力提升学生的实践能力、组织能力、学习能力，取得显著成效。以此转化的科技活动方案获龙岩市科技创新大赛科技辅导员项目优秀奖，是其当选福建省科学技术协会第九次代表大会代表的唯一科技条件。她所带班级到了初三被学校重新编班。有老师要拍摄精品课案例，还要把黄老师原带的学生全部集中起来上课，用黄老师班级学生才能拍出理想的课堂教学效果，由此可见黄老师管理班级能力与水平之高。

2022年9月，黄老师调入二中校本部，兼任学校教科室副主任，承担了龙岩市基础教育课程与教学改革试点（课程建设项目）基地校建设暨省级课题"基于核心素养的跨学科主题实践课程的建构与实施"重要任务，指导二中八年段的实验班老师开展"价值连城"跨学科主题实践课程建设并取得阶段研究成果。4月29—30日，连城二中承担了龙岩市课程建设项目试点基地校的首场开放活动，黄老师表现出强大的教研引领力。黄老师在班级（学校）管理上的能力和水平，得到了学校和同行的高度认可。

黄老师还是一位跨学科学习先行者。2018年，身为语文老师的她参加了福建省壮腰工程初中综合实践活动培训班，走进了培养学生综合素质的跨学科实践性课程，为其专业发展提供了新平台。她指导的综合实践活动案例获部优、省优课，科技活动方案获龙岩市科技创新大赛科技辅导员项目优秀奖；当选省科协九大代表，引领连城二中"价值连城"跨学科主题实践课程等都反映了黄老师实践能力和综合素质的跨越式发展。

黄老师还是一位行知式教师。纵观黄老师的专业成长，可以深切感受到她身上所具有的陶行知精神，如"爱满天下"的博爱精神，"捧着一颗心来，不带半根草去"的奉献精神，"千教万教教人求真；千学万学学做真人"的育人治学精神，"做第一流教育家"的开拓创新精神，"敢入未开化的边疆，敢探未发现的新理"。同时，更能感受到她深入领悟并灵活运用陶行知生活教育理论"教学做合一"方法论，娴熟驾驭教学、教研、管理工作的硬功夫真本事。

《行知创：初中语文联动课堂》一书是黄老师6年多来教学教研成果的结晶，书中向我们展示其教学教研成果的同时，也为我们提供了专业快速成长的秘籍和通道，为各个学科构建高效课堂提供了一种有效教学实践模式，为语文学科跨学科学习提供了可操作可借鉴的路径。

《行知创：初中语文联动课堂》一书的正式出版表明，"学理论，提三力""做行知式'三手'教师"是中小学教师尤其是乡村教师专业成长的有效路径，陶行知九十多年前提出的生活教育理论仍具有强大的当代价值，学懂弄通"教学做合一"方法论，将使人勇于超越，追求卓越。

邹开煌

2024 年 5 月

（邹开煌，福建省教育学院教授，教育部国培计划首批专家、"十四五"专家，曾任《福建基础教育研究》主编、福建教育学院闽派特色教育研究所所长；现任福建省陶行知研究会执行会长兼秘书长、中国教育学会综合实践分会学术委员）

序二

课堂教学改革的探索者

　　熟知黄玲妹老师的人，都愿意把她和探索者联系在一起。她勇于课堂实践，勤于探寻规律，善于学科融合，乐于辐射引领。

　　她是课堂教学改革的探索者。我与黄老师认识已五年有余。2019年1月，经福建教育学院邹开煌教授推荐，我领衔的"基于学校教育过程的微观公平研究"项目组到连城县隔川中学调研。隔川中学当时正开展福建省义务教育教改示范性建设学校暨福建省"十三五"规划专项课题"基于关键能力培养的初中'教学做合一'教学模式研究"课堂教学研讨活动。我听她执教《昆明的雨》一课，她指导学生用"一张地图读懂汪老"，让我看到跨学科知识在语文课堂中的巧妙应用。我听她汇报课题研究情况，合理的研究机制和翔实的课题材料，让我看到一所农村学校开展真研究的力量。

　　她是微观公平理念的践行者。隔川中学挂牌成为微观公平研究实验校后，我与黄老师有了更多交流的机会。她的公平课堂意识被唤醒，认真研读微观公平研究的成果，以差异、均衡、活力、优质四个维度为引线，在"教、学、评"三个环节选择合理的资源，提供学生均衡参与的权利和机会，营造活力课堂文化，构建多元联评体系，促进过程公平，逐渐形成语文公平"联动"课堂模式。她跟项目组成员到福州、宁德、泉州等地参加微观公平研究教学成果推广应用会，开设示范课和专题讲座，指导基地校老师参与微观公平课堂研究。

　　她是跨学科学习的先行者。2019年5月起，我指导她开展"初中语文跨学科实践性学习的研究"的申报与研究。她关注学生的兴趣和需求，注意资源整合并与其他学科教师合作，创设跨学科情境，设计有层次的任务，指导学生运用其他学科知识解决语文学习的问题，让每个学生都获得高于起点的进步，不断提升综合素质。她的跨学科实践早于《义务教育语文课程标准（2022版）》设置的"跨学科学习"任务群。

她持续学习与研究，积极撰写论文，总结经验，朝着"教研写合一"的目标不断迈进。她主持的项目"基于'教学做合一'的农村初中'六动'课堂行动研究"获2020年福建省教学成果奖二等奖。她参与的项目"二十载德育·传统文化·综合实践活动融合与创新的研究与探索"获福建省2022年教学成果奖二等奖。

2021年，我联合福建省教科所研究人员和一批一线教师申报了"科研赋能教研：指向优质课堂构建的中小学教科研融合行动研究"课题，旨在促进基于学科视角和跨学科视野的优质课堂建构，为新时代基础教育高质量发展背景下中小学优质课堂的构建路径提供借鉴和方案。黄玲妹老师作为课题组核心成员，积极践行教科研方法，将人民教育家陶行知先生的"教学做合一"生活教育的方法论和教育过程微观公平理论应用于初中语文课堂改革实践，构建在同一教学过程中实现教学目标达成与学生发展的"联动"课堂教学模式。这本书是黄玲妹老师近20年实践与理论融合研究的心得与案例，整体梳理了"联动"语文的缘起与背景、语文"联动"课堂模式概述、语文六大任务群的关键概念梳理、"联动"语文教学要点原理探寻，呈现了语文"联动"课堂的整体架构、六大任务群"联动"课堂的案例设计六个部分。从书中，我们还可以清晰地看到她的改革实践与成长轨迹，深刻感受她对教育事业的热爱、对教学责任的担当和对学生发展的深切关怀，展现出一个优秀教师应有的姿态。

教学改革永远在路上，黄玲妹老师在优质课堂构建的中小学教科研融合行动研究中不断创新初中语文课堂样态，促进越来越多的学生走向优质发展之路。我期待她带领更多教师开展中小学教科研与学科教学改进的融合行动研究，取得更加瞩目的成果。

2024年5月于福州

序三

走语文教学学理化、逻辑化和科学化之路

　　我与黄玲妹老师相识已5年多了。她很优秀，学习能力强，对教育教学有执着的追求，有崇高的使命感。如今，她即将出版个人专著，并邀请我为之作序，我深感荣幸。过去也有一些老师邀我写序，都被我婉拒了。我始终认为，这一工作更适合那些在学术领域享有盛誉的"大专家"。我之所以持这种观点，是因为序言带有推荐之意，而我的推荐恐难为书增色。

　　然而，黄玲妹老师的邀请，我却欣然接受。首先，她所从事的"联动"语文教学主张的实践，正是对陶行知生活教育思想及"教学做合一"教学理念的生动实践。作为10多年来从事陶研工作和研究的我来说，非常开心看到这件事达成。其次，我在她的教学主张探索过程中，亦有所参与，且本书的研究主题与我倡导的"行心创生活课堂"理念有着同源、同向、同行的密切联络。此外，我曾多次邀她参加我组织的"行心创生活课堂"线上线下的教学实践分享、展示活动，她的参与为"行心创生活课堂"成书贡献了重要的实践案例。在这个过程中，她深入理解并接受了"行心创生活课堂"的理论，时常向我反馈实践成效，多次互动，她受其中的"行知创生活课堂"的启发，将初中语文教学主张的"联动"课堂进一步推向更深度的实践，最终完成了这本专著的撰写。因此，我很荣幸地接受了这一邀请。

　　"联动"语文教学原是"六动"语文教学，曾获福建省基础教育教学成果奖二等奖，是直接践行陶行知"教学做合一"理念并探讨语文中多种"做"

（也即"动"）在课堂中的实践教学。但"六动"如何动？"动"的流程如何？是其当时没有探索清楚的。一次与我交流后，她接受了"联动"的概念，采用"联动"语文教学主张，顺利地解决了"六动"如何动。而"动"的流程，则是受"行知创"的理念启发。

"行知创"理念源于陶行知的"行动是老子，知识是儿子，创造是孙子"，这一理念揭示了认识的过程，也符合毛泽东在《实践论》中提出的感性认识、理性认识和变革实践的三个阶段。沿着两位伟人的探索，我的专著《行心创生活课堂——陶行知生活教育思想当代演进与教学实践》也将出版。书中详细阐述了"行心创生活课堂"之"行知创生活课堂"的五个具体流程：经验、概念、原理、技术和产品。这五个环节，行动是经验，知是概念、原理、技术，而创是产品。黄玲妹老师的"联动"语文正是受"行知创生活课堂"的五个教学环节的启发，在语文课堂中不仅仅要实现多种感官的"联动"，体现生活教育的"做"，同时还按照认知的过程开展语文教学，发展出了适合语文课堂教学的五个流程，分别是"感性行动，明事接知"——"理性思考，解析概念"——"理实相生，探究原理"——"新境联动，迁移技术"——"优化创新，展示产品"。这种流程实践，尤其是"理性思考，解析概念"，成为她撰写本书的重要突破点，也是我们这类教学法的核心魅力之一。正是因为我们两本专著是同源、同向、同行，所以我们共同以相似封面由福建教育出版社出版。

传统语文教师在教授语文时，往往不重视概念，这可能是因为语文更注重类比思维，而不重视归纳和演绎思维，对概念的界定往往模糊，可谓"模模糊糊一大片"。而我们这类教学法，不仅重视对语文中大量概念的解析，更重视"理实相生，探究原理"，从而使语文教学越来越明晰，使语文教学更具学理化、逻辑化和科学化。

记得有两次她说，概念思维的教学，让她重入语文教学的门径，深感"教了二十多年的书还没有入语文世界的大门"。正是这样深刻冲击，才使得她坚定要走语文教学学理化、逻辑化和科学化之路。

作为一名中学语文教师，黄玲妹老师正是沿着这一探索之路前行。这个过程她经历了盲从期、摸索期、发展期、升格期几个关键阶段。前两个阶段是她成长的缓慢期，后两个阶段是她成长的快速期，在生活教育理论和专家的双重指导下，她不仅成长速度加快，还在教学技能、教学成绩、教研方面取得了显著成效，实现了师生共生共长。最终，她对大量的初中语文教学概念的深入探析，为语文教学的未来走向学理化、逻辑化、科学化树立了榜样。毫无疑问，下一步是对初中语文教学的大量原理进行探索，这也是我在努力的一个方向。

无疑，这本书不应该是黄玲妹老师初中语文教学探索的终点。未来，我甚是期待她能继续结合陶行知教育思想和"行心创生活课堂"理念，进一步探索在初中语文教学中的另外两个领域：情和意。"知情意"是心灵，而语文是中国人精神家园建构的重要阵地。我撰写此序，也是呼唤更多的一线语文老师能与我们携手同行，在中国式现代化物质文明和精神文明协调发展的当下，在构建中国人精神文明家园方面，在中华民族伟大复兴的中国梦引领下，共同做出底层的个人努力。但首要任务应是实现基础教育语文教学的学理化、逻辑化、科学化，这便是此序的意义所在。

2024 年 6 月 17 日

目　　录

第一章　"联动"语文的源起与背景 ………………………… 1
- 第一节　盲从期："以教为中心"（2005—2013 年）………………… 1
- 第二节　摸索期：尝试"以学为中心"（2014—2017 年）…………… 3
- 第三节　发展期："以做为中心"的"六动"课堂（2017—2020 年）
  ………………………………………………………………………… 5
- 第四节　升格期：行知创视域下的"联动"课堂（2020 年至今）…… 17

第二章　语文"联动"课堂模式概述 ………………………… 19
- 第一节　"联动"语文内涵阐释 ………………………………………… 19
- 第二节　"联动"课堂的目标设定 ……………………………………… 27
- 第三节　"联动"课堂的操作程序 ……………………………………… 29
- 第四节　"联动"课堂的评价体系 ……………………………………… 31
- 第五节　"联动"课堂的优势与创新 …………………………………… 37

第三章　"联动"语文的概念梳理 ……………………………… 40
- 第一节　语言文字积累与梳理任务群概念梳理 ……………………… 40
- 第二节　实用性阅读与交流任务群概念梳理 ………………………… 48
- 第三节　文学阅读与创意表达任务群概念梳理 ……………………… 56
- 第四节　思辨性阅读与表达任务群概念梳理 ………………………… 66

第五节 整本书阅读任务群概念梳理 …………………… 70
第六节 跨学科学习任务群概念梳理 …………………… 73
第七节 古诗文阅读概念梳理 …………………………… 77

第四章 "联动"语文的教学要点 …………………… 94
第一节 把握主要内容 …………………………………… 94
第二节 理清文章思路 …………………………………… 105
第三节 概括文章中心思想 ……………………………… 121
第四节 鉴赏文章语言风格 ……………………………… 138
第五节 品味重要词句 …………………………………… 151
第六节 品读古代诗词 …………………………………… 164
第七节 辨识说明方法 …………………………………… 174
第八节 辨析论证方法 …………………………………… 179
第九节 阅读非连续性文本 ……………………………… 182
第十节 开展跨学科学习 ………………………………… 191

第五章 语文"联动"课堂的整体架构 ……………… 202
第一节 "联动"课堂的设计流程 ……………………… 202
第二节 "做案"的模板 ………………………………… 210
第三节 "做案"设计的理念和特点 …………………… 212
第四节 "做案"设计例举 ……………………………… 221

第六章 实用性阅读与交流"做案"设计 …………… 242
案例一 《梦回繁华》"做案"设计 …………………… 242
案例二 《大自然的语言》"做案"设计 ……………… 248
案例三 《善于抓关键 要点巧概括》"做案"设计 …… 254
案例四 《非连续性文本阅读：信息印证判断与概括整合》"做案"设计
 ………………………………………………………… 261
案例五 《教材插图理解与应用——我在画中游》"做案"设计 …… 270

第七章　文学阅读与创意表达"做案"设计 …………… 277
　　案例一　《雨的四季》"做案"设计 …………………… 277
　　案例二　《紫藤萝瀑布》"做案"设计 ………………… 284
　　案例三　《老王》"做案"设计 ………………………… 289
　　案例四　《曹刿论战》"做案"设计 …………………… 295

第八章　思辨性阅读与表达"做案"设计 …………………… 300
　　案例一　《纪念白求恩》"做案"设计 ………………… 300
　　案例二　《敬业与乐业》"做案"设计 ………………… 306
　　案例三　《论教养》"做案"设计 ……………………… 317
　　案例四　《分论点拟定》"做案"设计 ………………… 323

第九章　整本书阅读和跨学科学习"做案"设计 …………… 330
　　案例一　整本书阅读《〈西游记〉人物形象分析》"做案"设计 …… 330
　　案例二　跨学科学习《学习金字塔的揭秘与应用》"做案"设计 …… 336
　　案例三　跨学科学习《身边的文化遗产——连城拳》"做案"设计
　　　　　　………………………………………………… 340
　　案例四　跨学科学习《身边的文化遗产——连城青狮》"做案"设计
　　　　　　………………………………………………… 348
　　案例五　跨学科学习《倡导低碳生活》"做案"设计 …… 361

第一章　"联动"语文的源起与背景

"联动"语文教学主张是我多年教学探索凝练的结果。这个过程历经盲从期、摸索期、发展期、升格期几个关键阶段。前两个阶段是成长的蜗牛行步期，像蜗牛一样缓慢地爬行，像老牛一样迟缓地行走，独自摸索教书育人之道。虽然取得一点点的成绩，但都是教师拼命硬干、学生埋头苦干的结果。后两个阶段是成长的大步流星期，有理论和专家的双重引领，不仅脚步迈得大，成长的速度也比较快，在教学技能、教学成绩、教研方面都取得明显成效，实现师生共生共长。

第一节　盲从期："以教为中心"
（2005—2013年）

作为一名20世纪90年代的中师生，我师范毕业后便回到家乡的小学任教，曾同时兼任语文、自然、美术、音乐等五个学科的教学工作。后因所在区域学段教师岗位调整，转岗到中学任教。前两年承担美术、劳技、政治等学科教学工作。从2005年开始承担语文学科的教学至今，其间还兼任过两年的历史学科教学工作。2005年至2013年的八年间，语文教学并没有给我留下比较深刻的印记。因为这个阶段的备课、上课、批改作业基本处于盲目跟从他人的状态，所以我把这个阶段称为"盲从期"。

一、盲从期的研修学习是封闭式的

在"以教为中心"的盲从期，乡村教师基本上没有外出的学习机会，当时也没有兴起区域教研，更没有机会到城区优质学校学习。各种信息技术手段没有现在这么发达，网络培训不普及，只能局限于教研组内封闭式的校本研修。基本上是跟着同组成员用相同的素材备课，听组员上课后，将他们的课堂导入、环节设计、作业布置，全盘移植到自己的课堂。《义务教育语文课程标准（2011年版）》颁布以后，学校给每个教研组购买了一本课程标准，让每个组员轮流阅读。但由于自身思想意识问题，忽视了课程标准的学习，对语文课程性质和课程理念知之甚少，语文教育教学理念严重缺失。

二、盲从期的语文教学实践是模仿式的

首先，以教师讲解为主，忽视有效互动学习。课堂教学方式单一，教师讲、学生听是常态，师生之间很少开展有效的互动，教师成了信息的提供者和课堂控制者，学生被动接受知识并艰难消化。有时也会模仿他人，开展小组合作学习，但"剧情雷同"。往往表现为教师出示问题后，小组成员聚在一起，你一言我一语地讨论，场面非常热闹。巡视一番后，请每组派一个代表交流讨论，结果发言的依然是班里经常回答问题的那几个学生。小组合作是"合"而不"作"的"假合作"，表面热闹的"假互动"。

其次，以知识传授为主，忽视课堂生成。课堂上注重对文学作品、语言规范、修辞手法等知识点的传授和讲解。备课时准备好的教学设计成了一个剧本，教师成了课堂的导演和主演，学生成了观众。这个"剧本"成人思维的痕迹明显，忽视学生的思维发展。"导演"把控开演节奏，按照"剧本"掐准每一环节所需时间，学生在剧本的框架内"有条不紊"地观演，忽视课堂上知识的生成。

再者，以题海战术为主，忽视语文能力培养。课堂上强调学生做好关键知识的笔记，课后教师和学生都在题海里穿梭，布置的作业往往是"拿来主义"，没有经过筛选和改造。学生进行大量的基础性练习，如课外的背诵、填空、选择和解释等，没有分类与归纳。通过大量较为机械的作业，巩固所掌

握的语文知识，建立扎实的语文基础。课堂缺乏有层次、有区别、有创新性、有挑战性的结构化任务设计，听、说、读、写的能力得不到发展。

封闭式的校本研修，不思考只模仿的教学常态，导致盲从期的教学效果不理想。虽然对学生有爱心和耐心，布置的作业能全批全改，对学习有困难的学生还能面批面改，但这是一个教师和学生都身心疲惫、事倍功半的过程。

第二节 摸索期：尝试"以学为中心"
（2014—2017年）

"以教为中心"的语文课堂，教师唱"独角戏"，气氛沉闷，即使不断鼓励学生发言，也只有个别学生回应，表达不顺畅，绝大部分学生无动于衷。如果请学生上黑板前板演或者上讲台发言，他们更是面红耳赤，举止扭扭捏捏，一副手足无措的样子，随即还能听到台下"旁观者"的窃笑声和喃喃细语。这样的场景让我意识到学生只是带着耳朵"认真听讲"，严重制约着学生的发展。从对课堂开始反思到主动改变的三年时间，我称之为"摸索期"。

一、摸索期的研修学习是互助式的

2014年，连城县举行中小学教师技能大赛。在学校领导的鼓励下，在学科教研员的指导下，践行"以课标为标杆"的指导思想，我开始深入学习《义务教育语文课程标准（2011年版）》。参加县级片段教学比赛并顺利晋级市赛。备赛期间，县里还组织教学设计、片段教学、说题三个比赛项目的模拟训练。优秀教师的示范，指导老师的点评，让我对自主、合作的学习方式有了新的认识。理论与实践首次有了联结，在日常教学中，我常常反思方式的合理性，琢磨不同课型如何突出学生的主体性。虽然只取得市技能大赛三等奖，但这段经历开始启发我思考教学方式与课堂有效性的问题。

二、摸索期的语文教学实践是单项式的

通过与同组老师上课情况的横向分析，对学生小学和初中阶段课堂学习

表现的纵向比较，以及向家长了解学生在家中的表现等多维度的综合分析，我发现大部分学生在课堂内外是两个样。课堂上不肯积极主动发言的主要原因是学生缺乏单独参与的勇气，课堂缺少和谐和包容的氛围。所以，教学活动要向"以学为中心"转变，以提高学生的课堂参与度为突破口。

一方面，要关注学生的显性参与。语文课实施"走位制"，给予学生自由选择同桌的权利。根据走位后的座位，把学生分成若干学习小组。组员自由推荐一名小组长，并根据组员的个性特点为小组取一个闪亮的组名。分组后，制定参与语文课堂的刚性与弹性要求。每一堂语文课，除了群体性参与课堂，如齐读课文、小组讨论，每名同学至少要争取一次单独参与课堂的机会，如读生字新词、朗读课文、回答问题、上台板演等。小组长对组员单独参与课堂的情况进行统计，每一人次加1分，全员均有参与加2分。学习小组的分数每星期统计一次，最后评出每星期的优秀学习小组，并予以奖励。"走位制"和组建学习小组，为学生自主参与课堂奠定良好的基础。

另一方面，要关注学生的隐性参与。如教给学生倾听的方法，听老师讲解时，眼睛看着老师或黑板；听同学发言时要与自己的想法进行对照。有了专注的听，才会有准确的说和仔细的记。既培养了学生的倾听习惯，又提高语言表达能力以及快速记忆的能力，调动学习积极性。此外，还要注意师生问和答的节奏，教师提问要明白、准确，问题提出后，要给学生足够的时间思考，避免连锁式的提问。适时鼓励学生提出疑问，激起学生的求知欲，产生学习的内在动力。

摸索期的教学有了明显的起色。学生的积极性被调动起来，参与课堂的欲望也被激发出来。课堂氛围轻松、愉快，变"一言堂"为"群言堂"。学生的"金口"开了，上台的"步子"迈出去了，手中的笔也动起来了，语文课堂也变得鲜活有趣。

第三节　发展期："以做为中心"的"六动"课堂
（2017—2020年）

2017年是我教学生涯的拐点，给我带来这一转变的是福建省陶行知研究会的执行会长、福建教育学院的邹开煌教授。

2017年年底，邹教授到学校指导课程建设。他深入课堂，听我执教王维的《使至塞上》。当时我已有二十年的教学经历，对自己的课堂教学一向感觉良好。不承想课后邹教授的点评出乎我的意料。他说："这个问题，学生动脑思考了没有？没有，是你把答案告诉他们；诗句蕴含的哲理，学生真正理解了没有？没有，是你直接把解析呈现在屏幕上。"他明确指出我的教学还是以"灌输式"和"给予式"为主，课堂上没有给学生提供充分思考的时间和表达的机会。对照他的点评进行反思，发现我的课堂，只是让学生先跟着屏幕的提示，标注字音、节奏、重音、语调的记号后再朗读。理解诗意只请个别学生回答后，就用幻灯片出示完整的诗意，教师和个别学生代替全体学生的分析思考。齐声诵读看似参与了，其实只有少许印象，没有真正地理解和识记。邹教授说，这样的自主学习，用陶行知的"教学做合一"来解释都是假学、浅学，很难提高学生学习古诗的能力。在他的引领下，我开始触摸"教学做合一"的深邃之门，开启我学陶帅陶的序幕。

一、从"教学做合一"方法论中汲取教育智慧

发展期的研修学习是深入式的。我参加了福建省初中语文陈建源名师工作室的集中研讨活动和龙岩市的名师培训，最关键的是参加福建省陶行知研究会和福建省同心慈善基金会联合举办的"同心·行知乡村教师"成长计划，得以系统地学习陶行知教育思想。我多次聆听邹教授的专题讲座，理解"教学做合一"的内涵，明白教与学都要以"做"为中心，要遵循师不硬干和生不苦干的原则，即教师要在劳力上劳心，不争课时、不抢时间；学生也要在劳力上劳心，不刷题海、不死读书。在随后参加的"基于关键能力培养的初

中'教学做合一'教学模式研究"课题研讨中,我与文献对话,阅读陶行知先生《中国教育的觉醒》《中国教育改造》等著作,学习《教学做合一之教科书》(上、下)、《在劳力上劳心》《以教人者教己》等教育名篇。"教学做合一"方法论让我重新审视课堂教学的有效性,也激发我对"教学做合一"的好奇心,从源起和发展的过程中考察陶行知"教学做合一"方法论,深入理解和科学把握其本质,为"以做为中心"的"六动"课堂实践奠定理论基础。

从现有的资料看,"教学做合一"方法论最早可追溯到20世纪初,陶行知在国内求学和赴美国哥伦比亚大学研究教育的经历中,此后在其长期的试验和教育探索中得到丰富和发展,最终成为陶行知生活教育思想的重要支柱。

(一)"教学做合一"方法论的酝酿萌发

在安徽歙县的崇一学堂和南京金陵大学,陶行知不断接受西方资产阶级新教育,后赴美国哥伦比亚大学研究教育,酝酿萌发了"教学做合一"方法论。

20世纪初的中国危机丛生,各种变革思想如潮涌动。陶行知虽家境困苦,但从没有放弃对未知领域的探索。1905年,陶行知进入崇一学堂,广泛涉猎各种书籍,接受新教育思想,萌生了勤奋读书、报效国家的远大理想。他从南京汇文书院预科班升到金陵大学后,开始信仰民主共和学说,积极参加爱国学生活动,并以"行知"为笔名在《金陵光》学报上撰文,这是他"行知"教育思想的萌芽。辛亥革命爆发极大地触动陶行知,他积极参加演说,宣传拥护民主共和,参加辛亥革命运动。他在毕业论文《共和精义》中阐述了教育与共和的关系,并且指出中国传统教育存在的一些问题,呼吁教育兴国。他对教育的关注,为其一生的教育改革实践埋下了种子。

1915年8月,陶行知从美国伊利诺大学转入哥伦比亚大学专攻教育行政,把从事教育作为自己的人生目标。他师从著名的教育家约翰·杜威,吸收其以实践为主,从经验中学、从活动中学的教育思想。1917年秋,陶行知回国任教,倡导要把杜威的教育思想运用在教学中。[①] 杜威的"教育即生活""从做中学"等观点,成为陶行知生活教育思想产生的源泉,也为"教学做合一"

---

① 陶行知. 试验教育的实施[C]//方明. 陶行知全集:第1卷. 成都:四川教育出版社,2009:263.

的萌发提供了养分。[①]

(二)"教学做合一"方法论的坚实奠基

陶行知在南京高等师范学校任教,借助"五四"新文化运动进行教学法改革,在促进平民教育运动的实践中取得丰富成果,奠定了"教学做合一"方法论的坚实基础。

陶行知深入教学一线,发现"老师只管教,学生只管受教"的情形非常严重。[②]他指出:"教和学两者是不能分离的,应当合一。先生的责任不在教,而在教学生学,而且教的法子必须根据学的法子,怎样学就必须怎样教。"[③]学生学得多,先生就要教得多,同理,学生学得少、学得快、学得慢,先生就要相应地教得少、教得快、教得慢。从教学相长的原则出发,好的先生要边指导学生边研究学问,这与孔子的"学而不厌,诲人不倦"互为印证。这些观点成为"教学做合一"重要的理论根基。

"五四"前夕,陶行知在充分论证的基础上,提出以"教学法"代替"教授法"。就为这一字之变,他与同事们展开两小时的辩论,结果依然没有得到大家的响应。后来,他借助"五四"新文化的力量,顺势将全部课程的"教授法"改为"教学法"。这一教育理念的改革创新,体现他对学生主体的重视。同年9月,陶行知在《新教育》指出"怎样做的事应当怎样教",做事要讲究简便、省力、省时,达到高效。[④]"事"开始进入教学法的视域,成了"教学做合一"坚实的着力点。

从1921年开始,陶行知致力于推广平民教育运动,撰写《社会改造之出发点》《师范教育下乡运动》等文章,深刻总结新民主主义革命大背景下平民教育改革的实践和思考,从组织、教材、工具、方法等诸多问题上,提出了一系列新见解。

1924年7月,陶行知参观南京的燕子矶国民学校,对先生教学生做事予

---

① 侯怀银,李艳莉. "教学做合一"述评[J]. 课程·教材·教法,2013,33(8):16—23.

② 陶行知. 中国教育改造[M]. 北京:商务印书馆,2016:17.

③ 陶行知. 中国教育改造[M]. 北京:商务印书馆,2016:17.

④ 陶行知. 中国教育的觉醒[M]. 北京:群言出版社,2013:41—50.

以高度评价,称燕子矶国民学校为花钱最少的"活"学校。"做事"的概念首次出现后,他进一步强调教学必有事,要以事作为活动的中心。① "做"和"事"开始紧密联系。此时"教学做合一"的名称还未正式出现,以"做事"为中心的理论却基本成立。

1925年冬,陶行知应张伯苓校长的邀请,在南开大学作"教学合一"的演讲。张伯苓校长知晓陶行知以"做事"为中心的主张,提出可否把"教学合一"改为"学做合一"。陶行知随即顿悟,在"教学合一"中间加了一个"做"字,变成"教学做合一"。至此,"教学做合一"正式提出并沿用至今。

(三)"教学做合一"方法论的明确确立

陶行知从1925年12月开始筹备乡村师范学校,到1927年1月以晓庄师范学校为代表的乡村教育运动推广中,吸收中外优秀教育思想,在总结教育改革的经验中明确确立"教学做合一"方法论。

1926年,陶行知撰文《中国师范教育建设论》,阐释"教学做合一"的内涵,即教法要根据学法,学法要根据做法,事怎么样做就怎么样学,怎么样学就怎么样教,② "做"成了教与学不可脱离的基础。③ 此文中,他不仅提出活的乡村教育就要用"教学做合一"方法,还立下三个百万的教育宏愿。④ "教学做合一"首次以文字的形式出现,代表"教学做合一"方法论正式确立,随后成为南京晓庄试验乡村师范学校的校训。

在学校试验过程中,陶行知发现王阳明"知是行之始,行是知之成"不能很好地解释现实诸多现象。于是,他亲自试验,提出"行是知之始,知是行之成"的观点,并通过丰富的实例,教导人们从"行"这一源头上去追求真理。他还发现本校的教员和学生都不太理解"教学做合一",教员把"教学做"分了家,学生把课外作业理解成农事"教学做"等。于是,他又撰文《教学做合一》并发表演讲,强调"教学做是一件事",以学游泳和学种田两

---

① 陶行知. 中国教育改造 [M]. 北京:商务印书馆,2016:34—37.
② 陶行知. 中国教育的觉醒 [M]. 北京:群言出版社,2013:129—136.
③ 董宝良. 试论陶行知"教学做合一"同杜威"做中学"的本质区别 [J]. 教育研究与实验,1984 (1):87—96.
④ 陶行知. 中国教育的觉醒 [M]. 北京:群言出版社,2013:137—139.

件事为例，说明"教学做合一"融合生活现象和教育现象。他担心人们盲目行动，指出真正的"做"是在劳力上劳心，[1]先生要为教而学，设身处地，想方设法使学生明白。[2]此番演讲，让人们明确"做"的定义，厘清真做与假做的不同，阐释"以教人者教己"的科学内涵。

陶行知眼中的"事"为实际生活，所以教和学要集中在"做"上。在劳力上劳心的"做"要借用并活用人体的耳、目、口、鼻、手等感官。此外，还要借用工具，不同的物都可以变成活的工具。[3]他特别指出书也是一种工具，过不同的生活，做不同的事，都要用不同的书。只有活的、真的、动的、以生活为中心的书，才具有引导人向上向前的力量，才能培养孩子的生活力。

陶行知在《答朱端琰之问》中指出：生活教育就是"教学做合一"，"教学做合一"是获得人类全体经验最有效力的方法。[4]从生活法角度分析：对事说是做，对己之长进是学，对人之影响是教。[5]这三句内隐了与事有关的十休。如学生在游泳馆学游泳这种生活现象，把教练教学生学习游泳，掌握游泳技能即学游泳，看成是双方在做"学游泳"这件事。双方或旁观者认为，双方行为"学游泳"是做事，即对事说是做（事）；从学生的角度看，教练的教学或指导使自己获得了游泳技能或进步提高，便是学习，即对己之长进是学；从教练的角度看，通过教学或指导，帮助学生掌握了游泳技能或促进了游泳技能的进步提高，便是教，即对人之影响是教。从教育法的角度分析，事怎样做便怎么学、怎么学便怎么教。所以，学游泳这件事应该在水里做，学生就应该在水里学，教练就应该在水里教，学生的学和教练的教都落实到学游泳这件事上。游泳不是人类天生的本能，是一种有意识的技能活动，需要后天学习才能形成。"做"成了教和学的基础，"做事"成为"教学做"中心，即学游泳，掌握游泳技能成为"教学做"中心。换种表达，即达成目标、培养能力成为"教学做"中心。

---

[1] 陶行知. 中国教育改造［M］. 北京：商务印书馆，2016：104－105.
[2] 陶行知. 中国教育改造［M］. 北京：商务印书馆，2016：106－107.
[3] 陶行知. 中国教育的觉醒［M］. 北京：群言出版社，2013：186－197.
[4] 陶行知. 中国教育的觉醒［M］. 北京：群言出版社，2013：186－197.
[5] 陶行知. 中国教育改造［M］. 北京：商务印书馆，2016：170－185.

陶行知对真正"做"的方式进行了解析。他眼中广义的"做",偏向"物化成果","做"包含了发明、创造、实验、建设、生产、奋斗之义。[①] 如《鲁滨逊漂流记》中的鲁滨逊,在烧饭的过程中看见泥土被火烧得坚硬,引发他用这土造东西的思考。于是他动手造缸、烧红、冷却,最后产生"泥土变成水缸"的新价值,类似于达成知识技能目标。他眼中狭义的"做",偏向"心理创造"。"做"包含了思考、想象、洞察、神入、领悟之感。如《红楼梦》中宝玉和林黛玉对破荷叶的对话,让他从起先想要拔去残荷,到受林黛玉"留得残荷听雨声"诗意产生共鸣,领悟"破荷叶变成可爱天然乐器"这一新价值的产生,最终留下破荷叶,其情感态度价值观得到升华。从上述两个例子,可清晰地感受到"做"的三个特征:行动、思想、新价值之产生。[②]

从"教学合一"到教学必有事,发展为"教学做合一"以"做事"为中心,到界定真正之"做"是"在劳力上劳心","做"具有"行动、思想、新价值之产生"三个特征,"教学做合一"内涵的逻辑关系愈加明晰。逻辑关系图见图1-1。

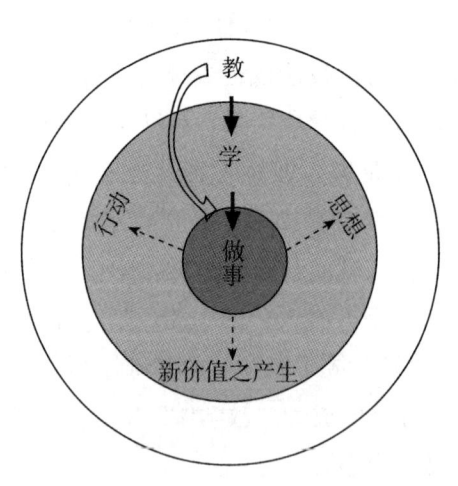

图1-1 "教学做合一"逻辑关系图

---

① 陶行知. 中国教育改造[M]. 北京:商务印书馆,2016:170—185.
② 陶行知. 中国教育改造[M]. 北京:商务印书馆,2016:170—185.

(四)"教学做合一"方法论的创新发展

在推进普及教育运动和战时教育运动中,陶行知不断丰富"做"的内涵,界定"做"的特征,大力推崇小先生制,倡导创造教育,创新发展了"教学做合一"方法论。

1932年5月,陶行知开始筹备并建立山海工学团。这时期的"教学做合一"体现在把教育与生产、社会实践相结合,有效推行普及教育运动。1933年3月,为纪念马克思逝世50周年,陶行知在大夏大学演讲《创造教育》,再一次重申"教学做合一"中"做"的特征。他对杜威先生"五步思维法"进行创新,在第一步"感觉困难"的前面增加"行动",提出了"行动是老子,思想是儿子,创造是孙子"的观点。[①]"教学做合一"与"做中学"的"做"比较,做的主体、特性、目的都发生了很大的变化:先生和学生都是做的主体,行动成为做的第一要义,做的目的从新价值上升到创造的高度,凸显"教学做合一"的实践性和以追求创造为目的的最高追求。

陶行知推动各地创办工学团,大力推行小先生制,发表《生活教育》《怎样做小先生》等文章,主编"小先生丛书"。这些论著总结了战时背景下普及教育的探索过程与经验,表明陶行知对先行后知的笃信,对培养生活力创造教育的呼唤。在《中国普及教育方案商讨》中,陶行知还系统介绍了小先生制的诸多优点以及基于即知即传人原则的普及教育顺利实施的过程。

陶行知到世界各地宣传抗战和中国的人民教育运动,回国后在重庆创办育才学校。育才学校设置普通课和特修课,开展集体生活,培养具有生活力的小学生、小先生、小工人、小战士。[②] 此时"教学做合一"的"做"表现在体验、看书、求师、访友、思考五路探讨中,真正实现在"做"上学,在"做"上教。[③] 陶行知倡导解放孩子的大脑、双手、嘴、眼四大感官和时间、空间(即"六大解放"),让孩子思想贯通、有动手的机会、敢问、会看,走出去接触自然和社会,培养孩子的创造力。小先生制得日趋完善,"六大解

---

① 陶行知. 中国教育的觉醒 [M]. 北京:群言出版社,2013:279—288.
② 陶行知. 中国教育的觉醒 [M]. 北京:群言出版社,2013:333—336.
③ 侯怀银,李艳莉. "教学做合一"述评 [J]. 课程·教材·教法,2013,33(8):16—23.

放"优化组合，推动普及教育实践不断深入，极大地丰富了"教学做合一"的内涵。

"教学做合一"方法论，在陶行知求学和推进平民教育运动中产生，在推广乡村教育运动中明确确立，在推进普及教育运动和战时教育运动中创新发展。其源起和发展变化见图1-2所示。

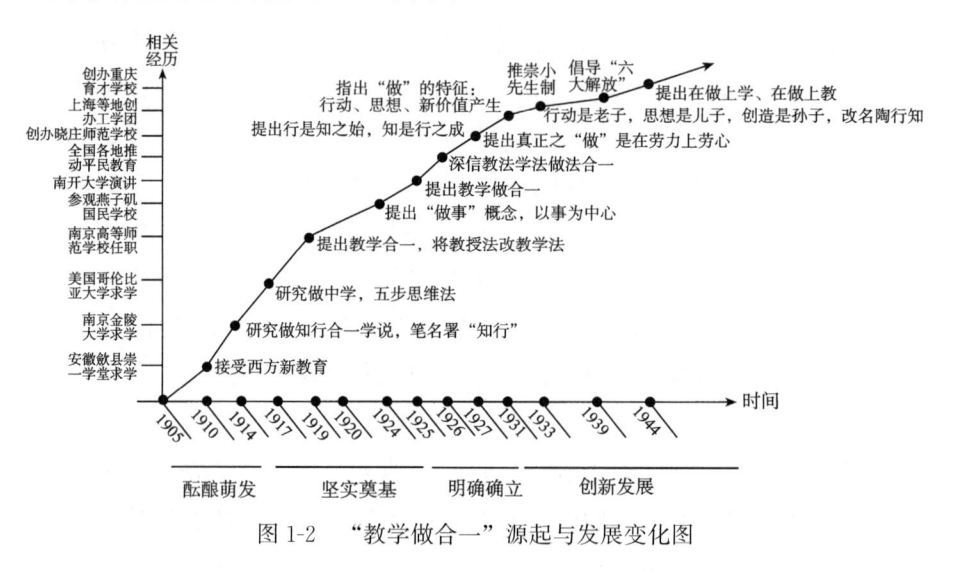

图1-2 "教学做合一"源起与发展变化图

在长期的探索中，"教学做合一"的实践性、创造性日渐清晰，以"做事"为中心的内涵不断丰富，以新价值产生为追求不断循环。"教学做合一"是一个富有哲学原理、通用性明显的方法论体系，不仅广泛应用于生活中各项"做事"技能的培养，还对我国新时期的教育改革具有重要的指导意义。

二、"教学做合一"方法论指导"六动"课堂实践

发展期的教学是行知式的。课堂教学以"教学做合一"方法论为指导，遵循"做事"为本的原则，受"六大解放"的启发，开始构建在同一教学过程中实现教学目标达成与学生发展的"六动"课堂教学模式，以"做"的基本特征（行动、思想、新价值产生）为主线，开展语文课堂教学改革。

日常教学中积极实践，深入研读课程标准，多视角解读教材。通过调查问卷、分层座谈的形式，充分把握农村学生的学情。选取"小而实"的问题

开展深入研究，改进教学方式，加强教与学的结合，学与用的结合，为学生"六动"创设情境。及时进行经验总结，撰写教学反思，解决"六动"课堂中的许多关键问题。集中研讨中，我得到专家指导，福建教育学院的邹开煌教授和福建教育科学研究所的郭少榕老师以及市县教研员等，走进课堂，观摩诊断"六动"课堂的特征和效果。"六动"课堂上学生"多动"优化组合，师生、生生互动频繁。与会专家对观摩课的共性和个性进行细致点评，对课堂评价细则、学生课堂做事项目、做事过程进行深入探讨。

三、"六动"课堂研究取得成效

"教学做合一"方法论处处蕴含着教育规律，时时折射出教育的真理，是行动研究的"灵魂"。教师用"教学做合一"理念为指导，建构出指导教师和学生做事的"六动"导图，设计了把教和学都落实到"做"上的"做案"，细化学生课堂做事登记表中的表征等，完善"六精"课堂评价细则，逐步构建"六动"课堂模式。

（一）建构"六动"导图

课堂改革的核心是改变学生的学习方式。受陶行知先生"六大解放"创造教育思想的启发，结合"做"的特征（行动、思想、产生新价值），设计"六动"导图（见图1-3）。

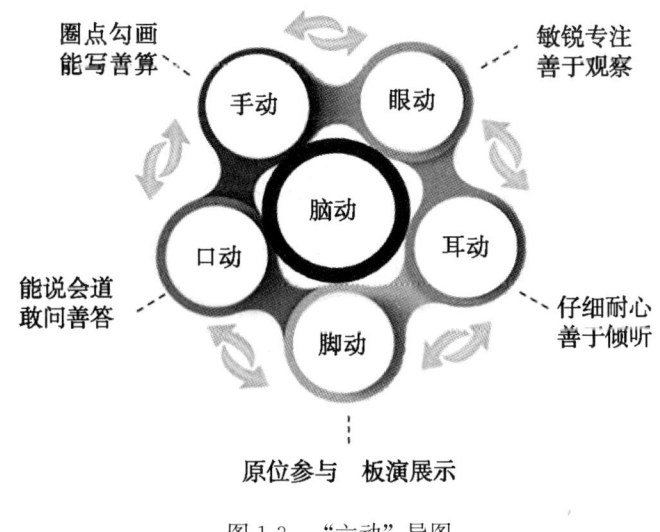

图1-3 "六动"导图

"六动"是学生"脑动、手动、口动、眼动、耳动、脚动"的简称。其中"脑动"是肯想、敢想、善想、乐想,这是"六动"的核心。任何行动只有经过大脑的思考和指挥,边实践边思考,做到既做又想,才能轻重得宜,以明对象变化的道理。"手动"是要肯干、敢干、善干,圈点勾画,能写善算;"口动"是要能言会道、敢问、善答;"眼动"是目光敏锐、善于观察;"耳动"是仔细耐心、善于倾听;"脚动"是原座位起立参与,或上台板书、板演、析辨,甚至表演等,扩大行动的领域,享有空间资源。

六种行动不是孤立的,可自由组合、相互融合。既可顺承连接着动,又可优化联合行动,根据具体的学习任务和情境,选择最优的方式,达到最佳的效果。最常见顺承连动是口动与嘴动、手动的顺承,如听清老师或同学的问题、指示后马上做出回答或者做出反应。联合行动如嘴动与手动,记笔记时学生边说边写,增强记忆;演讲的时候边朗读边比画手势;开展小组合作学习时,小先生要到各组的领地为组员边讲解边指示等。

(二)研制"六精"评价表

以评促教,通过对教师的评价,让教师理解在劳力上劳心,设身处地,努力使学生明白结果指向。为此制定并完善指导教师做事的"六精"评价细则(见表1-1)。

表1-1 "六精"评价表

评价类别	评价项目	评价要素	分值	得分
一、精准设置教学目标	目标设置	目标定位准确,叙述明确具体,渗透德育教育和学生人格培养。	10	
	目标分层	目标分层,每一节课学生得到最优发展。		
二、精确分析教材学情	分析教材	能把握单元教材、单篇课文的具体目标及内容。	10	
	熟悉学情	了解不同层次的学生特点,以学定教,顺势而导。		
三、精心设计教学环节	环节设计	环节完整,衔接紧密,每一环节学生都有事做。	10	
	时间分配	保证学生有足够的时间参与活动、自主学习。		

续表

评价类别	评价项目	评价要素	分值	得分
四、精讲课堂教学内容	内容选择	教学容量适度，重难点把握准确。	10	
	呈现方式	能有效整合三维目标，突出能力培养。		
五、精心引领在劳力上劳心	教的法子	教的方法根据学的方法，方式多样化。	50	
	学的法子	学的方法根据做的方法，体现自主学习、探究学习、合作学习。		
	落实在做	课堂气氛和谐，学生思维活跃，多种感官参与学习过程，在愉快地"做事"中获得新知。		
	在劳力上劳心	每一个环节都体现在劳力上劳心，即动手上动脑。教师动脑，设身处地让学生明白。		
	观察评价	善于关注和体察学生课堂表现，注重课堂生成。评价语言准确得体，催生活力。		
六、精选有效习题作业	当堂检测	精编、精选课堂练习，当堂利用口头、书面、实践操作等形式检测达标情况。	10	
	及时反馈	能及时反馈课堂训练结果，教学目标达成度高。		
综合得分		评定等级		
简要评语		评课人：＿＿＿＿＿		

（三）设计以做事为中心的"做案"

"教学做合一"以"做"为中心，教和学没有明显的界限，都落实到"做"上。"做事"一词既指一系列行为动作的过程，又指解决问题，掌握知识，掌握技能的行为动作的目标。要学生从被动到主动，再到能动、会动，还需规划其行动的步骤、组合"六动"的方式。为此，我们汲取"教案"和"学案"的优点，设计了以"做事"为中心，体现师生共同做事的"做案"，预设和优化"六动"的方式。"做案"的项目包括做的目标、做的重点、做的难点、做的方法、做的工具、做的过程、做后反思。做的过程包括教师做事、学生做事、"六动"方式及意图等。经过设计、修改、实践等环节，产生一批有指导意义的优质"做案"。如《走进连城拳》获部级优课、《灯笼》《寻访家乡能人（名人）》获省级优课、《连城青狮》获龙岩市精品案例评选一等奖、《昆明的雨》获龙岩市"三优联评"实践案例三等奖。

（四）用做事登记表开展做事评价

根据"六动"课堂的特点，设计了基于学科和学情的学生课堂做事登记表（见表1-2）。

表1-2　学生语文课堂做事登记表

姓名		班级		组长评	□优　□良　□有待加强
学科	做事项目				自评
语文	□思考　□阅读（朗读）　□圈点勾画　□书写（笔记、练习） □倾听　□讨论交流　□板演　□表演　□演讲　□其他					共参与 ___项

每堂课下课前，教师对课堂上积极主动的同学予以肯定，进行模糊评价。学生自行勾画课堂做事登记表对应的选项，计算其参与多少项，做出精准评价。下课后，由组长统计组员的课堂做事情况，进行定性评价。以每堂课平均参与五项以上优、四项为良、三项及以下为有待加强。通过过程性评价，培养学生良好的做事习惯，提高行动的协调性和灵活性，培养思维力，发展学习力。

以"教学做合一"为指导的"六动"课堂行动研究，教师教学生学"做事"，学生为"做事"而学习，激发学生的主动意识和自信心。学生勤勉乐学、善于思考，在综合实践活动中和各学科的知识竞赛、技能比赛中屡创佳绩。笔者领衔的项目《基于"教学做合一"的农村初中"六动"课堂行动研究》获得2020年福建省教学成果奖二等奖。

第四节　升格期：行知创视域下的"联动"课堂
（2020年至今）

"六动"课堂是在陶行知先生"教学做合一"方法论指导下发展起来的。陶行知先生还指出：人如树木，有不同的长度，要使他们尽量地长上去，但又不能强求他们都长得一样高，只求他们各有所长，就是要在立脚点谋平等，于出头处求自由。[①] 党的十九大报告也指出："努力让每一个孩子享有公平而有质量的教育。"

每个孩子各有特点，存在差异。但关注差异，因材施教的教育理念，在"六动"课堂上彰显不足。语文教学如何在差异中求公平、提质量？在新时代公平理念和陶行知教育思想的指导下，"六动"课堂实践从2020年开始升格为"以做为中心"的联动课堂研究，这段时期被称为升格期。

升格期的研修学习是开放式的。2019年11月，福建省教育科学研究所郭少榕老师到学校开展"基于关键能力培养的'教学做合一'教学模式研究"课题工作。因"六动"课堂模式符合微观公平倡导的课堂样态，学校成为"国家社科基金课题'基于学校教育过程的微观公平研究'课题研究实验基地校"。聆听郭少榕老师和周志平老师的讲座，阅读他们课题组的理论研究成果，初识微观公平"均衡·优质·活力"的育人体系，研读《微观公平课堂设计与观测建议》每一级指标。2020年8月，我有幸入选火种计划的"福建省同心·行知乡村教师优秀奖"，获得同心慈善基金会给予三年的专业成长资助，参加同心·行知高级研修班的各种培训和研讨活动。这一时期的培训学习开放且包容，是信息的采集、认知的刷新、概念的重构，为我打开瞭望语文教育的一扇窗。

升格期的语文教学实践是联动式的。在"教学做合一"方法论和微观公平理念的熏陶下，我从关注学生外显性物质创造转向与思想结合的心理创造。在具体运用中，我妥善处理好知和行的关系，关注学情，研究课程标准和教

[①] 陶行知. 中国教育改造[M]. 北京：商务印书馆，2016：98—100.

材编排体系，获取课程资源，创造有利于"做"的条件，开展"联动"语文教学研究。

我先后主持了福建省"十三五"规划2019年度课题"初中语文跨学科实践性学习的研究"和福建省教育科学"十四五"规划2021年度专项课题"基于课堂公平的初中语文'六动'教学模式研究"。另外，我还到福州教育学院附属第四小学参加"基于学校教育过程的微观公平"研究成果应用推广活动，并以课堂观察员的身份，体验公平课堂的观课模式。在向福建教育学院周志平老师请教、学习的过程中，我发现着眼于感官的"六动"已不能完整诠释正在实施的教学模式，与当前高质量发展的教育教学需求和核心素养指向的课堂教学有较大的差距。于是，我把"六动"升级为"联动"，开展基于行知创视域下的"联动"教学模式研究。

从"六动"到"联动"，是学科内容与学习方式的融合。课堂上面向全体，关注差异，引导学生六种感官联合参与学习，运用适切的"联动"方式，使不同层次的学生各尽其能，学有所获。学业水平各项指标不仅名列同类学校前茅，还居全县前列。我在日常教学工作中注入研究的成分，置身于研究的情境，并用研究的方式解决问题，经历研究的实践与反思的过程，有意识地将研究过程中的所思所为，用自己擅长的、适合自己的形式加以梳理和总结，在实践中反思，在反思中进步，从而实现了从经验型教师向研究型教师的转变。我多次参加福建省陶行知研究会基于"教学做合一"的高效课堂展示，到全省多地参加"基于学校教育过程的微观公平研究"的教学成果推广应用会，开设示范课和专题讲座，并指导基地校开展微观公平课堂研究。

陶行知先生说："敢探未发明的新理，敢入未开化的边疆。"联动语文从单学科行动到与其他学科联合，开展德育、综合实践活动、传统文化"三融创"主题实践活动。探索课程之间的融合，促进学习方式的变革，顺应2022年义务教育课程方案的理念和要求，培育学生核心素养。我参与的项目"二十载德育·传统文化·综合实践活动融合与创新的研究与探索"获福建省2022年教学成果奖二等奖。

第二章　语文"联动"课堂模式概述

第一节　"联动"语文内涵阐释

　　基于行知创的"联动"教学模式，追求公平的四个维度，即差异、均衡、活力和优质。"差异"既是行动的起点，又是主导行动过程的内因。不同学段、不同区域的学生，受认知特点的局限、兴趣爱好的不同、生活环境的影响，对不同的学习主题有不同的期待，因而要根据学生的情况，精心选择适宜的学习主题和内容。"均衡"的"均"不是字面意义的平均，而是着眼于行动过程中学习思考时间和表达时间的合理分配，学习空间的不同区域都能得到教师关注。课堂上学生拥有一定的自主选择权，参与课堂的机会趋于均衡。趋于均衡的"联动"过程组织，首先是学习时间要充沛，其次是学习时间要合理分配。可供学生选择的活动方式很多，教师要为学生提供无处不在的表现机会。学生可以根据自己的兴趣和能力倾向，选择适合自己且有可能完成的活动任务。"活力"包含两个层面，外显于学生在学习过程中的有序回应和行动表征，内隐于师生之间在互相接纳基础上的深度思维状态，即对概念的理解和原理的探寻。"优质"不仅包含教学内容的优质，还指向核心素养，即始于优质资源，联结优质过程，获得语用技术，创造新价值。

一、联动语文之"联"

语文课程是一门学习国家通用语言文字运用的综合性、实践性课程。"联动"语文之"联",源于语文课程综合性的本质,是联系的思维、联合的观念,着重培养学生的"大语文观"。"联"的内涵丰富,表现在五大课程理念和课程目标都是围绕核心素养,联结课程内容、课程实施与课程评价等。三个层面的六个学习任务群(基础型学习任务群是语言文字积累与梳理;发展型学习任务群是实用性阅读与交流、文学阅读与创意表达、思辨性阅读与表达;拓展型学习任务群是整本书阅读和跨学科学习)的联系是逐层进阶的。语文课程目标的联合,回答"为什么学"的问题;学习资源的联合,既有语文课程内部多方面的联系,又有语文课程与其他学科课程之间的联系,语文课程与真实生活之间的联系,解释语文课程"学什么"的问题;语文课程学习方式的联合,包含学习主体各种感官的联合、学习场域的联合、学习工具的联合,回答"怎么学""在哪里学""用什么学"的问题。

(一)语文课程目标的联系

语文课程培养的核心素养,是学生在积极的语文实践活动中积累、建构并在真实的语言运用情境中表现出来的,是文化自信和语言运用、思维能力、审美创造的综合体现。[①] 语文核心素养的内涵明确了素养培养的四个方面和培养路径,四个方面是一个整体,紧密联系。学生的思维能力、审美创造、文化自信都以语言运用为基础,并在学生个体语言经验发展过程中得以整体推进和侧重发展。语文学段目标从识字与写字、阅读与鉴赏、梳理与探究、表达与交流四个方面提出具体要求。这四类语文实践活动与日常生活、文学体验、跨学科学习三类语言文字运用情境紧密联系,交错融合。

(二)语文课程资源的联合

1. 语文教材内部资源的联系。

首先是文体之间的联系。同一类文体包含多种体裁的联系,如文学性阅读包含散文、小说、诗歌、戏剧等。散文又有不同的类型,如写人叙事散文、

---

① 教育部. 义务教育语文课程标准(2022年版)[S]. 北京:北京师范大学出版社,2022:4.

写景状物散文、传记散文、游记散文、哲理散文等。小说分现代小说和古典小说。实用性阅读包括新闻、演讲词、说明文、非连续性文本、应用文等。思辨性阅读包括短论、简评、诗话、文论、书画艺术论、革命领袖的理论文章等。相同文体又有单元之间的联合，如统编教材八年级安排两个单元的说明文阅读，从事物说明文到事理说明文，九年级安排三个单元的议论文阅读。

其次是人文主题之间的联合。课程标准强调要充分发挥语文课程的育人功能，加强语文课程内容与学生成长的联系，引导学生认识自然、社会、自我，促进人的全面发展。统编语文教材蕴含丰富的人文内涵，给予学生人文关怀，关注学生健康人格成长，对学生精神世界的影响是广泛而深刻的。

最后是语文要素之间的联合。七年级以训练朗读、默读、精读、略读、浏览等一般的阅读能力为核心任务，比较少涉及文体知识。其中七年级上册按照词、句、段、篇的顺序，通过品味精彩词句把握作者的情感，在理清文章思路、梳理文章内容的基础上，学会概括文章的中心思想。七年级下册着眼于叙事的角度，从抒情方式、描写方法、提炼观点等方面把握人物特征、理解人物情感。八、九年级以不同文体的阅读为核心任务，文体知识是学习的主要路径，以掌握不同文体的阅读方法。温儒敏教授特别强调："统编本教材在多种阅读方法的教学上，是增加了一些分量的。希望老师们在教学实践中格外注意阅读方法问题，重视学生的阅读速度。"[①] 说明文阅读要从把握说明对象的特征、了解说明方法及效果、体会说明文语言特点三个方面建构说明文阅读策略。议论文阅读要从议论性文体的特点、观点、论据、论证思路、论证方法等角度建构议论文阅读策略。

2. 语文与其他学科的联系。

作为拓展型学习任务群中的跨学科学习，以语言文字积累与梳理为基础，历经实用性、文学性、思辨性三类阅读与表达的发展，从单一的学科内容和学习方式螺旋上升到一个新的高度，势必需要增加一些新的东西。一是拓宽语文学习和运用领域，从课堂拓到课外，从校内拓到校外；二是拓展语文学习的内容和方式，除了关注学科学习，还要关注社会生活，从中筛选有意义

[①] 杨伟. 尊重新教材 理解新教材 用好新教材：统编本语文教材总主编温儒敏教授访谈[J]. 语文建设，2018（7）：4—9.

的话题，开展阅读、梳理、探究、交流等语文实践活动，在问题解决的过程中提高语言文字的运用能力。如革命文学作品各个阶段都有涉及，是语文与历史、道德与法治的联合。"五育并举"是语文与道德与法治、体育、艺术教育、劳动教育的联合，此外还有语文与建筑艺术、自然科学、人文学科等课程的联合。

3. 语文课程与真实生活的联系。

生活即教育，过怎样的生活就受怎样的教育，语文与真实生活密切联系。语文课程关注个体生存环境、个人精神生活，如读书、交友、旅游、出行、睡眠等；还关注个人成长的家庭环境、社会环境，关注家庭生活、校园生活、社会生活。语文课程第一到第三学段主要以个人生活、家庭生活、校园生活、社区生活为主，第四学段将视角扩大到社会生活、科技生活等。

（三）语文课程学习方式的联合

1. 语文课程学习感官的联合。

学生是学习的主体，不管是自主的独立学习，还是与他人的合作学习，或是以问题解决为目的的探究学习，都是学生身体在一定的环境中，与学习对象发生作用的过程，是一种以脑力为主的劳动，需要发挥脑神经的核心作用，再辅以眼、耳、口、手、脚等多种感官联合，开展听、说、读、写、思、悟、演等不同方式的语言实践活动。

2. 语文课程学习场域的联合。

语文实践的机会无处不在，无时不有。可以说，只要有学习的地方，就是语文学习的场域。语文学习是课堂与课外的联合，课堂是语文学习的主阵地，校园处处氤氲着书香。语文学习是校内与社会的联合，学校之前叫学堂，是集中学习、团队学习的场所。陶行知先生说社会即学校，社会也是一座没有围墙的学校。语文学习是学校与家庭的联合，除了学校教育，家庭是学生最早接受启蒙的地方，也是较稳定且影响深远的教育方式。

3. 语文课程学习媒介的联合。

媒介是语文学习的工具，教材是最重要的工具，各种仪器设备、实物道具、挂图、插图等也是学习语文的工具。教材、课堂学习任务单、课堂作业、课外书籍、报纸杂志都是比较熟悉的传统纸质媒介。随着信息时代的发展，语文课堂学习的媒介发生很大的变化，如课件、音频、视频的运用。此外，微信、微博、博客、QQ、电子邮箱、贴吧、APP及广播电视、新闻网站、阅读网站等新媒体在语文教学中经常出现，体现语文课程学习媒介的联合。

（四）语文课程评价的联合

1. 评价主体多元联合。

语文课程评价的联合体现在围绕学业质量框架，贯穿语文学习全过程的过程性评价和指向学业水平考试的终结性评价。过程性评价重点考查学生在语文学习过程中表现出来的学习态度、参与程度和核心素养的发展水平。过程性评价中，要发挥多元评价主体的积极作用，除了学科教师采用针对性的评价工具外，还要引导学生开展自我评价和学生之间的互相评价，鼓励学校的管理人员、班主任、家长参与过程性评价，体现评价主体的多元联合，帮助学生处理好语文学习与个人成长的关系，发掘自身潜能，学会自我反思和自我管理。

2. 评价方式多样联合。

语文课程评价方式的多样性，表现在时间跨度和评价类型两方面。过程性评价包括课堂教学评价、作业评价、阶段性评价等。课堂教学评价可通过课堂观察、对话交流、小组分享、学习反思等方式，了解学生学习过程中的表现，落实"教—学—评"一致性。作业评价的方式除了课堂上的写字、阅读、日记、习作等，还可以结合课堂所学，关注学生校内外个人生活和社会发展中的热点问题，设计主题考查、跨媒介创意表达等多种类型的作业。阶段性评价的方式，除了采取纸笔的形式，还可以设计综合的学习任务，例如诵读、演讲、书写展示、读写交流、戏剧表演、调查、访谈等。在整本书阅读和跨学科学习的评价中，除了采用读书笔记、读书报告会、读书分享会等形式，还可以撰写观察报告、实验报告、研究报告，来体现学生跨学科学习的阶段成果。

二、联动语文之"动"

"联动"语文之"动"是行动，是实践，源于语文课程实践性的本质，着重培养学生的语文实践能力，而培养这种能力的主要途径就是语文实践。

陶行知倡导解放孩子的大脑、双手、嘴、眼四大器官和时间、空间，让孩子思想贯通、有动手的机会、敢问、会看，有机会接触自然和社会，培养孩子的创造力。语文课程是典型的语言类课程，其实施的对象是"身体在场"的人，甚至是直接面向身体的。① 语言运用必然会与人体感官发生紧密联系。

大脑是产生思维的物质基础，左脑是语言功能优势的半球，右脑是空间思维优势的半球。② 人们的思想观念、意识都经由大脑产生。与言语思维相关的听说读写，通过左右脑的协调来处理。语言信息输入主要通过耳朵、眼睛来实现，经大脑加工处理，协调各个感官再输出语言信息。陶行知把解放头脑形象地比喻为"天"，指出要"解放头脑，撕掉精神的裹头布，使大家想得通"，使学生的"特殊才能得以发展而不致枯萎"，增强其思维能力、想象力和"用科学方法解决问题的能力"，提高思维的敏捷性和灵活性。

眼睛是人心灵的窗户。观察力是创造的起点，由眼睛与物相互作用而产生。要解放孩子的眼睛，帮助孩子把"眼睛"擦得更亮，提高观察力。要引导孩子正确地观察，根据观察的对象，如具体的物质的人物、器物、景物，抽象的思想的文字、图片、图表、数据、图像等，给予科学的方法指导。观察的顺序选择逻辑顺序还是空间顺序，观察的视角是仰视、俯视、平视、环视，观察的要素是造型、形状、颜色、大小等，使眼动更为灵敏。

口是最重要的语言表达器官。陶行知先生说孩子有问题要准许他们问，从问题的解答里可以增进他们的知识。这说明通过嘴巴提出问题，使人们的思想、立场、观点得到交流，从中增长知识，产生新的东西。除了提问，朗读、讲解等也都离不开口。要使口动更为灵活，就要从口动的频率入手，提高输出的次数，从不开口到偶尔开口到"金口常开"。关注口动的对象，从随意性较强的日常口头语言到有针对性的对话，再到创意性的表达，注意口动的技巧，逐渐提高口头表达能力。

双手是人做事情的重要工具。陶行知先生的《手脑相长歌》写道："人有

---

① 陈乐乐. 具身教育课程的内涵、理论基础和实践路向 [J]. 课程. 教材. 教法，2016，36 (10)：11—18.

② 刘振前. 语言功能的大脑定位及其与认知关系研究述评 [J]. 当代语言学，2001 (4)：275—288+317.

两件宝，双手和大脑。用手不用脑，饭都吃不饱，用脑不用手，就快被打倒，用手又用脑，才算是开天辟地的大好佬。"人类那一双自由活动的手，可以劳动，可以创造工具、武器、文字，超越一切动物。在语文学习中，不翻书、不举手、不动笔是常见的不动手的学习状态。俗话说："不动笔墨不读书。"手动的对象有书、笔、汉字、拼音、符号、图案、新媒体，手动的姿势有翻书、握笔、写字、圈画、指示、点播等，手动的技艺要从动作生疏到动作连贯，慢慢趋向动作熟练。只有长期地训练，手动才能更加灵巧。

耳朵是这几种感官中最不容易监测的。耳朵与声音相互作用而产生听力，侧着耳朵倾听，是大脑与耳朵的联合。要开展听力训练，听的态度要专心，要聚焦声音源，如老师和同学的言语、朗读音频、音乐、外物相互碰撞发出的声音等。还要能长时间耐心地听，没有不耐烦的情绪。老师要指导听的技巧，即细心听清楚输入的意思，获取关键信息，完整不遗漏。持续加强听力的训练，使耳动更加灵通。

双脚是语文学习中基本被忽视的感官。语文学习中的脚动，乍一看让人费解，其实脚也是协助语文学习的重要感官。常态的语文课堂学习中，学生都是坐在座位上参与学习的，老师都是站着引导的。当老师提出问题或者任务时，学生要回应，要与老师或者同学对话，与同学合作，就需从座位上起立或转身，此时是小范围的脚动。如果要到讲台处和展台处参与语文活动，则是较大范围的脚动。读万卷书，行万里路，可根据语文学习的需要，到教室外或者校园外，此时是大范围的脚动。脚动的频率和范围根据学习场域的变化而变化，经常性地参与课堂，脚动的灵活性也随之增强。

三、联动课堂的主要特征

脑动是思维活动，眼动是观察，耳动是倾听，口动是表达与交流，手动是各类操作，脚动是原位参与或离位展示。语文课程就是紧密联系目标和资源，工具和感官密切配合，开展共同指向创造的联合行动，简称"联动"。因此，语文"联动"课堂就是以脑动为核心，在脑与手、口、眼、耳、脚等感官的联合行动中，根据语文学习中具体的"事"，如阅读、交流、写作，开展观察、思考、圈点勾画、倾听、表达等语言实践活动，边行动边思考，理解核心概念，把握科学规律，从经验思维上升到理性思维，在训练行动力的同时，培养学生良好"做事"素养的一种学习方式。

语文"联动"课堂"以做为中心"，其课堂的主体是教师和学生，他们都是以行动为第一要义，以获得思想为关键，以创造新价值作为课堂的追求。它有以下三个主要特征。

（一）以脑动为核心的多种感官联合行动

大脑与某一种感官结合或与多种感官的联合行动都是"做"。"做"要有思想和新价值产生，就必须以"脑动"作为核心。依据齿轮的传动原理设计，呈现个体思维与行动方式内在联系和相互转换的"联动"导图。从理论层面分析，每一种感官就如齿轮中的齿，大脑作为核心与周围五种小齿啮合，将动力传送到其他感官。小齿与小齿之间又相互啮合，引发感官的顺承联动或交叉联动，完成多角度的动力传递。从操作角度分析，学生听教师讲解或提问后举手示意，起立做出回答或做出反应，就是耳、手、脚、口之间的顺承联动；边说边写边记忆，边看边读边配合动作等，就是大脑与眼、口、耳、手的交叉联动。

（二）围绕具体的"事"即做即想

陶行知眼中的"事"为实际生活，语文课堂是师生双向互动的学习生活，由一个个与语言文字相关的活动环节组成。课堂中真实发生的场景是常态事，识字与写字、阅读与鉴赏、梳理与探究、表达与交流这四类语言实践活动是语文学科重要的"事"，课堂开展评价是必不可少的"事"。"联动"就是要根据语文课堂中不同的事项特点来选择最佳解决方法。

（三）培养学生良好"做事"素养

"联动"活用六种感官，外显性极强。常态化训练，能提高目光灵敏性、语言灵动性、双手灵巧性、耳朵灵通性，能让学生树立行动的意识，时常有想做事的情绪、主动做事的表现、把事做成的喜悦，激发继续做事的信心和勇气。如此良性循环，从训练感官协作性、行动灵活性上升到追求思维深刻性、价值长效性，培养学生"做事"素养。

第二节 "联动"课堂的目标设定

教学设计是复杂的多边活动，关系到教师、学生、教材等。教学目标既是教学的逻辑起点，又是教学的最终指向，是教学设计中最核心的要素。教师作为"联动"课堂模式构建的关键，要理解联动特征，想方设法让学生的身体在课程实践中复位。教师教学习惯的改变，也会影响其对教材的处理，引发学生学习方式的变革。"联动"课堂是让学生时时、处处生发联合行动的课堂，所以教师要先"自动"，边行动边思考，设定素养指向的"联动"目标。

从语文学科的角度来看，正确价值观、关键能力和必备品格是核心素养的重要组成部分，它们在语文学习和教学中相互交织，共同促进学生全面发展。

语文学科的正确价值观指的是学生能够理解和吸收优秀的文化遗产，形成对语言、文学和文化的正确认识和评价以及对人类社会、自然环境和人际关系的正面态度。这包括对真善美的追求，对假丑恶的辨识，对社会主义核心价值观的认同和践行。通过语文学习，学生可以接触到丰富的文学作品，从中学习到不同的价值观和生活态度，进而形成自己的正确价值观。

关键能力在语文学科中主要指学生的阅读理解能力、写作表达能力、批判性思维能力和创新性思维能力。阅读理解能力是学生获取和解读信息的能力，写作表达能力是学生表达自我、沟通思想的能力，批判性思维能力是学生分析和评价文本的能力，创新性思维能力是学生在原有知识基础上进行创造性思考和解决问题的能力。这些能力是学生在语文学习中必需培养的基本技能，也是适应未来社会发展的关键能力。

必备品格在语文学科中指的是学生在学习过程中形成的良好性格和道德品质，如诚信、勤奋、自律、责任感等。这些品格不仅是学生个人成长的基石，也是社会公民的基本素质。通过文学作品中的角色形象和情节发展，引导学生理解和感悟品格的重要性，进而培养和提升自身的品格素质。

正确价值观、关键能力和必备品格三者之间密切联系。正确价值观是核心素养的灵魂，它为关键能力和必备品格的发展提供价值导向和思想基础。一个具有正确价值观的学生，会更加重视关键能力和必备品格的培养，使其在学习中得以体现。关键能力是实现正确价值观和展现必备品格的手段。具备关键能力的学生能够更好地将价值观付诸实践，解决实际问题，同时也能够在实践中不断磨砺和展现必备品格。必备品格是支撑关键能力和正确价值观的重要保障。具备必备品格的学生，在面对困难和挑战时能够保持积极的心态，坚定信念，从而更好地运用关键能力去实现正确价值观。

正确价值观、关键能力和必备品格三者相互关联、相辅相成，在语文学科的学习和教学中共同促进学生核心素养的形成和发展。"联动"课堂在设置目标时，要综合考虑这三个方面的内容。

"联动"课堂寻求思想的突破和价值的产生，最难把握的是关键概念的理解和学科原理的探究。关键概念可以是语文课程概念、单元教学核心概念、单篇文章关键概念，它体现语文学科育人的本质。因此要用对、用活、用深教材，基于原理思维审视教材，精准拟定教学目标。以统编版教材中编排的文言文篇目为例，能力要求呈螺旋式提升：先积累文言实词的含义和用法，在此基础上辨析文言虚词的含义和用法；先积累常见的文言词语和文言句式，再用积累的文言知识赏析精彩的句子；先反复诵读，再到多读、熟读，感知内容和大意；领会内涵，品味语言，在养成了反复诵读习惯的基础上逐渐培养语感，最后熟读成诵；学习古人写文章的技巧，同时要感受古人的智慧，体会他们的责任感和担当精神。

"联动"目标的设定包括三个步骤：一是发现并筛选教材中指向素养的概念，分析概念之间的逻辑关系；二是把关键概念转化为问题，预设解决问题的技术和资源；三是把解决问题过程中抽象的心理创造活动、具体的行为动作、能力培养要求设定为目标。

第三节 "联动"课堂的操作程序

根据"行动生困难,困难生疑问,然后生假设、生试验、生断语,最后又生行动"的演进无穷的行动论,[①] "联动"课堂紧紧围绕目标,把要完成的事项合理分解成经验、概念、原理、技术、产品五个环环相扣的操作程序,经验对应行动,要遵循差异和均衡的原则,概念、原理、技术对应思想,要凸显活力维度,产品对应新价值,要达成优质的目标。每个程序"联动"的内容和方式有所侧重,具体表现如下:

一、感性行动,明事接知

通过简短的文字或清晰的语言,或借助其他资源创设情境,呈现需要完成的问题,刺激学生耳朵,吸引学生眼球,启发学生思考。学生用耳倾听,用眼观察,用脑思考,唤起以往与同类事项接触过程中获得的感性认识和经验,建立新旧知识之间的联系。大脑对耳、眼输入的信息进行加工后,通过口动和手动输出信息。课堂初始环节的"联动"方式表现为个体、大脑与单一感官结合的、具体可见的、感性经验为主的行动。

二、理性思考,解析概念

学生在信息输出的过程中常会遇到一些障碍,导致感性行动结果产生差异。这个障碍往往与没有理解关键概念和主要观点有关。此时要着重发挥脑神经的重要作用,跳出感性经验的窠臼,用科学规范的语言解释、阐明概念内涵,重新建构对学科概念的理解,如文言文阅读中"通假字""古今异义"的含义,"概括"与"分析"等思维活动的特征。此环节的"联动"侧重以个体的脑动为主,从具体行动上升为抽象行动,从感性认知上升到理性思考。

---

① 陶行知. 中国教育的觉醒[M]. 北京:群言出版社,2013:244.

三、理实相生，探究原理

语言文字变成一个个鲜活的概念后，引导学生将理论与实践相结合，探究概念的来源、内涵特征、包含的要素、概念与概念之间的内在逻辑等。此时需要个体多种感官与语文学科和其他学科原理的深度结合，还需发挥师生与生生之间的合作交流、释疑补充等，方能归纳出可操作的技术。此环节的"联动"是探究所以然的深度行动、学科融合有活力的行动，是师生协同的行动。

四、新境联动，迁移技术

基于学科原理的技术因其科学性和应用性，能对新情境的学习起到迁移作用。语文学习要视具体事项选择不同的感官，在感知文言文本内容时用口读其音、用手写其形、用脑思其义；在阅读相似段落或同类文本中做到学思结合、读写一体；在同作者不同作品或同主题不同作者的文言文对比阅读中，进行以设计制作、物化成果为目的的课堂微创造等。此环节的"联动"是大脑与多种感官的联合行动、合作行动，是思维顺畅的行动。

五、优化创新，展示产品

反馈技术应用效果，六种感官要优化组合，其主体可以是个人、小组、全体；脚动空间可以是座位处、讲台处、展台处或教室其他可视区域；所需工具可选实物投影、黑板、平板、文具等；成果可以是半成品或者是完整的作品，如用现代汉语表述文意、改编故事、情景再现的表演等。此环节的"联动"是多主体、多样态的行动，是创造价值的行动。

"联动"课堂以做事为中心，始终把学生做某事、怎样探寻规律和原理作为突破关键，并根据达成效果预设完成每件事所需的"联动"主体及数量、参与的感官类型、感官组合方式、方式名称表述、时间先后顺序等。教师根据学生做事情况推进预设程序，兼顾课堂生成，观察反应、倾听发言、评价表现、巡视状态、总结板书要点、反馈学情等，多种感官投入课堂，调动全体学生参与的积极性。教师是"联动"的设计者、引导者、服务者、参与者，更是联合行动最鲜活的典范。

第四节 "联动"课堂的评价体系

教、学、评是课堂教学的基本要素,三者有机联动、相互影响。布鲁姆的教育目标分类学指出教、学、评三者都必须共同指向学习目标。[①]

一、联动课堂指标体系构建

"联动"课堂依据学生的认知特点和思维习惯,从学生视角构建"联动"指标体系。差异是关注课堂对象的公平状态,均衡是着眼课堂资源的公平状态,活力是侧重课堂文化的公平状态,优质是指向课堂实践的公平状态。其构架和具体内容见表2-1。

表2-1 "联动"课堂指标体系

联动指标	差异		均衡		活力		优质	
	情绪反应	联系经验	感官能动	自主参与	双向互动	回应有序	深度联动	目标达成
具体表征	学生心理上对课堂新出现的人、事、物有一定的反应,并通过言行、表情表现出情绪的倾向。	学生能根据课堂上不同时段的具体任务,快速准确链接相应的学习经验或生活经验。	学生发挥自身脑、眼、口、手、耳、脚等感官资源,并能根据事项特点做出相应的举动。	学生主动做事,获得机会,积极参与,获得权利,没有机会时,也专注于某事。	师生之间互相接纳,激发行动自信。生生之间互帮互助,影响带动其他同学,激发群体活力。	学生身心投入,对课堂指令做出积极有序的回应,或获得展示思维过程和思维结果的机会。	学生、教师、资源等多个方面联动,展开深度思维,保有持续学习的动力。	获取新知识,训练多种层级的能力,培养价值观,掌握学科原理,高质量完成任务,达成目标。

[①] 黄伟.基于教、学、评一致性的语文课堂实践:要义与操作[J].中学语文教学,2021(6):10—14.

联动指标体系，横向的八项表征之间是从易到难、由浅入深的进阶关系。因为个体公平感受是教育微观公平的出发点，[①] 因此学生的情绪反应就成为学生学习过程中最本能的表征。不同的学生，受个性差异的影响，会对外界产生不同的反应。当情绪反应是积极状态时，会尝试接纳并主动链接已有经验，为问题解决做好铺垫。如果起点处是无视无感的，也会影响后续的行动表现，甚至导致无所收获。学生个体拥有的感官是学习最直接、最有力的工具和资源，大脑获取指令信息后，会指挥眼、口、手、耳等感官做出相应的举动。当个体情绪状态持续升温，会主动与同学、老师进行双向互动，进而做出积极有序的回应。当个体的思维和教师思想、资源指向等同频时，知识、能力、价值观等就能与预设目标达成一致。

二、观察者用课堂观察量表对学生进行评价

学习过程中的联动方式是否合理、有效，需要师生共同参与，构建观察者观课、学习者评学、执教者省（xǐng）教的联评体系，开展基于过程和结果的综合评价，落实"教—学—评"一致性要求。

传统的课堂听课，听课教师坐在教室的后面，或者课堂的外面（录播室），着眼于宏观场面活跃或沉闷的感知和判断，局部关注执教老师的课堂风采、环节设计、师生互动等，用记录的教学环节和最后的模糊评价证明听过某堂课。运用联动课堂指标体系，听课教师化身为课堂观察者，深入到学生中间，安静地坐在某个小组的旁边和学生建立联结。上课前先整体了解小组成员构成情况，上课时观察学生在每一个阶段学习时的真实表现。观察者的感官联动，用眼观察学生表情、举动，用耳朵倾听学生发言或对话，用笔记录组员的特殊细节，待形成初步印象后，再根据联动观察量表，横纵项结合逐项进行赋分（见表 2-2）。

---

① 郭少榕. 论学校教育的微观公平 [J]. 中国教育学刊，2018（10）：68—72+81.

表 2-2 "联动"课堂观察量表

执教者				学习者			学习时间		
课题				课型			观察者		
观察第___小组	A		B		C		D		
联动指标\学习任务	差异		均衡		活力		优质		
	情绪反应	联系经验	感官能动	自主参与	双向互动	回应有序	深度联动	目标达成	
	A B C D	A B C D	A B C D	A B C D	A B C D	A B C D	A B C D	A B C D	
	A B C D	A B C D	A B C D	A B C D	A B C D	A B C D	A B C D	A B C D	
	A B C D	A B C D	A B C D	A B C D	A B C D	A B C D	A B C D	A B C D	
	A B C D	A B C D	A B C D	A B C D	A B C D	A B C D	A B C D	A B C D	
合计									
观察结论	观学								
	思教								
	悟己								

表格中的"ABCD"代表所观察的小组成员对应的编号。观察者根据学生在每一项学习任务的联动表现，采用1、2、3三级赋分。"合计"一栏是学生在完成所有学习任务后的最终得分。"观察结论"一栏，包含三个方面的内容。一是观学的总体概述，即根据每个学生的得分情况，总结学生学习过程中的差异表现和同质情况，洞察学生在课堂中显现的优势和不足；二是从学生的学习状态，反观执教者行知创理念的现实转化程度，思考教学设计的合理性和有效性；三是综合学生的学和教师的教，反思自己的日常教学有没有以平等对待相同，以差别对待不同，以补偿对待弱势等，[①] 明确常态课堂与"联动"课堂的差别，找到向"联动"课堂迈进的切入点。

三、用"联动"课堂评价表开展多元评价

学生和教师用语文"联动"课堂评价表对课堂行动过程和效果开展评价。每堂语文课使用一张评价表，要填写基本信息，用"每堂'六动'来建构"进行过程性自评，用"每堂'六问'创产品"进行学习效果自评，最后交由教师评价（见表2-3）。

表 2-3　"联动"课堂多元评价表

姓名		时间		课题	
每堂"六动"来建构 （方框内打"√"——随堂自评）			每堂"六问"创产品 （文字归纳或物化成果——课后自评）		
①脑动：□思考感情 　　　　□分析概括			①所悟之德（理）：		
②眼动：□观察注视 　　　　□浏览默读			②所阅之景：		

---

① 郭少榕. 论学校教育的微观公平［J］. 中国教育学刊，2018（10）：68－72＋81.

续表

姓名		时间		课题	
每堂"六动"来建构 (方框内打"√"——随堂自评)		每堂"六问"创产品 (文字归纳或物化成果——课后自评)			
③手动：□记录作答 　　　□圈画批注 　　　□翻阅查找		③所写（画）之质：			
④口动：□对话 　　　□朗读 　　　□演讲		④所说之技：			
⑤耳动：□专心耐心倾听		⑤所听之言：			
⑥脚动：□原位起立获得机会 　　　□离位板演或演示		⑥所立之域：			
●本节课有效"六动"总次数（　　） ●前节课有效"六动"总次数（　　）	教师评价	🌹 进步鼓励（次数与产品有正向变化）□ 👍 优秀（10项以上，且产品有新意）□ ☺ 良好（6—10项，且产品完整）□ 👎 有待提高（6项以下，且产品不完整）□			

"每堂'六动'来建构"为过程性自评，呈现"六动"具体表征。学生随堂进行，对标勾选，单独参与或与同学合作参与其中任意一项行动，就在相应的方框内打一个"√"，如果同一行动重复进行，就再打一次"√"，以此类推。"脚动"中的原位起立获得机会与前面行动若有重复，只记一次，每一次行动有对应的产品，方为有效的行动。学生根据课堂表现对应勾选，重复可累加，课堂结束时对前后两节课的参与次数进行统计。

"每堂'六问'创产品"为学习效果自评。可在语文课结束前三到五分钟或课后时间进行，以文字总结或其他的物化成果呈现。"六问"内容提示学习者从获取的学问、价值观念的影响、现实和文字的审美、写和画的质量、读和说的技巧、听的态度和效果、学习的区域变化等方面发问。首问"所悟之德（理）"是问感受到的精神品质、明白的概念和学科原理，如物理、事理、情理，审问道德和思维对人发展的重要影响；二问"所阅之景"，是问难忘的瞬间、触动内心的语言文字、作品中感人肺腑的人和事等；三问"所写之变"，是问手动的质量，如字迹是否工整、笔记是否简明清晰、作答是否精准有序，语言是否通顺、生动等；四问"所说之技"，是从音量适中度、吐字清晰度、表达流畅度、感情适合度等言语思维和表达技巧方面进行反思；五问"所听之言"，是问听的态度是否耐心、专注，记住哪些深受启发的概念、美文佳句、名言警句等；六问"所立之域"，是问学习的区域变化，是否起立参与问题解决或离开座位进行板演、展示等。

执教者根据学生"六动"次数和"六问"产品，结合学生课堂表现对学生进行四级质性评价。"六动"次数达6—10次，且对应产品完整的为良好，10次以上且产品有新意或有特色的为优秀，6次以下且产品不完整的为有待提高。前后两堂课次数有增加，产品质量有变化的为进步鼓励。执教者对学习者的评价，是反馈学情的极佳途径，不仅可以知晓学生对知识的掌握程度，还能知悉学生观察、倾听、表达等各种能力外化水平，反思选择权和表达机会的供给量、资源应用的合理性、情境与任务的融合度等，为优化联动方式提供依据，为行知创课堂指明方向。

以"联动"为操作要义的语文课堂，框架较为清晰。"六动"让学生感知学习过程中思维的外化频率，"六问"是审问课堂行动的效果，了解课堂上细微变化，促进自我成长。横向感官优化联动、资源合理联动、主体双向联动，纵向环节联动、评价多元联动，知识在对话中生成，能力在问题解决中培养，价值观在甄别中形成。教学实践中，以"标"为主线，公平维度下的指标是顶层设计，教学评三个环节的目标是学科核心素养，纵向引领教、启发学、促进评，落实"教—学—评"的一致性。

学生刚接触此评价方式会觉得新鲜，但不知道如何开展。教师对这个评价的细则进行解读。开始一段时间学生比较有兴致，时间一长兴趣会有所减弱，此时要进行阶段评价，如及时展示学生创造的产品，对积极参与的学生和优秀的产品予以奖励，使学生保有持续参与和创作的热情。

第五节 "联动"课堂的优势与创新

传统的学习方式是教师讲、学生听,这种模式以教师为主体,重知识传授,轻能力培养,基本忽视学生的"学"。[①]"先学后教"是课堂教学最为基本的先后环节,其本质是师生双方的自觉,[②] 侧重于教和学程序先后性的问题,但受到学生学习自觉性的局限,先学时进度不一,深浅不同,后教时存在简单内容重复教学的状况。翻转课堂凝聚了更优质的文、图、音、视频等多种综合表现力,[③] 但侧重于让教和学在教学资源上着力,与语言文字之间产生罅隙。"学案导学"能调动学生自我意识,但自学往往不充分,教学程序略显僵化等。[④] 与上述几种模式相比,"联动"课堂模式恰好弥补了"以教为中心"和"以学为中心"的不足,把"教"和"学"落实到最佳契合点"做"上,有较为明显的优势和创新。具体的语文"联动"课堂模式见图2-1。

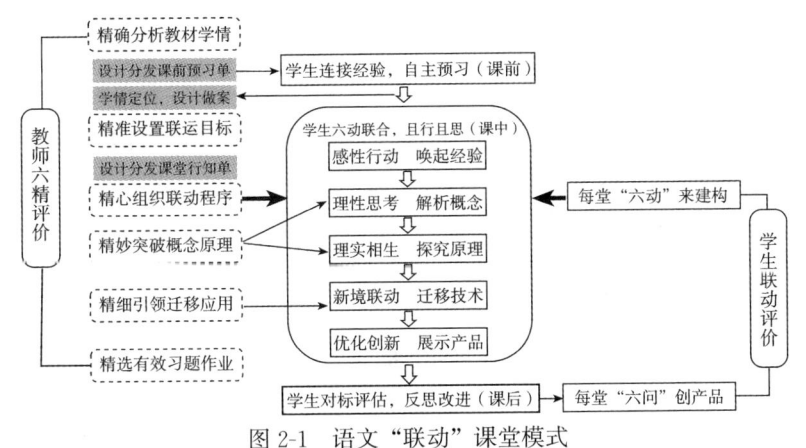

图 2-1 语文"联动"课堂模式

[①] 黄洪霖,黄家骅. 项目化学习的内涵、意义与实施[J]. 福建基础教育研究,2021(8):4—7.

[②] 刘金玉. 语文学科教学更应该实施"先学后教"[J]. 上海教育科研,2012(11):64—66.

[③] 彭婷. 中学语文翻转课堂教学模式探究[J]. 教学与管理,2015(24):109—111.

[④] 段爱文,郭海青. 初中语文"学案导学"教学模式存在的问题与改进策略[J]. 教育理论与实践,2016(23):61—62.

一、优化联动，形成循环动力足

个体从静态到动态，部分感官与多种感官联合，即做即想，时刻追求最优化的方式。特别是在关键处充分发挥脑动力量，力争动作的熟练和顺畅，让体力和情感的能量释放到最佳状态，建构新知识，感悟新思想。学生在联动中感受到的能力自信和成果自信，会逐渐转换成动力充沛的自觉行动。个体习惯性的自动会形成磁场，当磁场的频率达到一定程度后，会对周围空间产生波动，影响和带动周围的个体一同参与，启发生生、师生互动。互动的主体不断变化，方式时时更新，又能激发群体联动，使学习主体高度参与，逐渐形成一个从不动到自动、互动、联动的"动循环"系统，为课堂注入无限的活力。

二、搭建支架，实现思维可视化

联动课堂的教与学没有先后之分，也没有轻重之分，借助工具支架落实到同一行动上，让行动有了方向和着力点。课前预习单能充分落实助读系统的预习要求，改变学生不读不思或读而不思的状况，让常常虚设的前置预习变得有迹可循。"做案"设计紧随"六精"评价细则，明确可能涉及的概念和原理，运用逆向思维对课堂进行深层建构。课堂行知单让行动和思想紧贴联动目标，有序推进，适时展开联动，学生的思维通过不同方式最大限度地可视化，让学习结果变得清晰可见。

三、运用原理，产出新品创价值

语文是综合性、实践性课程，每一项学习活动都有其内在的逻辑规律。但大部分老师没有关注学科思维的重要性，导致语文学习模模糊糊一大片。联动特别注重关键概念的理解和学科原理的探寻，以突破思维障碍。不仅注重语言文字本身的基本规律，还关注经过实践检验的其他学科原理的应用，在语言运用的关键处搭桥铺路，对不同情境的语言实践起到指导作用。联动建构新思想，使语文学习变成清清楚楚的一条线，取得高于学习起点的进步，特别是课堂的微创造，产出不同形式的作品，使价值在循环往复的行动中迭代生成。

四、创新评价，反馈训练一体化

"六精"评价细则，涉及课前备课质量的评价，指导教师预设学生动态，及时修正行动方式。"联动"课堂多元评价表从六个观察点开展基于过程和结果的评价，把落实学科育人和培养学科思维放在最重要的位置。关注看和听为主的语言输入，说和写为主的语言输出，在语言文字的运用中提高发现美和创造美的能力。每堂"六问"一方面是学生对学习效果的自我评价，启发学生对实践效果的追问和改进，为教师进行学情反馈和调整教学提供依据。另一方面，这是一项非常有挑战的限时微写作训练，是培养学生言语思维、训练读写能力的极佳途径。

"联动"既是行动的内容，包含一系列的行为动作、思维外显的各种方式，又是行动的结果，直指行动能力的提升、目标达成。"联动"课堂模式以"行、知、创"为主线，以教学生学会做事为目标，充分发挥多种感官在课堂这个特定的环境中与不同的对象进行对话和互动，有效解决问题，获得全新的认知和指导再实践的理性经验，促进思维发展，培养做事素养。"做"无定法。法只有更好，没有最好，需要教师边行动边思考，不断探寻和实践。

第三章 "联动"语文的概念梳理

义务教育语文课程内容主要以学习任务群组织与呈现。任务群是由内在相互关联的系列学习任务组成的，共同指向学生的核心素养发展。而串联起系列学习任务的联结点就是与核心素养相关的概念。因此，明确每个学习任务群的关键概念，就成为构建"联动"语文的锚点。语文课程按照内容整合程度不断提升，设置的基础型学习任务群是"语言文字积累与梳理"，发展型学习任务群是"实用性阅读与交流""文学阅读与创意表达""思辨性阅读与表达"，拓展型学习任务群是"整本书阅读""跨学科学习"。本章按照三个层面的六个学习任务群进行关键概念的梳理。

第一节 语言文字积累与梳理任务群概念梳理

语言文字积累与梳理是基础型学习任务群，旨在引导学生在语文实践活动中，积累语言材料和语言经验，形成良好语感；通过观察、分析、整理，发现汉字的构字组词特点，掌握语言文字运用规范，感受汉字的文化内涵，奠定语文基础。

语言文字积累与梳理的学习内容围绕汉字、书法、成语典故、对联、诗文等，策划并开展语文学习、展示和交流活动；学习按照词类梳理字词，学习整理典型的语法、修辞应用实例；分类整理、欣赏、交流所积累的词语、名句、诗文等，并积极运用于日常读写活动中。

本任务群第四学段的学业质量描述包含识字与写字、理解与探究、积累与运用等实践活动，具体要求见表3-1。

表3-1 "语言文字积累与梳理"学业质量要求

实践活动	学业成就	关键表现
识字与写字	识字数量	在学习与生活中，累计认识3500个左右常用汉字。
	写字要求	能规范端正、整洁地书写常用汉字。
	写字速度	在日常记录中使用规范、通行的行楷字，提高书写的速度。
梳理与探究	理解音形义	能根据语境，借助工具书，认清字形、读准字音、正确理解汉字的意思。
	探究汉字规律	有探究汉字规律的意识，在社会生活中能根据字音、字形、字义三者的关系准确认读、正确理解遇到的生字、新词。
积累与运用	积累词句段	发现并积累不同语境下具有个性化特征的词句和段落。
	运用词句段	能根据自己的表达需要和习惯选择使用。

根据语言文字积累与梳理任务群的功能定位、学习内容、学业质量要求，结合统编初中语文教材内容及助读系统中的"知识补白"等，按照语言的表现形式、语法、修辞等分类梳理相关概念。

一、语言表现形式常用概念

（一）汉字

汉字是一种表意文字，起源久远。相传伏羲观天察地，近取诸身，远取诸物，演乾坤大道，留天地之象。到了神农氏时期结绳记事。相传到了黄帝时期，中华文祖仓颉始创文字。到了周宣王时期，一位名叫籀的太史，效法仓颉改进文字，被称为"籀文"，也就是大篆。秦始皇统一六国，秦相李斯奏请统一文字，史称"书同文"，删繁就简，力求齐整标准，是为小篆。为了便于书写，逐渐出现了隶书。到了汉朝，隶书逐渐成为书写的主流。东汉许慎，搜罗经典和别的字书里的字，共计九千字，按五百四十部首，编撰《说文解字》。这是一部划时代的字书，文字学的古典，是一切古典的工具或门径。

　　汉字造字和用字有六个条例，称为"六书"。象形字本于图画，假借字以声为主，形声字的形是意符，声是音标。汉字由基本的笔画组成，每个字代表一个音节和一个意义。结构复杂多样，有单一结构、左右结构、上下结构、包围结构等。汉字的音、形、义随着时间的推移和社会的发展而发生变化。

　　汉字是中华文化的载体，具有深厚的文化内涵。通过汉字可以了解到古代的思想、历史、文学和社会生活。《义务教育语文课程标准（2022年版）》在附录四安排了《识字写字教学基本字表》，附录五是《义务教育语文课程常用字表》，共收录了3500个常用汉字。根据这些字在当代各类汉语阅读材料中的出现频率和汉字教学的需要，又分成两个字表。教材编写中除了文本中出现这些常用汉字，还在教材助读系统中的"读读写写"单独呈现，便于汉字教学的设计和评价。

　　（二）书法

　　书法是一种视觉艺术，书写汉字可以表达美感和情感。书法有自己的一套规范和审美标准，是美学和文化的高度体现。书法的历史悠久，在不同的时代形成不同的书写风格，反映了不同的审美观念和文化背景。隶书古朴、草书奔放、楷书规整、行书流畅，各有特点。书法创作的主要工具是毛笔、墨水、宣纸和砚台等，综合运用笔画的起伏、停顿、转折等，以及结构、布局和墨色等技巧和规则进行创作。

　　教材中的书法作品选编了赵孟頫的《陋室铭》、毛泽东的书法《过零丁洋》（局部）、周恩来为鉴湖女侠秋瑾题的词和藤野先生的手迹。赵孟頫笔下的《陋室铭》采用行书风格，书写更加流畅，又不失字形的规范，以其优美的笔法和深远的意境受到人们的喜爱。毛泽东的《过零丁洋》，用笔大胆、富有力度，结构上大开大合，有时字形拉长，有时字形压缩，形成一种独特的视觉冲击力。周恩来的题词"勿忘鉴湖女侠遗风，望为我越东女儿争光"，采用楷书风格，笔力遒劲，结构严谨，每一个笔画都显得刚劲有力，字与字之间的间距得当，既不过于紧密又不过于疏松，使整个题词看起来和谐统一。藤野先生的手迹"谨呈周君，惜别藤野"，风格偏向于行书，笔力遒劲，用笔果断有力，每个字的笔画都有明确的起笔、转折和收笔，呈现出一种古朴、典雅的风格。

(三) 成语典故

成语典故是指有典故来源的成语，多数来自古代诗文、历史故事、神话传说等，能够深刻地表达某种意义或道理，是汉语中富于表现力和哲理性的语言形式。成语典故是汉语言中的精华部分，也是中华文化的瑰宝。如源于《孙权劝学》的成语"吴下阿蒙""刮目相看"，源于知识补白的成语故事"伯牙绝弦""割席断交""闻鸡起舞""断齑画粥"等。

(四) 对联

对联，亦称对子，是中国独有的一种文学艺术形式。它由上下两行文字组成，上下行文字相映成趣，通常在字数、词性、结构、节奏和意义上都保持对应和平衡。对联起源于古代的桃符，起初用以驱鬼避邪，后逐渐演变成一种文学创作和装饰艺术。综合性学习《我的语文生活》安排寻找最美对联的专题活动，要求以小组为单位查找有关对联的资料，了解基本知识，分小组广泛地搜集对联，按照对联的类型分类整理，最后开展分享交流，评选最美对联。

对联种类多样，有春联、喜联、寿联、挽联、行业联、谐趣联。春联是为庆贺新春佳节而作的联；喜联又叫婚联，是人们对结婚者的良好祝愿；寿联是老人过寿时，晚辈或亲朋好友赠送的表示赞美、祝愿长寿的对联，如"福如东海，寿比南山"；挽联是悼念死者的对联，如《回忆我的母亲》的预习部分，引用毛泽东同志悼念朱德母亲的挽联"为母当学民族英雄贤母，斯人无愧劳动阶级完人"；行业联是各行各业装点门面所用的对联；谐趣联用途广泛，或褒扬，或讽刺，或赞美，或鼓励，或自勉。这些对联通常具有较高的文学价值和教育意义，是中华文化的精髓，表现了语言艺术的魅力。通过对联的学习，可以了解到汉语的对仗美和韵律美，有助于在日常生活中感受和传承中华优秀传统文化。

(五) 诗文

诗文是指以高度凝练的语言，形象地表达作者的丰富情感，集中反映社会生活并具有一定节奏和韵律的文学体裁。诗歌有抒情诗、叙事诗、说理诗等；从创作方法上分，有浪漫主义诗歌和现实主义诗歌；按语言形式分，有韵律诗和非韵律诗。诗文侧重于描写自然景观，抒发情志，阐明道理。

统编初中语文教材里的诗文，七年级是分散编排，八、九年级是单元集中编排。知识补白中介绍了律诗和《诗经》。所选的诗文具有丰富性、代表性、思想性、趣味性、文化传承性等特点，旨在培养学生广泛的阅读兴趣，提高文学素养，传承中华优秀传统文化。

二、现代汉语的语法概念

现代汉语的语法包含词法、句法、语义、语用、语篇等概念。统编初中语文教材里语法概念大都附在课文之后或其他板块内容中间，以补白的形式，按由易到难、由浅到深的规律编写，对不同类型的概念进行解析和补充说明。虽是随文分布，但是各大知识点之间形成了一个隐性系统，按句子的成分、主干和语气，句子的语序、结构、句式，以及单句和复句进行排列。

（一）词法

词法是指汉语的词法规则，其中词素是构成词语的最小语言单位，不可再分。词是有意义的语言单位，是组成句子的基础。词汇是语言中所有词语的总和。词性是词语在句子中的功能分类，如名词、动词、形容词等。词语搭配是指某些词语习惯上常和特定的其他词语搭配使用。

统编初中语文教材词性和词语的搭配主要安排在七年级，按照实词、虚词、短语的顺序编排。

名词是表示人、具体的事物、抽象的事物、时间、方位的统一名称。动词是表示动作行为、心理活动、发展变化的词，以及表示可能、应该、意愿、动作趋向、判断的词。形容词用来描摹人或事物的状态、性质、颜色、形状等。数词表示数目多少或顺序多少。量词表示人、事物或动作的单位。代词是代替人或事物名称的词，代指人的是人称代词，具有指示作用的是指示代词，表疑问的是疑问代词。副词一般用在动词或形容词前边，起修饰或限制作用，表程度、范围、时间、频率或语气。介词没有单独使用，而是跟名词或代词结合在一起，组成短语，表示对象、方向、地点、时间、比较。连词表示起连接作用的词，用来表示并列、转折、选择、递进、条件、因果等关系。叹词表示感叹、呼唤、应答等。拟声词是模拟事物声音而形成的词语。

助词起辅助作用，不能单用，是没有实在意义的词。结构助词主要有"的、地、得、所、似的"，起修饰、限制、补充等作用；动态助词如"着、了、过"，附着在动词的后边，表示动作行为的状态；语气助词如"了、嘛、啦、吧、呢、啊"等，放在句子末尾，表示陈述、疑问、祈使或感叹等语气。

并列短语是由两个或更多的名词、代词、动词或形容词组成，词和词之间是并列关系，一般没有轻重、主次之分。偏正短语是由结构助词"的"和"地"，把词连接起来组成的短语。主谓短语指短语中先出现一个被陈述的对象，然后陈述这个对象的动作行为、性质特征等。动宾短语前边是动词，后边是受动词支配的宾语，二者构成动宾关系。补充短语指结构助词"得"用在动词或形容词后边时，常常引出补充性成分。

（二）句法

句法是指汉语的句法规则，句子是表达完整意义的最小语言单位。统编初中语文教材八年级上册的"补白"安排句子的成分、句子主干和语气，八年级下册安排句子的语序、结构、句式，九年级安排单句和复句。

句子是由词或短语构成的、能够独立表达完整意思的语言单位。每个句子都有一定的语调，表示不同的语气。主语是被陈述对象，谓语是用来陈述主语的情况，宾语是支配的对象，定语是修饰支配对象，状语是修饰谓语，补语是补充说明的成分。句子的主干要完整，不能残缺。可用提取主干的方法判断句子结构是否完整。句子的主干是指把句子中的定语、状语、补语压缩后剩下的部分。一个句子中，如果谓语中心语前面有否定词语"不、没、没有"等，要把否定词语放在主干当中。

陈述语气的句子结尾用句号或省略号，疑问语气的句子结尾用问号，是非问句在回答时用肯定或否定词"是"或"不是"，特指问句的句中多为疑问代词"谁、哪儿、什么"等，选择问句用选择形式提出。反问句是用疑问句表示肯定或否定的意义，无疑而问，不需回答；祈使句是要求别人做什么或不做什么；感叹句用来表示某种感情。

语序要合理，要符合一定的逻辑关系，多重定语的合理的顺序是：所属＋数量＋形容或描写。句式不要杂糅，要表达某一个意思，可以根据不同的表达需要，选用不同的句式，主要看以什么为陈述对象。句子成分搭配要恰当，句子成分之间的关系实际上是语义的搭配关系，语义的搭配既要合乎事理，又要符合语言习惯，才能正确地表达思想。

单句由词或短语构成，有特定语调，能独立表达一个完整的意思。复句由两个或两个以上的单句按照某种逻辑联系组合在一起，构成一个比较复杂的句子。复句中往往会使用一些关联词语，用来连接分句，表明分句之间的关系。递进复句是后一分句表示的意思比前一个更进一层。承接复句是各分句按照时间顺序分别说出连续的动作或相关的情况，具有先后相承的关系。并列复句是指几个分句是并列关系，没有主次之分，或表明一正一反两方面的情况，或说明一件事情的几个方面，或叙述相关的几件事情。选择复句是各个分句分别叙述一种可能的情况，表示从中选择一个。转折复句的前后两个分句用"而"或"但"连接，表示后一分句转而陈述与前一分句相反或相对的意思。因果复句用"所以""因为"连接，表示前后是因果关系。假设复句表示假设某种情况发生会出现怎样的结果。条件复句表示满足某种条件的话会出现怎样的结果。

（三）语义

语义包含词义和句义。词义是指词语所表达的意义内容。句义指的是句子所表达的完整意义。词语或句子之间形成不同的语义关系，如上下义关系、反义关系等。单义词只有一个意义，多义词有两个及以上的意义；本义是最初的意义，引申义是由本义引申出来的意义，比喻义是通过比喻产生的意义。同义词的意义基本相同，在语言中常常可以替换，近义词的意义相近，但在某些方面有细微的差别；意义完全相反和相对的词是反义词。词语的感情色彩有三种，褒义词是带有褒义的感情色彩的词语，贬义词是带有贬义感情色彩的词语，中性词是不带褒贬感情色彩的词语。

（四）语用

语用的核心内容包括语境、意义理解和交际策略等。在实际语言运用中，词总是出现在一定的上下文中，上下文称为语境。语境包括交际的时间、地点、场合、参与者的背景知识等因素，它们共同影响说话者的表达方式和听者的理解。语境对于词的意义起限制作用，阅读时要根据上下文确定多义词在文中的具体意义，是隐喻、暗示还是夸张等，使听者能够理解其表达的真实意图。说话者还可以根据交际目的和语境选择合适的语言表达方式，以实现有效交际。例如在请求别人帮忙时，说话者可能会使用"请问，您能帮我一下吗？"这样的礼貌用语。

(五) 语篇

语篇是由多个句子或语段组成，表达连贯意义的大型语言单位。语篇中各个部分在意义上是相互关联的，要符合文从字顺、语言连贯的基本要求，表达要得体。文从字顺是指文章或语言表达中的字词选择、句子结构和段落安排都符合语言规范，条理清晰，逻辑严密，使读者能够顺畅地理解作者的意图。语言连贯是指在表达思想时，句子与句子之间、段落与段落之间能够很好地连接起来，形成一个统一的整体，使听众或读者能够毫无障碍地理解信息的传递。表达得体是指在特定语境下，使用恰当的语言形式、词汇和语气来表达自己的观点和情感，尊重听众或读者的感受，避免引起不必要的误解。

三、语言的修辞概念

统编教材旁白编排了比喻、比拟、排比、夸张等修辞手法。比喻是借一事物来说明另一事物的修辞手法。明喻的本体（被比喻的事物）和喻体（用来做比喻的事物）之间用"像、好像、仿佛、如同、似的"等比喻词连接。暗喻的本体和喻体之间用"是、就是、变成、成为、等于"等词语，或者用破折号来连接。借喻的本体和比喻词都不出现，而是借用喻体直接代替本体。比拟是把人当作物来写，或把甲物当乙物来写。拟人是把物当作人来写，赋予物以人的动作行为或思想感情。拟物是把人当作物来写，或把甲物当作乙物来写。排比是把结构相同或相似、内容密切相关的三个或更多的短语或句子排列起来。夸张是对人或事做扩大、缩小或超前的描述，以强调或突出某一方面的特点。把人或事物故意往大、多、快、长、强等方面说，使其超出事物本身是扩大夸张；把人或事物故意往小、少、慢、短、弱等方面说，是缩小夸张；把后出现的事物说成先出现，或者是同时出现，是超前夸张。

第二节 实用性阅读与交流任务群概念梳理

实用性阅读与交流是发展型任务群，旨在引导学生在语文实践活动中，通过倾听、阅读、观察，获取、整合有价值的信息，根据具体交际情境和交流对象，清楚得体表达，有效传递信息，满足家庭生活、学校生活、社会生活交流沟通需要。

实用性阅读的内容包括叙事性和说明性文本、科技作品，表达和交流自己的发现与体会。还要通过多种媒介关注国内外政治、经济、社会、科技、文化等方面的新鲜事，阅读新闻报道、时事评论等作品，关注社会主义建设新成果，就感兴趣的话题选择合适的媒介进行交流沟通。

本任务群第四学段的学业质量描述主要包括阅读与鉴赏、表达与交流两类语文实践活动，具体要求见表3-2。

表3-2 "实用性阅读与交流"学业质量要求

实践活动	学业成就	关键表现
阅读与鉴赏	区分事实与观点	阅读新闻报道、说明性文本以及非连续性文本，能区分事实与观点。
	把握联系 得出结论	能提取、归纳、概括主要信息，把握信息之间的联系，得出有意义的结论。
	判断信息 运用信息	能利用掌握的多种证据判断信息的真实性与可信度，能运用文本信息解决具体问题。
表达与交流	发表看法	在讨论问题过程中，能积极发表自己的看法，做到有中心，有根据，有条理。
	倾听、复述、转述	能耐心专注地倾听，复述、转述完整准确，要点突出。
	即席讲话 演讲	能就适当的话题作即席讲话和有准备的演讲，有自己的观点，有一定说服力。

根据实用性阅读与交流任务群的功能定位、学习内容、学业质量要求，本任务群按照文本类型、文体知识、鉴赏要求、交流方式及能力要求梳理相关概念。

一、实用性阅读的文本类型

实用性文本是指在现实生活中具有实际应用价值的文本，在内容和形式上各有特点，具有实用性和信息传递的功能。了解实用性阅读的文本类型概念，有助于我们更好地理解和运用各类文本。

(一) 个人实用类文本

个人实用类文本是在日常生活中个人之间沟通交流、处理事务时使用的文本。主要包括申请书、请假条、借据（条）、留言条、感谢信、发言稿、邀请函、倡议书、观后感等。

申请书用于向某个组织、机关或个人表达某一请求或愿望，并要求对方向自己提供某种服务、帮助或批准。申请书包含申请人的基本信息、申请的具体内容、申请的原因和期望的结果等。请假条是用于向学校或其他组织说明自己因某些原因无法参加某项活动或工作的书面材料，请求对方批准。请假条要说明请假的原因、请假的具体时间和请求批准的表达。借据（条）是用于证明借款人与出借人之间的借款关系，明确借款的金额、期限、利率等，具有法律效力的一种书面凭证，包含借款人的基本信息、借款金额、借款期限、利率、还款方式等。留言条是用于不方便直接沟通时，向他人说明某件事情或请求对方做某件事情的简短书面信息，要有留言人的基本信息、留言的具体内容、联系方式等。感谢信是用于向帮助、支持或关心自己的人或团体表达感激之情的书信。发言稿是一种正式的书面材料，用于指导演讲者在公众场合或会议上表达自己意见、看法或汇报思想、工作情况而事先准备好的文稿。邀请函用于邀请亲朋好友或知名人士、专家等参加某项活动时所发的请约性书信，要说明活动的时间、地点、目的等信息。倡议书是指由某一组织或社团拟定，就某事向社会提出建议或者向社会成员提议，共同去做某事的书面文章，要有问题的背景、原因、解决方案和签名等。观后感是观众在观看电影、戏剧、演出或其他艺术作品后所写的个人感受或得到的一些启发。

(二) 新闻类文本

新闻类文本主要包括报纸、杂志、广播、电视等媒体发布的新闻报道。

新闻报道以传递事实信息为主要目的，通过对事件、现象、问题等客观、准确地叙述，向公众传递真实、及时的信息，具有真实性、及时性、客观性、准确性等特点。新闻报道的六要素是"何时""何地""何事""何人""何故""如何"。正文前的黑体字是新闻的电头，也称消息头；消息的开头用简短的语言介绍主要内容并揭示新闻主题的是导语；导语以下的部分是新闻的主体；新闻事件或人物生存、存在和发展的环境和条件是新闻的背景资料；记录主体事件之外的一些有价值或有趣的小新闻点称为新闻花絮。

时事评论是一种以分析、评价、预测时事为主题的文体，通过对新近发生的政治、经济、社会等方面的热点问题进行深入剖析，发表观点和看法，具有针对性强、观点鲜明、分析深入、逻辑严谨、个性鲜明的特点。

消息是迅速、简要地报道新近发生的事件的一种新闻体裁，极为常见，运用广泛。其最大特点是时效性强和真实客观。

特写本是摄影、电视、电影的一种常用手法，指拍摄人或物的某一部分时，放大占据整个画面，形成强烈视觉效果，以增强艺术表现力。新闻特写是指采用类似于特写的手法，以形象化的描写作为主要表现手段，截取新闻事件中最具有价值、最生动感人、最富有特征的片段和部分予以放大，从而鲜明再现典型人物、事件、场景的一种新闻体裁。

人物通讯是围绕新闻事件中的人物，报道其言行、事迹，展现人物的精神。事件通讯是相对完整的新闻事件，展示事件的发展过程与社会意义。

纪实性作品是一种以真实事件、人物或场景为基础，以客观、真实、准确为原则，通过文学、摄影、电影等艺术手法进行创作的文学作品。它强调对现实的记录和反映，对历史和现实的再现，有传递真实信息、揭示社会问题、传承文化记忆等功能。《红星照耀中国》作为一部纪实性作品，以作者埃德加·斯诺在中国西北革命根据地的实地采访为依据，真实记录了中国共产党领导人毛泽东、周恩来、朱德等人的生活经历和革命精神，展现了当时中国革命的历史场景。

(三) 说明性文本

说明性文本是一种以解释、阐述、描述为主要目的，说明为主要表达方式来解说事物、阐明事理而给人知识的文本类型，它能够使读者理解事物的本质、特点、规律等。说明性文本广泛应用于科技、科普、教育、广告等领域。它要求客观地描述事物，避免主观臆断和情感色彩，确保信息的准确性。文本表述要简洁明了，便于读者理解，避免使用复杂、冗长的句子和难以理解的词汇。说明性文本需要有严密的逻辑结构，按照一定的顺序阐述事物的各个方面，使读者能够条理清晰地理解。

(四) 科普作品

科普作品是一种向大众普及科学知识、以传播科学思想为主要目的的文本类型。它能使读者了解科学领域的最新研究成果和发展动态，让读者在轻松愉快的氛围中学习科学知识，并能够将科学知识应用到实际生活中，以此激发读者的科学兴趣，提高科学素养。如阅读科普作品《昆虫记》，可借助前言、后记或附录，了解作家和全书内容，借助工具书把握专业性概念、术语，体会科学思维、科学理念和科学精神，感受科普作品的艺术趣味。

(五) 非连续性文本

非连续性文本是指不具备连续性、系统性特征的文本类型。它是由多个独立的片段、资料、信息块组成的文本。文本形式多样，如图表、图片、文字、示意图、列表等，丰富了信息传递的途径。文本的信息传递具有跳跃性，读者需要根据文本间的关联性进行思考和理解。非连续性文本在现代社会中越来越常见，特别是在互联网和数字技术的影响下，信息的碎片化成为一种趋势。阅读非连续性文本，需要具备一定的信息筛选、分析和综合能力，以便从多个片段中提取有用信息，形成完整的理解。

二、实用性阅读的文体知识

(一) 个人实用类文本的文体知识

个人实用类文本的文体知识涉及格式、语言、结构等。首先根据确定的文本类型，选用规范的格式，如标题、称呼、正文、结束语、签名和日期等。根据文本类型和目的调整语言风格，表达应清晰、简洁、礼貌，避免使用含糊不清的语言。内容结构上，正文应有逻辑性，条理清晰，重要信息应突出，段落划分应合理。要使用恰当的敬语和礼貌用语，体现对他人的尊重。可以适当使用修辞手法或修饰语，以增强表达效果。

（二）新闻类文本的文体知识

新闻类文本的文体知识包括新闻的结构、要素、语言等。新闻结构是基础，包括吸引人的标题、包含最重要信息的导语、详细阐述事件的正文，以及对新闻事件进行总结或展望的结语。正文部分通常采用倒金字塔结构，将最关键的信息置于开头，随后按重要性递减排列。新闻报道需涵盖五个要素，即"何时""何地""何人""何事""何故""如何"。新闻类文本的语言应保持客观性、准确性和简洁性，避免个人情感色彩和模糊不清的表述。事实与观点应明确区分，引用观点时要标明出处。准确使用数据与统计信息，并提供可靠的数据来源。现代新闻往往结合图片和视频等多媒体元素，以更生动地传达信息。

（三）说明性文本的文体知识

说明性文本的文体知识主要包括说明对象、说明结构、说明方法、说明语言等。说明性文本应有明确的说明对象，可以是具体的物品、抽象的理念、过程、系统或是一组规则等，目的是提供一个概念框架，使读者能够更好地理解和掌握所讨论的主题。说明性文本具有清晰的结构，通常包括引言、正文和结尾，其中引言部分提出说明对象，正文部分按照一定的顺序，详细阐述对象特征、功能或操作步骤，而结尾部分则总结全文或提供进一步的思考。常用的说明顺序有时间顺序、空间顺序、逻辑顺序。语言上，说明性文本应追求准确性和简洁性，避免使用模糊或夸张的词汇，确保信息的传达准确无误。为了增强可读性和易懂性，说明性文本常使用举例子、作比较等说明方法，以及引用图表、插图等资源来帮助说明复杂的信息。此外，说明性文本还应保持客观性，避免作者个人情感或偏见的介入，确保信息的客观公正。

（四）科普作品的文体知识

科普作品的文体知识主要包括内容、语言、结构等。科普作品的内容应基于可靠的科学研究和技术数据，避免传播错误信息，并对有争议的观点提供平衡的报道。应使用简单、清晰的语言，尽量避免专业术语的堆砌，对于必需使用的术语则需提供解释，确保非专业读者也能理解。科普作品应有清晰的逻辑和条理，通过合理的章节划分，使读者能够轻松跟随。科普作品还应具有互动性和参与性，鼓励读者参与，保持科学的客观性和中立性，普及科学知识，提升公众的科学素养。

（五）非连性文本的文体知识

非连续性文本的文体知识涉及文本特征、信息结构、图表解读、语言特点、视觉元素等多个方面。非连续性文本的标题应简洁明了，关键词突出，指示词的使用则有助于引导读者注意或查找相关信息。信息组织具有逻辑性和层次性，如表格的标题和列数据，或是图表的图例和坐标轴。解读图表时，需要了解不同图表类型及其适用情境，并能准确提取和解读数据。非连续性文本追求简洁、准确和客观的语言，避免冗长和主观情感。视觉元素如颜色、布局和符号的合理运用，可以增强信息的可读性和直观性。

三、实用性阅读的鉴赏要求

（一）能区分事实与观点

实用性文本中的事实是指可以通过观察、实验或逻辑推理得到的确凿无疑的客观存在或信息。事实通常不受个人情感、主观判断或意愿影响，是独立于人的意识存在的。事实是支撑整个论述的基础，为观点提供支持。观点是指个人对某一问题或事物的看法、态度或评价，基于个人的知识、经验、价值观和情感等主观因素形成，具有一定的主观性。事实为观点提供依据，观点则对事实进行解读和分析。

（二）能提取、归纳、概括主要信息，把握信息之间的联系，得出有意义的结论

"提取"是指从文本中识别和筛选出关键信息的过程，它涉及识别文本中的观点、主要论据、事实和统计数据等。读者提取信息时需关注文本的显性内容，专注于对理解文本有帮助的信息。"归纳"是指从个别事实或实例中推断出一般结论的思维过程，需要读者分析文本中的信息，识别其内在的逻辑关系，提炼出一般性的原则、模式或趋势，并形成更为广泛的理解或结论。

"概括"是从特殊到一般的思维过程，涉及将具体的信息、事实或实例抽象化，形成更为广泛的概念或原则。

"提取"关注文本的具体信息，强调事实和数据的识别。"归纳"从个别事实推断出一般性结论，侧重于文本信息的逻辑推理。"概括"将具体信息抽象化，形成一般性的概念或原则。提取是基础，归纳是提取信息后的进一步思考，概括则是归纳的进一步延伸。这三个思维过程是为了更好地理解和把握文本信息，形成更有深度和广度的结论。

（三）能利用掌握的多种证据判断信息的真实性与可信度，能运用文本信息解决具体问题

在实用性阅读与交流中，判断信息的真实性与可信度是至关重要的能力。真实性是指信息是否符合事实、是否正确无误，关注信息的准确性、可靠性和合理性。可信度是指信息来源的可靠性和权威性。它涉及对信息来源的评估，包括发布者的资质、动机、以往记录等。可信度高的信息来源更可能提供真实、准确的信息。因此判断信息的真实性往往需要考虑其来源的可信度，两者都旨在帮助读者识别和获取可靠、准确的信息。

四、实用性阅读的交流方式及能力要求

（一）在讨论问题过程中，能积极发表自己的看法，做到有中心，有根据，有条理

实用性交流过程包含讲述、讨论和辩论这几种方式。"讲述"是指以口头或书面的形式，清晰、连贯地表达自己的观点、思想和信息的过程。可以是对一个话题的简单介绍，也可以是对一个复杂问题的详细解释，是表达个人看法、分享信息的主要方式。"讨论"是指在两人或更多人之间进行的针对某个话题或问题的交流和探讨，目的是深入理解话题，探索不同的观点，寻找解决问题的方法。"辩论"是一种正式的、有组织的讨论，通常涉及两个对立的团队，针对一个特定的问题或主题，提出自己的观点，并通过逻辑和证据来支持自己的立场。辩论要有明确的起始和结束，有固定的时间和规则，有时还需要评委来评判胜负。

"讲述"关注于个人表达和信息传递，"讨论"关注于多方的交流和共同

探索，"辩论"关注于对立观点的正式对抗和论证。讲述是讨论和辩论的基础，讨论和辩论则是对讲述内容的进一步扩展和深化。讲述、讨论和辩论都需要逻辑清晰、有据可查的论点来支持，做到有中心，有根据，有条理。

"有中心"是指讨论问题时，能够明确自己的观点或立场，并围绕这个中心展开论述。这个中心是整个讨论的灵魂，所有的论点、论据都应该直接或间接地支持这个中心。有中心的讨论能够使听众或读者迅速理解讨论的核心，避免无关的细节和跑题。"有根据"是指在发表看法时，能够提供合理的证据来支持自己的观点。这些证据可以是数据、统计、权威的研究、历史事实、个人经验等，增强观点的说服力，使讨论更加客观和可信。"有条理"是指讨论过程中思路清晰，论点组织合理，逻辑性强。讨论的各个部分之间有明确的联系，论点之间过渡自然，逻辑关系清晰，使听众更好地跟随思路，理解论点的深层含义。

"有中心"关注讨论的核心观点或立场，"有根据"关注支持观点的证据的合理性和可信度，"有条理"关注讨论的逻辑结构和思路的连贯性。有中心的讨论需要有根据的支持，有条理的结构能够更好地展示有中心的观点。三个概念共同构成了一个有效讨论的基础，使讨论更加清晰和有说服力，达到有效交流。

（二）能耐心专注地倾听，复述、转述完整准确，要点突出

"倾听"是指主动听取并理解他人所说内容的过程，包括物理上的听，专注于对话或讨论，更涉及心理上的关注和理解说话者的意图、情感和信息内容。倾听是获取信息的第一步，是有效沟通的基础。"复述"是以言语重复刚识记的材料，以巩固记忆的心理过程，或将别人说过的话按照原来的内容、顺序和语言风格再次说出来。通常不会改变原话的意思和表达方式，只是通过自己的语言重复对方的发言。复述能够检验听众或读者的理解程度，也是一种重要的信息整理和反馈方式。"转述"则是在复述的基础上，用自己的语言把别人说的话转达给其他人，就是把直接叙述转为间接叙述。转述时可能会对原话进行适当的修改、归纳或扩展，使其更符合转述者的语言习惯或更适合当前的交流环境，确保信息的精确传递，减少沟通障碍。

（三）能就适当的话题作即席讲话和有准备的演讲，有自己的观点，有一

定说服力

　　"即席讲话"是指在没有提前准备的情况下，针对某个话题或问题进行的即兴演讲。通常要求发言者能够迅速地理清思绪，清晰地表达观点，并具有一定的逻辑性和说服力，考验个人的思维敏捷性和语言表达能力。"有准备的演讲"是指发言者在事先对话题进行充分思考和准备的基础上进行的演讲。这种演讲要求发言者心中有主题、眼中有听众和言语有思路，能够通过事实、数据、例证等支持自己的观点，考验个人的思维深度和语言组织能力。即席讲话和有准备的演讲是两种不同的交流方式，都是为了传递信息、表达观点、说服听众。通过培养这两种技能，学生能够更好地应对各种交流场合，提高学业成就。

第三节　文学阅读与创意表达任务群概念梳理

　　文学阅读与创意表达是发展型任务群，旨在引导学生在语文实践活动中，通过整体感知、联想想象，感受文学语言和形象的独特魅力，获得个性化的审美品位；了解文学作品的基本特点，欣赏和评价语言文字作品，提高审美品位；观察、感受自然社会，表达自己独特的体验与思考，尝试创作文学作品。

　　文学阅读的内容包括反映中国革命各个时期的重大事件、伟大成就、代表性人物及其感人事迹的优秀文学作品；表现人与自然的优秀文学作品，包括古诗文名篇；表现人与自然、人与他人的古今优秀诗歌、散文、小说、戏剧等文学作品；数字时代精彩的文学世界和由经典文学作品改编的影视作品。

　　本任务群第四学段的学业质量描述主要包括阅读与鉴赏、梳理与探究、表达与交流三类语文实践活动，具体要求见表3-3。

表 3-3 "文学阅读与创意表达"学业质量要求

实践活动	学业成就	关键表现
阅读与鉴赏	把握内容 理解作品	广泛阅读古今中外的诗歌、小说、散文、戏剧等文学作品，在阅读过程中能把握主要内容，并通过朗读、概括、讲述等方式，表达对作品的理解。
	理清思路	能理清行文思路，用多种形式介绍所读作品的基本脉络。
	品味词句 分析形象 体会情感 理解主题	能从多角度揣摩、品味经典作品中的重要词句和富有表现力的语言，通过圈点、批注等多种方法呈现对作品中语言、形象、情感、主题的理解。
梳理与探究	整理词句 分析手法	能分类整理富有表现力的词语、精彩段落和经典诗文名句，分析作品表现手法的作用。
	反思实践	能从作品中找到值得借鉴的地方，对照他人的语言表达，反思自己的语言实践。
	总结规律	能通过对阅读过程的梳理、反思，总结不同类型文学作品的阅读经验和方法。
表达与交流	分享启示	能与他人分享自己获得的对自然、社会、人生的有益启示。
	借鉴表达	能借鉴他人的经验，调整自己的表达。
	创意表达	能根据需要，运用积累的语言进行口头或书面表达。

根据文学阅读与创意表达任务群的功能定位、学习内容、学业质量要求，本任务群按照文学形式、文学类文本的创作手法、三类语文实践活动的学业成就梳理相关概念。

一、文学形式

（一）诗歌

诗歌是一种以节奏、韵律和意象为特征的文学形式。它通过凝练的语言、丰富的想象力和深刻的情感表达，运用不同表达方式和比喻、拟人等修辞手法，对自然、人生、社会等进行艺术地描绘和思考。不同的文化背景和历史时期赋予诗歌不同的特色和内涵。现代诗歌是指在现代文学时期创作的，形式创新多样，主题内容广泛深刻，语言和意象丰富复杂的诗歌作品，反映了现代社会的特点和诗人的现代思想，是对古代诗歌传统的一种继承和发展。

（二）散文

散文是一种以抒情性和描写手法为主要特征的文学形式。散文的特点是"形散而神不散"，题材广泛，包括人物、景物、事件等，都在一定程度上体现了作家的思想感情和价值取向，使文章呈现出一个明确的主题思想，结构布局较为自由，表达方式多样，运用各种修辞手法来增强文章的表现力和感染力。

写人叙事散文以叙述和描写为主要表现手法，通过生动的人物形象和具体事件的叙述表达作者的思想感情，使读者产生共鸣。如《散步》《背影》《秋天的怀念》《藤野先生》《阿长与〈山海经〉》等都是经典的写人叙事散文。写景抒情散文通过对具有鲜明的地域自然风光、地理环境、人文景观等景物的描绘，抒发作者的情感和思想，如《雨的四季》《春》《济南的冬天》《昆明的雨》等。状物抒情散文通过对具体物品细腻地描绘和刻画，表达作者的情感和思想，如《白杨礼赞》《一棵小桃树》《紫藤萝瀑布》等。传记散文以传记的形式，对历史人物、文化名人、科学家、艺术家等进行叙述和描写，展现他们的生平、事迹、思想、品格等。传记散文具有真实性和生动性的特点，使读者更加了解和敬仰这些人物，如《回忆我的母亲》《美丽的颜色》等。游记散文以游记的形式，对作者所游历的地方进行描绘和叙述，展现那里的风光、文化、历史、民俗等，富有趣味性和知识性，使读者在欣赏美景的同时，增长见识，如《壶口瀑布》《一滴水经过丽江》等。哲理散文通过对生活、人生、自然、社会等现象的思索和感悟，阐述作者深刻的思想内涵和独特的见解，使读者在思考中得到启示和感悟，如《永久的生命》《我为什么活着》等。

散文诗兼有散文和诗的特点，写法像散文，不押韵，但注重节奏。

（三）小说

小说以塑造人物形象为中心，通过完整的故事情节和环境描写反映社会，展现人类生活、情感和思想。小说中的人物可以是真实存在的，也可以是虚构的，他们之间的关系和冲突是推动情节发展的重要因素。情节通常包括起因、发展、高潮和结局等部分，具有一定的连贯性和逻辑性。通过描绘不同的地理、时间和社会环境营造故事背景。在不同文化和历史背景下，小说呈现出多样化的风格和特点。

古典小说是指在古代文学传统中形成和发展的小说类型，通常以文言文或白话文写成，往往具有广阔深远的历史背景和复杂多变的情节，人物形象鲜明，情节曲折，具有很高的文学价值和审美价值。例如《红楼梦》《西游记》《三国演义》和《水浒传》是中国四大古典小说，它们代表了中国古代小说的最高成就。

现代小说是指20世纪以来出现的小说类型，形式和内容都比古典小说更加多样化。现代小说关注现实生活中的个体和社会问题，情节更加贴近现代生活，语言风格也更加口语化和自然。统编教材中选编了中外现代小说，如《故乡》《骆驼祥子》《简·爱》《钢铁是怎样炼成的》等。

科幻小说也称为科幻文学，通常探讨未来世界、外星生命、时间旅行、平行宇宙等科学幻想主题，反映人类对科技进步和社会发展的思考和担忧，如《带上她的眼睛》《海底两万里》《三体》等。

讽刺小说是通过对人物、事件或社会的夸张、讽刺和批评等方式表达作者观点的小说类型，往往采用幽默、诙谐或讽刺的手法，揭示社会现象中的矛盾和问题，以期达到警醒、娱乐读者的目的，如《格列佛游记》《范进中举》《儒林外史》等。

(四) 戏剧

戏剧是一种舞台艺术形式，它结合文学、音乐、舞蹈、美术等多种艺术手段，通过演员的表演、对话、动作和舞台设计等展现具有冲突和矛盾的剧情，表达一定的主题思想和寓意。戏剧分为悲剧、喜剧、正剧、哑剧等多种类型。中国戏剧有典雅精致的昆曲、雍容华美的京剧、轻柔灵秀的越剧、活泼风趣的川剧、淳朴明快的黄梅戏等。

剧本是一种特定形式的文学作品，它以文字形式描绘戏剧或电影的故事情节、角色和对话。剧本作为戏剧或电影的基础，为表演和拍摄提供了指导和依据。剧情是指戏剧作品中所表现的故事情节和发展过程，通常包括开场、发展、高潮、转折和结局等阶段，是戏剧作品的核心部分，关系到观众的兴趣和戏剧的感人程度。角色是指戏剧作品中作者创造的特定人物，有主要角色和次要角色之分。台词是戏剧中人物所说的话。戏剧冲突包括人与人、人与环境、人物内心的冲突。舞台说明是剧作者根据演出需要，提供给导演和演员的说明性文字，包括剧情发生的时间、地点、人物的服装、所需的道具、布景以及人物的表情、动作等。

(五) 其他文学体裁

童话想象奇特，通常包含奇幻元素、魔法、神话生物和传统角色，具有简单明确的情节，以正义战胜邪恶、善有善报、恶有恶报的结局为特点。童话起源于民间口头文学，后来被书面记录并广泛传播，常用于教育儿童，传授道德观念和社会规范。

神话是指一系列传统故事或传说，涉及神祇、英雄、自然界现象和宇宙起源等主题，在不同文化和文明中占有重要地位，解释了世界的运作、人类的存在以及自然现象的来由。神话故事具有象征性和隐喻性的特点。

寓言是通过虚构的故事传达道德或哲学的观点。寓言中的角色通常是人类或动物，动物是最常见的，它们被赋予人类的特征和情感。通过动物之间的对话和行为展示故事的寓意，隐喻地评论人类的行为和社会现象。

二、文学类文本的创作手法

记叙的要素是指构成记叙文基本内容的时间、地点、人物、起因、经过、结果，是记叙文用以表达故事情节和刻画人物形象的基础。

记叙的顺序指作者在叙述故事时所采用的时间排列方式。常见的记叙顺序有顺叙、倒叙、插叙等。顺叙是按照事件发生的实际时间先后顺序来叙述故事。倒叙是在叙述当前事件的过程中，突然回到过去，插入一段或几段发生在之前的故事；插叙是在叙述过程中暂中断主线，插入一些额外的信息或旁述，然后返回主线继续叙述。

记叙的线索是指引导读者理解故事情节的内在脉络，可以是人物、事件、时间、空间等多种形式，串联故事情节，使读者能够更好地跟随故事的发展。如《昆明的雨》一文中贯穿着一条情感线索——对昆明生活的喜爱与想念。《回延安》以回延安为线索，通过回延安、忆延安、话延安、赞延安、颂延安的顺序抒发作者的情感。《智取生辰纲》《一棵小桃树》采取明暗结合的双线结构。

　　叙述的视角是指叙述者讲述故事的角度。常见的叙述视角有第一人称、第二人称和第三人称。第一人称是叙述者以自己的视角和感受讲述故事；第二人称是叙述者以对别人的称呼或对话的方式讲述故事；第三人称是叙述者以旁观者的身份讲述故事，全面展示故事情节和人物心理。

　　表达方式是指作者在文学创作中用以表达思想感情和展示人物性格的方法。"记叙"是按照时间、空间或逻辑顺序，用客观的语言对人物、事件、地点和事物的发展变化进行叙述和描述，追求事件的连贯性和完整性。"议论"是对某个问题或话题发表见解、分析和评价，要求作者明确自己的观点，并运用逻辑推理和事实依据支持自己的看法。"描写"是通过形象化的语言描绘人物、景物、场面，旨在使读者通过文字在脑海中形成清晰的画面，增强作品的艺术感染力和真实感。"抒情"是表达作者情感、情绪和感受，以感染读者，达到共鸣的效果。除了直接抒情，还可以通过人物的动作语言和场景描写等间接抒情。"说明"是用清晰、准确的语言对事物、概念、原理等进行解释、阐述和说明，使读者能够对某个事物和事理有更深刻的认识。这五种表达方式在实际写作中往往是相互交织和运用的，不同的表达方式可以相互转换，以达到更好的表达效果。

　　人物描写是指通过对人物外貌、动作、语言、心理等方面的具体描绘，表现人物的性格特征。肖像描写是对人物的脸部特征、神态、表情等进行具体描绘，展现人物的性格、心理状态和情感。外貌描写注重对人物整体形象的塑造，通过描绘人物的身高、体重、肤色、姿态等，传达人物的外在特征和社会背景。神态描写是描绘人物的神情、姿态等。动作描写描绘人物的行为、举止、动态等。语言描写是描绘展示人物的言语、对话、独白、内心活动及语言习惯。心理描写是通过剖析人物内心世界，揭示人物的内心活动。细节描写是对人物、景物、事件等表现对象的细微刻画，往往能起到以小见大、画龙点睛的作用。

　　景物描写是指通过对自然环境和社会环境的描绘，表现一定的时代特点和特定的气氛。自然环境描写是描绘自然界的景物，如山水、季节、气候等。

社会环境描写是描绘一定历史时期的社会生活，如建筑、市容、风俗等。

表现手法是指作者在创作过程中用以表达情感、思想和视觉效果的技巧和方法。"开门见山"是指在文章或故事的开头直接揭示主题或主要内容，不拐弯抹角，让读者一开始就能明确文章的内容和中心思想，帮助读者快速进入状态，抓住文章的重点。"卒章显志"是指在文章的结尾部分，通过总结、呼应等手法，明确揭示文章的主题或中心思想。这种技巧可以使文章结构紧凑、浑然一体，给读者留下深刻的印象。"前后呼应"是在文章中运用前后关联的技巧，使文章内容相互补充，结构严谨、内容连贯，形成一个有机的整体。"欲扬先抑"是文章在赞扬某人或某事之前，先对其进行适度批评、否定或低调处理，然后再给予高度的评价或正面的肯定。通过制造反差，增强说服力，同时激发读者兴趣。"设置悬念"是在文章中故意留下未解决的问题或矛盾，激发读者的阅读兴趣。

有些表现手法特点相同，但在概念定义上有细微的区别。如：

第一组：象征和托物言志

"象征"是指通过某一具体事物或形象暗示或代表某种抽象概念、思想和情感的写作手法，能够增加作品的意蕴，使读者在理解具体形象的同时，产生更深的思考。如《荷叶母亲》中的"荷叶"象征着母亲。"托物言志"是指通过对某一物品的描写和赞美，抒发作者的情感和思想，使作品更含蓄、更具韵味。"物"包括景物和事物，"志"包括感情、志向、情操、爱好、愿望、要求。如《白杨礼赞》中，通过对白杨树不平凡形象的赞美，表达了作者对中国共产党领导下的抗日军民和整个中华民族紧密团结、力求上进、坚强不屈的革命精神和斗争意志的歌颂。象征更注重事物与概念之间的暗示和关联，而托物言志则更注重通过物品来抒发作者的情感和志向，托物言志是一种特殊的象征。

第二组：对比与衬托

"对比"是指将两个相对立或不同性质的事物进行对照，或者同一事物前后的对比，以突出它们之间的差异；"衬托"是指通过对比突出主要事物的特点。对比更注重事物的对立和差异，而衬托更注重突出主要事物的特点。对比与衬托手法能够使作品中的事物更加鲜明、突出，增强作品的艺术效果。

第三组：伏笔与铺垫、铺陈

"伏笔"是指在文章或故事的开头、中间等部分，对将来的情节或人物命运做预先的暗示或提示。这种暗示通常不会引起读者的特别注意，但随着故事的发展，之前的暗示会得到验证，从而产生意外的惊喜或深刻的启示。伏笔的关键在于它的隐蔽性和事后的启示性。如《走一步，再走一步》一文中多处运用了伏笔手法，对故事情节的发生发展做了提示或暗示。

"铺垫"是指在文章或故事中，为了使某个情节或人物的出现显得自然、合理而提前做的准备和设置，目的在于为后面的情节或人物铺平道路，消除读者对突然事件的疑惑。铺垫可以是情境的营造、情感的积累、人物的介绍等。如《故乡》中，作者详细描绘了乡村的景象，为读者展现了一个真实的乡村世界，也为后文做铺垫。

"铺陈"是指在文章或故事中对人物、事件、场景等进行详细地描绘和展开，目的是让读者更加清晰、深刻地了解和感受文章或故事中的内容。《列夫·托尔斯泰》第一至第四段层层铺陈，反复渲染托尔斯泰长相的平庸普通，写来访者的心理落差，其实都是为后文蓄势。

第四组：联想与想象

联想和想象是人类特有的思维活动，"联想"是指通过某一事物想起与之相关的另一事物；"想象"是指在脑海中形成和构建未被直接描述的新的事物形象。联想要自然恰切，联想到的事物与其触发点之间要有一定的关联。想象要合情合理，想象所展示的未必是现实生活中有的，但一定要合乎生活的逻辑。在《天上的街市》这首诗里，作者由地上的街灯联想到天上的明星，又由明星联想到街灯，想象天上必定有美丽的街市，想象传说中的牛郎织女提着灯笼、骑着牛在街上自由地行走，想象出一幅幸福生活的美好画卷。

三、学业成就

（一）阅读方式

阅读过程中能把握主要内容，并通过朗读、概括、讲述的方式，表达对作品的理解。其中阅读的方式多样，包括朗读、默读、略读、浏览等，在阅读的过程要学会圈点勾画和做批注。

"朗读"是指出声的阅读。为了更好地表达文本的内容和情感，朗读作品时要注意对重音、停连、节奏的把握，以传达文本的含义和韵味。"重音"是朗读时为适应传情达意的需要，对语句中的某些词或短语以重读的形式加以强调。"停连"指朗读语流中声音的中断和延续，声音的中断即停顿，声音的延续即连接，无论是停还是连，都要与文章思想感情发展变化的要求相适应，不是任意的。

　　朗读还要注意语气、语调、语速、感情基调的不同。"语气"是指说话者在表达思想时所使用的语气色彩，是语言的情感内容和风格特征的总和。不同的语气可以表现出喜悦、悲伤、愤怒、疑惑等情感状态。"语调"是说话者在说话时声音的高低起伏和抑扬顿挫。语调的变化可以强调诗歌的节奏和韵律，表达出诗人的情感和意境。升调可以表达惊讶或疑问，降调可以表达肯定或陈述。"语速"是指说话者在单位时间内所发出的词语的数量。适当的语速可以使诗歌更加生动和有趣，过快或过慢的语速都可能影响到诗歌的韵律和美感。"感情基调"是指诗歌整体上所表现出的情感色彩和情绪氛围，正确的感情基调可以帮助听众更好地理解和感受诗歌的内涵。

　　朗读还要注意押韵、句式、领字、转行等。"押韵"是指诗歌中某些诗句的末尾音节、音素相同或相近，形成一种语音上的和谐与节奏。朗读时押韵部分的发音应该更加突出，增加诗歌的韵律美和节奏感。如《沁园春·雪》韵脚依次是飘、滔、高、娆、娇、腰、骚、雕、朝，押的韵是"ao"。"句式"是指诗歌中句子的结构和形式，包括短句、长句、疑问句、感叹句等，不同的句式会给诗歌带来不同的语气和节奏效果。如《乡愁》句式齐整，有意形成回环往复的节奏。《安塞腰鼓》句式丰富多样，短句急促有力，长句酣畅淋漓，句式的使用紧密配合，氛围不断变化。"领字"是指在诗歌中起引领作用的词语，通常位于诗句的开头，能够概括或提示诗句的主题。《沁园春·雪》的句首如"望""惜"二字领起下文，读时稍有停顿。"转行"是指诗歌中诗句的结束和下一句诗句的开始，标志着诗歌节奏和韵律的变换。《你是人间四月天》用了转行，形成音乐性和节奏感，使听众能够更好地体验诗歌的情感变化。

　　"默读"是指不出声、不动唇、不指读、不回看，一气读完全文，以保证阅读感知的完整性和一定的阅读速度，每分钟不少于 500 字。默读时，读者通过视觉快速地扫描文字，并在心里默念，理解文本的内容，也可以边阅读边思考，快速捕捉信息。"精读"是精细、深入地阅读。关注细节，理解作者的观点和写作技巧，分析文本的结构和内容，尽量把自己"浸泡"在作品的氛围之中，调动其体验与想象，以确保对文本的理解和领悟。"跳读"是主动地舍弃、有意地忽略，以求更高的效率。可以跳过与阅读目的无关或自己不感兴趣的内容，也可以跳过某些不甚精彩的章节。如阅读古典小说《西游记》《水浒传》，就可以根据自己的兴趣和需求进行挑读。"略读"是快速阅读文章，寻找关键信息，如标题、小标题、图表、摘要等，以快速了解文本的结构和内容大意。"浏览"指文本内容快速地观看或阅读，以获取基本的信息或大致了解文本内容。浏览是一种较为轻松的阅读方式，可以根据个人的兴趣或者目的选择性地阅读部分内容，有助于发现感兴趣的话题或者寻找灵感。

（二）阅读行为

"圈点勾画"是指在阅读书籍、文章或其他文本时，用一些比较固定的简单符号在文本的特定部分，如字、词、句、段做标记或符号，以示重视、提醒或标记重要内容的一种阅读习惯，有助于读者快速回顾和查找文本中的重点信息，是一种个性化的阅读和笔记方式。"做批注"是指在阅读时对其中的内容进行注释、点评、评价，是一种积极主动的阅读行为，有助于深化对文本内容的理解和记忆。

《骆驼祥子》名著导读部分指出圈点与批注要遵循着由易到难的顺序进行，从解决字词方面的疑问，到重点语句的理解，再到全篇内容的把握，从作品的内容、结构、手法、语言等方面批注。圈点和批注的符号选择，如用圆点或圆圈表示精警之处，用问号表示质疑，用叹号表示强调，用直线表示需要着重记忆或领会，用波浪线表示重要语句，用竖线或斜线表示段落层次的划分。通过圈点勾画标注文章的重点、难点、疑点等，或者是自己深有体会之处。

第四节　思辨性阅读与表达任务群概念梳理

　　思辨性阅读与表达是发展型任务群，旨在引导学生在语文实践活动中，通过阅读、比较、推断、质疑、讨论等方式，梳理观点、事实与材料及其关系；辨析态度与立场，辨别是非、善恶、美丑，保持好奇心和求知欲，养成勤学好问的习惯；负责任、有中心、有条理、重证据地表达，培养理性思维和理性精神。

　　思辨性阅读的内容包括关于生活感悟、生活哲理方面的优秀作品，关于科学探究方面的文本，以及诗话、文论、书画艺术论的经典片段，还有学习革命领袖的理论文章、经典的思辨性文本（包括短小的文言经典）。

　　本任务群第四学段的学业质量描述主要包括阅读与鉴赏、梳理与探究、表达与交流三类语文实践活动，具体要求见表3-4。

表 3-4　"思辨性阅读与表达"学业质量要求

实践活动	学业成就	关键表现
阅读与鉴赏	解释联系	阅读简单议论性文章，能区分观点与材料，并能解释观点与材料之间的联系。
	价值判断	能运用实证材料对他人观点做出价值判断。
梳理与探究	确立主题	能就共同关注的热点问题搜集资料，提取信息，概括观点，确立学习活动主题。
	呈现方案	能用流程图、文字等形式呈现活动设计方案。
	展示成果	能围绕学习活动开展调查，用文字、图表、图画、照片等形式呈现学习成果。
	撰写总结	能利用图书馆等多种渠道获取资料，整理相关学习内容，完善自己的认识，撰写活动总结。

续表

实践活动	学业成就	关键表现
表达与交流	表达认识	能多角度观察生活，抓住事物特征，选择恰当的表达方式，合理安排详略，条理清楚地表达自己的感受和认识。
	媒介交流	能用多种媒介形式交流沟通。
	表情达意	能使用常用的标点符号，准确地表情达意。

根据思辨性阅读与表达任务群的功能定位、学习内容、学业质量要求，本任务群按照文本类型、三类语文实践活动的学业成就梳理相关概念。

一、文本类型

思辨性文本是指那些旨在培养学生的形象思维、逻辑思维、辩证思维和创造思维的文本。

生活感悟类文本通常以个人经历或故事为载体，引导学生从具体的情境中提炼出深层次的生活智慧，包含对生活现象的观察、对人性本质的思考以及对价值观的反思，有助于学生认识生活中的教育意义，培养他们的同理心和对他人生活经验的理解，激发学生对生活的热爱和对未来的憧憬。

生活哲理类文本从日常生活的小事中，通过简洁、深刻的方式提炼出人生、社会、道德等方面的哲理，提升学生的抽象思维能力，对人生和社会有更深刻的认识，培养积极的人生观和价值观。

科学探究类文本强调探究的过程和方法，包括提出问题、做出假设、设计与开展实验、收集分析数据、得出结论，培养学生的科学态度和实证精神、创新精神，提高他们的探究能力和问题解决能力。

诗话是对诗歌创作、鉴赏和批评的探讨，通常以轻松、随意的笔触，结合诗人的生平和作品分析诗歌的艺术特色和审美价值，提升审美鉴赏能力，增进对中华优秀传统文化的了解和认同。

文论是对文学理论的探讨，运用批判性思维理解和评价文学作品，包括对文学作品的风格、主题、结构等方面的分析，从中提炼出文学原理和规律，培养审美情趣和批判性思维能力。

书画艺术论是探讨书法和绘画艺术理论和实践，分析书画作品的风格、技巧、意境等,理解书画艺术的基本原理和审美标准,加深对中华优秀传统艺术的理解和认同,提高他们的艺术鉴赏能力。

革命领袖的理论文章以讲述革命历程、阐述革命理论、总结革命经验为主,具有强烈的时代背景和指导意义,旨在激发学生的爱国情怀,培养他们为国家和民族的事业不懈奋斗的精神。

经典的思辨性文本具有深厚的哲学底蕴和丰富的思想内涵。通过对人生、道德、政治等方面的问题进行深入剖析,引导学生思考人生真谛,培养他们的思辨能力。短小的文言经典具有简洁优美的语言和深刻的思想内涵,展现了古代文人的智慧和生活哲学,培养学生对中华优秀传统文化的热爱。

二、学业成就

(一) 阅读简单议论性文章,能区分观点与材料,并能解释观点与材料之间的联系

1. 观点和论点。

观点是指个人对某个话题、问题或情境的看法、感受或信念。它是基于个人的经验、知识、价值观和信仰形成的,是表达个人立场的起点,可以是支持性的、反对性的或中立的。论点是指在思辨性文本中为了支持或反驳某个观点而提出的理由、证据或逻辑推理。论点是客观的,旨在通过逻辑和证据说服读者接受或拒绝某个观点。观点要用一个明确的句子表述出来,可以是对实际情况的判断,也可以是按事理做出的推断。表达观点的常用句式有:"……是……""……要/应当""当/必须……""……能够/将会……"有的在开篇处亮明观点,有的在结尾处总结观点。

2. 材料与论据。

材料是用来支持或证明某个观点、论点或理论的事实、数据或例子。可以是定性的,如专家的观点、案例研究、历史数据;或定量的,如统计数据、调查结果、实验数据。无论是定性的还是定量的材料,都为论证提供了基础,使论点更具说服力。论据是指一系列有逻辑关系的陈述,用来支持或反驳某个特定的观点或立场,包括定义、原理、理论、假设等,其核心是逻辑上的连贯性和说服力。

材料是论据的基础,是论点所依赖的具体信息和事实,而论据是材料组织和逻辑运用的结果。材料可以是独立的,不一定构成一个完整的论证,而论据则需要有逻辑上的连贯性和完整性,是一个完整的推理过程。写作时需要仔细挑选和整合材料,构建出有力的论据,以此来引导读者接受其观点。

3. 观点与材料之间的联系。

观点与材料之间的联系体现在四个方面。第一,观点决定了材料的选择,作者根据自己要表达的观点,选择与之相符的材料进行论证。第二,材料支撑观点,运用合理材料,对观点进行有效地证明和阐述,使观点更具说服力。第三,观点与材料的一致性,即所有的材料都应直接或间接地支持观点。第四,结构上的对应关系,观点通常会在开头部分明确提出,而后面的材料则是围绕这个观点展开的。

(二) 能运用实证材料对他人观点作出价值判断

实证材料是指通过观察、实验或调查等实证方法获得的客观信息和数据,是用来证明或反驳论点的依据,增加论述的可信度。论据分为事实论据和道理论据。事实论据是以事实为基础的论据,可以是统计数据、历史事件、科学研究结果、个人经历等,能够提供直接的证据支持作者的论点。道理论据是基于逻辑推理的论据,是指那些从普遍真理或原理中推导出来的结论,如哲学原理、理论、定律、定义等,具有内在的逻辑性和合理性,用来支持或反驳某个观点。

价值判断是指对某个人的观点或行为进行的好坏、对错、应该与否的评价。它涉及个人或社会的价值观、信念和道德标准,反映评价者的价值观。

立论和驳论是思辨性文本中的两种价值体现形式。立论是指提出并支持一个观点、理论或立场的过程,具有客观性和逻辑性的特点。客观性是指立论者在提出观点时应当尽量避免个人情感、偏见或主观意愿的影响,力求准确、全面地呈现事实和证据。逻辑性则要求立论者的推理过程必须合理,论据与论点之间必须存在清晰的逻辑关系,以确保论点的合理性和可信度。驳论是指对他人观点、理论或立场进行批判和反驳的过程,具有批判性思维和逻辑论证的特点。批判性思维意味着驳论者需要对对方的观点持有质疑和审视的态度,不轻易接受表面的论据。逻辑论证则要求驳论者通过严谨的推理和充分的证据来指出对方论点的漏洞、矛盾或错误，以证明其观点的不足或错误。

第五节 整本书阅读任务群概念梳理

整本书阅读是拓展型任务群，旨在引导学生在语文实践活动中，根据阅读目的和兴趣选择合适的图书，制订阅读计划，综合运用多种方法阅读整本书，借助多种方式分享阅读心得，交流研讨阅读中的问题，积累整本书阅读经验，养成良好阅读习惯，提高整体认知能力，丰富精神世界。

第四学段整本书阅读的内容包括革命文学作品，如《革命烈士诗抄》《红岩》《红星照耀中国》等，体会、评析革命领袖、革命英雄的爱国精神和人格魅力。阅读古今中外诗歌集、中长篇小说、散文集等，如《朝花夕拾》《骆驼祥子》《艾青诗选》《西游记》《钢铁是怎样炼成的》等。

本任务群第四学段的学业质量描述主要包括阅读与鉴赏、梳理与探究、表达与交流三类语文实践活动，具体要求见表3-5。

表3-5 "整本书阅读"学业质量要求

实践活动	学业成就	关键表现
阅读与鉴赏	推荐作品	能通过口头或书面方式，向他人推荐中华优秀传统文化经典、革命文化和社会主义先进文化作品。
	概括内容 归纳现象	能概括文学作品中的典型形象特征和典型事件，并归纳总结出一些文化现象，了解基本的中国古代文化常识。
表达与交流	记录过程 表达心得	能根据具体情境要求，选择合适的文本样式记录经历、见闻和体验，表达感受、认识与观点。
梳理与探究	运用策略 解决问题	参加文学体验活动，能聚焦活动过程中发现的问题，围绕问题搜集资料、梳理信息、整理他人的观点与认识，概括提炼他人解决问题的方法与策略，用以解决自己的问题。
	呈现过程 汇集成果	记录探究过程，归纳概括自己的发现，条理清晰地呈现问题解决的过程，并汇集学习成果。

根据整本书阅读任务群的功能定位、学习内容、学业质量要求，本任务群按照作品类型、阅读要求、阅读策略梳理相关概念。

一、作品类型

中华优秀传统文化经典、革命文化作品和社会主义先进文化作品代表了不同历史时期的文化成果和价值观。

（一）中华优秀传统文化经典是指在中国悠久的历史进程中，由中华民族创造和积累的具有深厚历史底蕴和独特精神内涵的文化成果，包括了古代文学、哲学、历史、艺术等方面的著作，如《诗经》《论语》《道德经》《资治通鉴》及《经典常谈》中提及的其他作品，不仅代表了中国古代文化的最高成就，而且对后世产生了深远的影响，是中华民族精神文化传承的重要载体。

（二）革命文化作品是指在近现代中国革命和建设过程中，特别是在中国共产党的领导下形成的具有革命性质和进步意义的作品，包括了中国共产党和中国人民在革命、建设和改革实践中创造的先进文化成果，如《红星照耀中国》《红岩》《革命烈士诗抄》等。革命文化强调集体主义、英雄主义、乐观主义和奉献精神，是激励中国人民不断前进的精神力量。

（三）社会主义先进文化作品是指在中国特色社会主义背景下，反映社会主义核心价值观和中国特色社会主义伟大事业的文化成果，体现了中国特色社会主义道路、理论体系和文化的最新成果，如当代文学作品、电影、电视剧、艺术作品等。社会主义先进文化作品强调科学发展、和谐社会、以人为本和改革创新，是推动社会主义现代化建设和中华民族伟大复兴的精神动力。

二、阅读要求

（一）总结文化现象

文化现象是指在特定历史时期、特定社会文化背景下，反映人们生活方式、思想观念、价值取向、审美情趣等方面的现象。通常表现为文学、艺术、哲学、宗教、风俗习惯、节日庆典等形式，是社会文化的体现。以《骆驼祥子》为例，祥子这个人物形象本身，就是一种深刻的文化现象，是典型的中国封建社会底层人民的代表，集中体现了当时中国社会的种种矛盾和问题。

（二）写推荐语

推荐语是指对某一书籍、作品等进行介绍和推荐的口头或书面语言。通过对该书籍、作品、事物等的评价、介绍和推荐，引导他人对其产生兴趣和好奇心。推荐语形式多样，有简单的口头推荐，也有详细的书面评论，还可通过各种媒体平台进行分享和推广。通常包括引入（引起兴趣）、主体（介绍书籍特点）和结尾（鼓励阅读）三个部分。在撰写推荐语之前，首先要对作品的内容、风格、主题、作者背景等进行深入了解，从作品中提炼亮点，根据目标读者的兴趣和阅读水平，使用生动、有趣、富有吸引力的语言，有针对性地推荐。

二、阅读策略

整本书阅读是指在初中语文教学中，为了拓展学生的阅读面和深化阅读理解，引导学生进行的整本书阅读活动。

（一）制订阅读计划

阅读计划是指学生在阅读整本书之前，确定阅读目标，根据阅读时间表划分阅读的内容、预设阅读的反馈方式等，目的是帮助学生有序、有效地完成阅读任务，提高阅读效率和理解能力。准备阶段确定阅读的书目，了解作者和作品背景，设定阅读目标和问题。阅读阶段分章节或部分进行阅读，记录关键信息和自己的初步感受。反馈阶段进行自我反思和评价，撰写阅读心得或反馈报告。

（二）做读书笔记

读书笔记是指学生在阅读过程中所做的笔记，包括对文本内容的理解、感悟、评价和想法。读书笔记可以摘录重要的段落、句子或关键词，记录人物、情节等，也可以对文本中的主题、人物性格、情节发展等进行分析和评价，或者写出自己的感受、想法和启示，与作者的观点进行对比，更好地理解文本，提高阅读和思维能力。

第六节　跨学科学习任务群概念梳理

跨学科学习是拓展型任务群，旨在引导学生在语文实践活动中，联结课堂内外、学校内外，拓宽语文学习和运用领域；围绕学科学习、社会生活中有意义的话题，开展阅读、梳理、探究、交流等活动，在综合运用多学科知识发现问题、分析问题、解决问题的过程中，提高语言文字运用能力。

跨学科学习的内容包括结合自然学科学习和科技活动，撰写并分享观察和实验研究报告；选择心理健康、身体素质等方面的问题开展调查研究，撰写调查报告；选择感兴趣的热点问题进行文献查找和梳理，罗列发言提纲并参与交流；围绕中华传统美德和科学精神、艺术精神等开展研究性学习；组建校园社团，参与文化活动；综合运用绘画、表演、创作等形式策划创意活动等。这些活动都表现为多学科知识的综合运用、课堂与课外的紧密结合、听说读写能力的整体发展，体现综合的学习方式。语文跨学科学习任务可分成两类：一是以问题为导向的考察探究式任务，包含提出问题、做出假设、科学探究、结论印证、反思改进等关键要素；二是以物化为导向的设计制作式任务，包含创意设计、选择材料、动手制作、展示交流、反思改进等关键要素。不管设计哪类任务，都离不开语言文字的运用，否则将脱离语文跨学科学习的本质。

本任务群第四学段的学业质量描述主要包括梳理与探究、表达与交流等语文实践活动，具体要求见表3-6。

表 3-6 "跨学科学习"学业质量要求

实践活动	学业成就	关键表现
梳理与探究	问题转化主题	能针对学习和生活中的问题,开展跨学科学习,根据需要策划创意活动。
	发现解决线索	从相关学科材料中搜集资料,整合信息,发现解决问题的线索。
	获取资料证据	能通过多种方式获取资料;能广泛搜集信息,关注信息的权威性和科学性。
	合理解释推断	能运用实证性材料对相关问题做出合理的解释与推断。
表达与交流	提出观念看法	能通过梳理、分析材料提炼出自己的看法。
	发表研究成果	能有条理地列出提纲,用策划书、调查报告、小论文等形式发表研究成果,力求格式规范、内容完整、条理清晰。
	合作开展活动	通过合作,能综合运用绘画、表演、创作等多种活动形式开展校园活动和社会活动。

根据跨学科学习任务群的功能定位、学习内容、学业质量要求,本任务群按照研究方法、活动形式、成果类型梳理相关概念。

一、研究方法

文献研究法是指通过查阅、分析和综合各类文献资料,以获取、整理和解释研究对象相关信息的研究方法。在语文跨学科学习中,文献研究法可以帮助研究者了解相关学科的理论知识、研究动态和前沿问题,为后续的研究提供理论支持和实践借鉴。

问卷调查法是通过设计问卷,对一定数量的调查对象进行施测,以收集、整理和分析研究对象相关信息的研究方法。问卷调查法可以帮助研究者了解学习者的需求、兴趣、态度等主观因素以及学习环境、教学资源等客观因素。问卷的设计要遵循简洁明了、条理清晰、逻辑严密的原则,确保调查对象能够准确理解和回答问题。

访谈法是通过与研究对象进行面对面的交流,深入了解学习者的真实想法、经验和建议，以获取、整理和解释其相关信息的研究方法。访谈提纲的设计要遵循开放性、针对性和灵活性的原则，确保访谈能够覆盖研究主题的各个方面。访谈过程中，要关注访谈对象的反应，适时调整访谈内容和节奏。《太空一日》就设计了撰写采访提纲的任务："假如杨利伟到学校和大家交流，你会向他提什么问题呢？"

二、活动形式

语文跨学科学习的其中一类活动是以专题会议为主要形式呈现的。有读书写作交流会、爱国人物故事会、爱国诗词朗诵会、爱国名言展示会、诚信演讲会、班级讨论会、召开模拟答辩会等。此外，新课标指出语文跨学科学习内容还包括从环境、安全、人口、资源、公共卫生等方面，选择感兴趣的社会热点问题，查找和阅读相关资料，记录重要内容，列出发言提纲，参加班级讨论。

发言提纲是指在正式发言或讨论前，为了确保发言内容条理清晰而提前准备的一份简要的口头陈述指南，包括一系列的关键点或要点，帮助发言者组织思路，确保发言内容完整且重点突出。还可以准备一些视觉辅助材料，如图表、图片等，以帮助说明和强化发言内容。

三、成果类型

（一）方案类

语文跨学科学习过程中，教师需要根据活动主题设计活动方案或者策划书。活动方案和策划书是两个相关但有所区别的概念，它们都用于规划和组织特定活动，但侧重点和目的不同。

活动方案是对某一活动的整体规划和设计，用于指导活动的具体实施。七年级下册综合性学习就安排了征集"孝亲敬老，从我做起"活动方案的任务。活动方案的基本要素包括活动目标、活动时间、活动地点、小组分工、活动资源、预设成果、研究方法、活动过程、活动评价。

策划书是活动方案的一种特殊形式，通常用于向组织或群体展示活动的构想和预期效果，以获得批准和支持，更注重活动的创意和可行性。策划书的主要要素与活动方案基本相同，区别在于策划书要突出活动的构想，即要描述活动的创意和灵感来源，阐述活动的独特性和吸引力。

（二）报告类

观察报告是对自然现象、生物行为或物理规律的描述性记录，是在自然学科或科技活动中对所观察到的内容进行客观叙述。观察报告要简短介绍观察的目的和重要性，点明观察的时间、地点、使用的工具，描述观察的过程和方法，详细记录观察到的现象，对观察结果进行数据分析，对观察现象做出解释、提出疑问或假设，并讨论其可能的原因，总结观察的发现或结论，最后列出报告中引用的文献。

实验报告的基本要素与观察报告基本相同，区别在于通过设计和实施实验验证或推翻假设，要准确记录实验过程中得到的数据和观察到的现象。

调查报告是对某一特定主题或问题进行深入调查研究后，将研究结果以书面形式呈现的过程。调查报告的基本要素与前两类报告相同，不同点在调查结果，要能准确记录调查过程中得到的数据和观察到的现象，可以通过图表、统计分析等方式进行展示。

小论文是对某一特定主题或问题进行深入研究和分析后，将其研究结果以简短的文字形式呈现。小论文通常包括引言、方法、结果、分析与讨论、结论、参考文献。

申请报告是一种正式的书面文件，旨在向组织、领导或相关部门提出个人或单位集体的请求，要求批准某项活动、项目或解决特定问题。申请报告的标题要明确指出报告的性质，引言部分要简要介绍报告的背景和目的，主体部分详细阐述所请求的具体内容，并提供充分的论据和证据来支持请求，描述请求被批准后可能带来的积极影响，结尾重申请求的重要性，并表示感谢。

（三）制作类

语文跨学科学习的学业质量成就中指出，要通过合作，能综合运用绘画、表演、创作等多种活动样式开展校园活动和社会活动。绘画中的海报、展板、手抄报、宣传册设计是语文跨学科学习中常用的活动和作品形式，可以帮助学生综合运用语言、艺术和创造力，通过多种方式来表达自己的思想和理解，提升学生的综合素养和实践能力。

海报是一种视觉宣传工具，通常用于展示信息、宣传事件或推销作品，包含图像、文字和色彩的组合，以吸引观众的注意力。海报的设计要简洁明了，能够在短时间内传达主要信息，可用于展示跨学科学习某个主题的研究成果、宣传即将举行的活动。

展板是一种可移动的展示板，通常由木板或塑料板制成，表面平整坚硬，便于展示图片、文字和其他视觉元素，可用于展示跨学科学习中学生的作品、项目研究成果等。

手抄报是一种通过手写和绘画制作的信息展示板报，包含标题、正文、图片、图表等元素，以图文并茂的形式呈现信息，可展示跨学科学习某个主题的研究、理解和观点。

宣传册也称为宣传小册子或宣传手册，是一种小型的印刷品，用于向公众传达信息、宣传政策、介绍服务或产品等，包含标题、图片、文字和排版设计，内容较为详细，可以折叠成册或单张分发，以记录和展示跨学科学习某个项目的详细信息、研究成果或对社会问题的分析。

第七节　古诗文阅读概念梳理

中华文明史册上优秀的诗、词、曲、赋、文，灿若繁星，内容包括抒怀、寄情、议事、政论、做人、处世、惜时、求学、言志等多方面。诵读古代优秀诗作，可以让心灵得到滋润和净化，情感变得丰富，有利于形成正确的世界观、人生观、价值观，提高思想境界、认知能力和文学素养，激发对中华优秀传统文化的热爱。

统编版初中语文教材共编排八十四首诗歌，其中课内三十六首，课外四十八首，包含古诗、乐府诗、律诗、绝句、词、曲等多种体裁。七年级共有十首，有乐府民歌《木兰诗》、四言古诗《观沧海》、杂言古诗《登幽州台歌》，另有三首律诗、三首绝句、一首曲《天净沙·秋思》；八年级共有十四首，四言古诗《关雎》《蒹葭》、五言古诗《饮酒》《石壕吏》、七言古诗《茅屋为秋风所破歌》、新乐府诗《卖炭翁》，另有五首律诗、一首绝句、两首词。九年级十二首，乐府诗《十五从军征》、七言古诗《行路难》《白雪歌送武判官归京》，另有两首律诗、一首绝句、五首词、一首曲《山坡羊·潼关怀古》。

统编版初中语文教材共编排三十八篇文言文，七年级的十二篇分散在不同单元，八年级十六篇、九年级十篇，单元集中安排。这些选文体现知识性、科学性和趣味性，范围广博，形式活泼。

古诗文的单元说明、课后思考探究等助学系统显示，八到九年级文言文单元的能力要求呈螺旋式提升，先积累文言实词的含义和虚词的多种用法，在此基础上辨析文言虚词的含义和用法；先积累常见的文言词语和文言句式，再使用这些积累的文言知识赏析精彩的句子；先反复诵读，多读熟读，感知内容和大意，再领会内涵，品味语言，在养成反复诵读习惯的基础上逐渐培养语感，学习古人写文章的技巧，最后熟读成诵。助学系统是一条学习的线索，紧贴文本的特质和文本的体式，体现学习的设计，引导学习的过程，让学生通过助读系统学会学习，学会阅读。

《义务教育语文课程标准（2022年版）》总目标中指出"能借助工具书阅读浅易文言文"。第四学段"阅读与鉴赏"的要求中指出"了解诗歌、散文、小说、戏剧等文学样式""诵读古诗词，阅读浅易文言文，能借助注释和工具书理解基本内容。注重积累、感悟和运用，提高自己的欣赏品位。背诵优秀诗文80篇（段）"。学业质量描述也强调"能分类整理经典诗文名句，分析作品表现手法的作用"。根据教材古诗文的编排特点和课标要求，古诗文按照内容体系和学业质量成就梳理相关概念。

一、内容体系

（一）诗歌按形式分类

中国古代诗歌按形式分为古体诗、近体诗、词、曲，分别代表了中国古典诗歌发展的不同阶段和风格特点。

1. 古体诗。

古体诗是中国古代诗歌的一种形式，起源于先秦时期，成熟于汉代，盛行于唐宋时期。它的特点是格律自由，形式多样，不受严格的平仄、对仗和字数限制。从一句到多句，有四言、五言、六言、七言乃至更多的字数。古体诗的题材广泛，内容丰富，既有长篇叙事诗，又有短篇抒情诗。

《诗经》是我国最早的一部诗歌总集，共305篇，它的创作背景是西周初年至春秋中叶的五百多年间。《诗经》中的诗当初都是配乐的歌词，按所配乐曲的性质分为风、雅、颂三类。"风"是各地的民歌；"雅"是正统的宫廷乐歌，用于宴会的典礼；"颂"是祭祀乐歌，用于宫廷宗庙祭祀。《诗经》的内容广泛，反映了当时的社会生活，具有很高的历史价值和文学价值。诗经多采用重章叠句的形式，即上下句或上下章基本相同，只是有几个字不同，造成回环往复的表达效果。《诗经》经常使用的表现手法是赋、比、兴。赋是直陈其事，比即比喻，是借物譬喻，兴是托物起兴，指先说别的事物，引出所吟咏的对象。风、雅、颂、赋、比、兴，合称"六艺"，是古人对《诗经》艺术经验的总结。语文教材中的作品有《关雎》《蒹葭》《式微》《子衿》。

《楚辞》是我国第一部浪漫主义诗歌总集，主要是屈原的作品，共收录《离骚》《九歌》《天问》等十六篇诗歌。楚辞的特点是句子较长，形式自由，情感丰富，意境宏大。

汉赋是汉代文学的代表，特点是讲究排比、夸张，表现手法丰富多样。代表作品有司马相如的《子虚赋》、杨雄的《长杨赋》、班固的《两都赋》等。

汉乐府是汉代民歌的总称，它继承了《诗经》的现实主义传统，生动地反映了当时的社会生活。汉乐府的特点是语言朴实，形式自由，内容丰富。代表作品有《孔雀东南飞》《三吏》《三别》，语文教材中的汉乐府有《十五从军征》《石壕吏》。

魏晋南北朝民歌是在汉代乐府民歌的基础上发展起来的，语言优美，情感真挚，形式多样，主要反映当时的社会矛盾和民间情感。语文教材中的北朝民歌《木兰诗》是一首叙事诗，与《孔雀东南飞》并称"乐府双璧"。

建安诗歌是东汉末年至三国时期的一种诗歌风格。诗人用诗歌表达了真挚的情怀，意境宏大，形式自由，以曹操、曹植、曹丕等人为代表。语文教材中的建安诗歌有曹操的《观沧海》《龟虽寿》，曹植的《梁甫行》。

陶诗是指东晋诗人陶渊明的诗歌作品。陶渊明是我国第一位田园诗人，在东晋时期战乱频繁、社会动荡的背景下，他通过诗歌表达对宁静田园生活的向往，反映了超脱世俗的情怀。选入教材的陶诗有《归园田居》《饮酒》（其五）等。

新乐府是唐代以后的一种诗歌形式，是在乐府诗的基础上发展起来的，注重抒情，语言质朴，形式自由，反映了当时社会现实和人民生活。语文教材中的新乐府有白居易的《卖炭翁》。

从《诗经》到新乐府，我国古体诗的发展轨迹呈现出从现实主义到浪漫主义，再到超脱世俗的演变过程。各个时期的诗歌在形式、内容、创作背景等方面都有所不同，但又相互联系，共同构成了我国古体诗的丰富内涵。

2. 近体诗。

近体诗，又称"今体诗"或"律诗"，是在古体诗基础上发展起来的，主要兴盛于唐代。近体诗有严格的平仄（声调）和韵律要求，每一句或每一联都必须符合特定的声调组合，有固定的字数。近体诗中的对仗非常讲究，要求对仗的词语在意义、词性、平仄上都要相匹配。近体诗更加注重技巧和形式的美感，诗中的意象和情感表达往往更为含蓄，主题上多聚焦于抒发个人情感，如咏物、怀古等。

律诗是近体诗的一种，要求诗句字数整齐划一，每句五个字或七个字，简称"五律"或"七律"。通常的律诗规定每首八句，每两句成一联，计四联。习惯上称第一联为首联，第二联为颔联，第三联为颈联，第四联为尾联。一般说来，律诗二、三两联（即颔联、颈联）的上下句应是对仗句。比如《野望》《渡荆门送别》《钱塘湖春行》《使至塞上》均为颔联和颈联对仗。每一对仗联要求句式相同，词性相同，平仄相对。律诗要求全诗通押一个韵、限平声韵；第二、四、六、八句押韵，首句可押可不押。如《黄鹤楼》，二、四、六、八句"楼""悠""洲""愁"押韵；而《使至塞上》则"边""延""天""圆""然"押韵。一般说来，律诗每句中用字平仄音相间，上下句中的平仄音相对。此外，也有十句以上的律诗，称"排律"或"长律"。

绝句又称为绝句诗，是一种更为简洁的诗歌形式，也是近体诗的一种。绝句由四句组成，每句可以是五言或七言，因此分为五言绝句和七言绝句。绝句虽然没有律诗那样严格的平仄和押韵要求，但要求每句诗的平仄搭配得当，整体上要和谐。

词起源于唐代，盛行于宋代。词的句子长短不一，注重音乐性和节奏感，以其精练的语言和深沉的情感著称。词的内容多涉及爱情、离别、自然风光等，具有浓厚的抒情色彩。词在唐代和宋代达到了极高的艺术成就，不仅丰富了诗歌的形式，还为文人提供了一种表达情感和思想的有力工具，影响了中国后世的文学创作。教材中的名篇有苏轼的《水调歌头》《江城子·密州出猎》、李清照的《渔家傲》等。

曲的起源可以追溯到先秦时期，当时主要是指音乐曲调。到了汉代，曲开始与诗歌结合起来，形成了可以演唱的文学形式。到唐代达到了鼎盛。曲的句子长短不一，节奏自由，注重音乐性和表演性。元曲是中国文学史上的重要阶段，包括杂剧和散曲两种主要形式，是诗歌、音乐、舞蹈和戏剧的复合艺术。教材中的曲有《天净沙·秋思》《山坡羊·潼关怀古》等。

（二）诗歌按内容分类

中国古代诗歌题材丰富多样，按照内容可分为山水田园诗、思乡（人）诗、送别诗、边塞诗、怀古诗（咏史诗）、咏物诗、战争诗、讽喻诗、闺怨诗等。

山水田园诗以自然景观、田园风光为题材，抒发诗人对自然的热爱和对美好生活的向往。诗歌通常描绘山水、花鸟、田园等景物，表现出人与自然和谐共生的理念。代表诗人有陶渊明、王维、孟浩然等。

思乡（人）诗主要通过对故乡景象或亲人的回忆来抒发诗人对故乡或亲人、友人的深切思念之情。如杜甫的《月夜忆舍弟》表达对亲人的思念，李白的《闻王昌龄左迁龙标遥有此寄》表达了对友人的思念之情以及对友人被贬的同情。

送别诗是表达诗人对离别之人深厚情感的诗歌，其独特之处在于对离别的态度以及送别场景的描写，表现出深深的依恋。教材中的送别诗有《峨眉山月歌》《送友人》《送杜少府之任蜀州》等。

边塞诗以边疆地区的生活、风光为题材，抒发诗人对边疆将士的慰问和对国家安危的关切，具有浓厚的边疆特色，表现诗人对边疆将士的敬意和对国家命运的关注。代表诗人有王昌龄、岑参、王之涣等。如"忽如一夜春风来，千树万树梨花开""大漠孤烟直，长河落日圆"等诗句就是描写边塞的奇异风光。

怀古（咏史）诗以历史事件、人物、古迹为题材，抒发诗人对往事的怀念、对历史变迁的感慨，具有浓厚的历史背景，表现诗人对历史沧桑的感叹。教材中的怀古诗有《南乡子·登京口北固亭有怀》《山坡羊·潼关怀古》。

咏物诗以自然界的万物为题材，通过咏物抒发诗人的情感和志向。这个物通常具有寓意，以表达诗人的抱负、情操和审美观念。如《赠从弟》以松柏为喻，赞颂松柏能够挺立风中而不倒，经严寒而不凋，借松柏之刚劲，明志向之坚贞。

战争诗以战争为题材，描绘战争的残酷和英雄的壮烈，表现诗人对和平的渴望和对英雄的敬意。如《雁门太守行》，作者在事物的色彩和情态上着力，用浓艳鲜明的词语表现紧张悲壮的战斗场面。

讽喻诗是通过对现实社会现象的批评和讽刺，以达到劝喻或告诫的目的，具有鲜明的社会批判性，反映了诗人对社会不公和统治者的批判。如白居易的《卖炭翁》，讽刺和揭露了当时腐败的社会现实，对统治者掠夺人民财产的罪行给予有力的鞭挞和抨击，表达对下层劳动人民的深切同情。

闺怨诗主要是女性表达自己的情感和心事的诗歌，反映了女性在古代社会中的地位和角色以及对爱情的渴望、对远行丈夫的思念和对现实生活的无奈。如《庭中有奇树》《如梦令》，表达了女性细腻的情感和对爱人的思念之情。

（三）文言文按体裁分类

文言文是中国古代的一种书面语言形式，起源于先秦时期，汉代发展，唐宋时期繁荣，一直延续到20世纪初，是古代中国主要的书写和阅读语言，也是传统文化的重要载体。

文言文用词简练，一个字或一个词往往包含丰富的意义，表达方式非常紧凑。文言文有大量的成语、典故，蕴含着深厚的文化底蕴，在音韵上有着独特的美感，如平仄、对仗等。统编教材中的文言文选材广泛，儒家经典、史书、小说、散文等多种体裁，不仅反映了古代中国的社会结构和思想文化，也是理解古人价值观和思想的重要窗口。

文言散文以叙述、议论或抒情为主，形式较为自由，结构和内容上往往追求文采、条理和意蕴的和谐。如《答谢中书书》带有骈文的特点，句式整齐，兼用散句，参差错落。《记承天寺夜游》自然成文，涉笔成趣，带给读者自然的感觉。

文言小说讲述故事，塑造鲜明的人物性格。《聊斋志异》中的短篇故事《狼》，故事情节曲折，展示文言文叙事的特点和魅力。

文言说明文是介绍性文章，语言简洁，条理清晰，旨在说明事物的形状、性质、特征等。如《核舟记》按照逻辑顺序和空间顺序，介绍王叔远高超的雕刻艺术。

文言议论文是论述性文章，通过逻辑推理和论证阐述作者的观点或解决某个问题，结构严谨，论证充分。如教材中的《孟子三章》《虽有嘉肴》，教学目标是能说出短文的中心论点以及论证思路。《鱼我所欲也》逻辑严密，要求能根据课文内容理解"本心"的含义，理清作者的论证思路，并把思维导图补充完整。

寓言也是文言作品的一种体裁，是含有讽喻和教育意义的故事，以比喻性的故事寄寓意味深长的道理。《穿井得一人》通过一个穿井得人的故事，揭示了谣言的荒谬性和危害性，告诫人们要理性思考，不要被谣言所蒙蔽。《杞人忧天》通过一个杞人担心天会塌下来的故事，揭示了无谓的忧虑和恐惧对于个人的身心健康和社会的和谐所造成的负面影响，告诫人们要认清现实，乐观向上，不要让毫无必要的忧虑占据心头。

除了上述常见的文体外，文言文中的"铭""说""书""表""序"都是特定的文体，有不同的特点和用途。"铭"是一种刻在器物上用来警诫自己或者称述功德的文字，后来成为一种文体，通常用来记述事实、表达情感，并具有一定的文学性和艺术性。铭文多用于墓碑、纪念碑、铜器等器物上，也用于一些文学作品。如《陋室铭》以骈句为主，句式整齐、节奏分明、音韵和谐。"说"是一种议论文体，用来阐述作者对某一问题的观点和看法，或者对某一事物进行评价和解释。文章往往夹叙夹议，既可以叙述事实，又可以发表议论。如《爱莲说》《马说》等，以散句为主，句式长短相间、错落有致、富于变化。"书"是一种私人通信形式，常用于亲友之间，用来表达个人情感、交流信息和观点。《与朱元思书》是吴均的一封书信，被誉为古代书信文学的典范。"表"是古代向帝王陈情言事的一种文体，言辞恭敬、恳切。《出师表》是诸葛亮上呈给刘备的一篇辞表，表达了他的忠诚和对国家大义的坚持，是中国古代文学史上的名篇。"序"有书序和赠序之分。书序是作者在书籍开头部分所写的一篇文章，主要作用是介绍书籍的成书过程、内容梗概、创作动机和目的等。赠序是临别赠言或是赠送某人书籍而写的序文，主要是作者对受赠人的赞美、鼓励和期望。如《送东阳马生序》是明初宋濂送给他正在太学读书的同乡晚辈马君则的赠言，在序里介绍自己的学习经历和学习态度，勉励他勤奋学习，成为德才兼备的人。

二、学业质量成就

(一) 诵读古诗词

反复诵读古诗词，注意读准字音，读出节奏，读出韵律，感受诗歌的声韵美。

字音是指汉字的发音，在古诗词中，每个字的字音都十分重要，因为它直接影响了诗歌的韵律和节奏。节奏是诗歌中的音节组合成的强弱拍子，由音节的长短、轻重、快慢等因素构成。诵读时需要把握住每个字音的长短、轻重，让诗歌读起来朗朗上口，有节奏感。如五言诗可按"二三"或"二二一"的节奏，七言诗可按"四三"或"二二三"的节奏朗读。韵律是指诗歌中音节、字音的排列组合形成的节奏规律，表现为平仄、对仗、押韵等形式。《诫子书》一文中句式整齐，如"非淡泊无以明志，非宁静无以致远""淫慢则不能励精，险躁则不能治性"读来朗朗上口，富有韵律美。

声韵美是指通过准确地发音、把握节奏、体会韵律，将诗歌的声韵美展现出来。这种美感能够让人在聆听过程中产生愉悦，更好地理解和感受诗歌的意境，理解诗词内容，感受语言风格，实现情感传递，从而培养语感和审美能力。如《观沧海》，结合诗中选取的宏大景物"沧海""洪波""日月""星汉"等，反复诵读，体会诗词质朴刚健、音调铿锵的特点，想象诗人登山临海的壮美感觉。

《诗经》中的诗多是四字句，两字一顿，重章叠句，要认真揣摩诗歌内容、作者要表达的情感,再辅之以一定的诵读技巧,才能真正读出古诗的节奏、韵律,如:"关关/雎鸠,在河/之洲。窈窕/淑女,君子/好逑。"《关雎》是全诗的序曲,要读得平静。"鸠""洲""逑"为韵脚,要拖长读,显出音调的回环和谐之美。《蒹葭》:"蒹葭/苍苍,白露/为霜。所谓/伊人,在水/一方。"《蒹葭》语速稍慢,读出怅惘之情,韵脚字"苍""霜""方"要读得饱满。

(二)阅读浅易文言文,能借助注释和工具书理解基本内容

浅易文言文是指语言较为简明、通俗,较易为现代人理解的叙事、状物、说理的文言文。相较于《诗经》《尚书》等古典文献,这类文本在词汇、语法和表达方式上,更加接近于日常口语和现代汉语的表达习惯。常用于古代启蒙教育、通俗读物或是一些较容易上手的文言文教材,目的是让初学者能够逐步适应文言文的表达方式,增强文言文阅读能力。

注释是对文言文中的难字、生僻词汇、成语、典故、句式结构等进行解释说明的文字。对拼音、词义、词性、例句以及历史文化背景等进行注释,帮助读者跨越语言障碍,理解文言文中的深层含义。由于时代变迁,很多字词的意思和用法与现代汉语有很大差异,注释的作用就在于连接这种差异,使读者能够准确理解古文的含义。

工具书是为了研究和阅读文言文而编写的参考书籍,包括字典、词典、辞典、语法书、古汉语教材等,为读者提供更为深入的背景知识、字词的源流演变、语法规则、句式结构分析等内容,对于深入理解文言文有着重要的作用。

(三)注重积累、感悟和运用,提高自己的欣赏品位

"积累"是指在阅读过程中积累一定的文言知识,包括字词、句子、段落和文章的结构、风格、主题等方面的知识,形成良好的语感,提高语文素养。"感悟"是指在阅读过程中进行深入地思考、分析和情感体验,更好地理解文章的意义,提高思维能力和审美能力。"运用"是将学到的知识和技能运用到实际的阅读中,提高阅读效果和质量,提高自己的欣赏品位。

文言文阅读与鉴赏按照字、词、句的顺序进行关键概念梳理,便于积累。

1. 字。

(1)实词。

实词是指在文言文中具有具体意义，能够指代事物、动作、属性、数量等概念的词。实词是构成句子的基础，能够单独回答问题，表示实在的内容，包括名词、动词、形容词、数量词和代词等。名词指代具体的人、事物、地点或抽象概念。动词表示动作、状态或存在。形容词描述事物的性质、状态或特征。数量词表示数量或顺序。代词代替名词或名词短语。实词在文言文中的用法和功能非常多样，是表达意思、传达信息的核心部分。如"孔子曰：'学而时习之，不亦说乎？'"中，"孔子"是人名，属于名词；"学""习"是动词，表示学习的行为；"说"是形容词，表示愉快的情感。

古汉语词汇运用中有通假字、古今异义、一词多义、词类活用等特殊现象，反映了古汉语的复杂性和丰富性。通假字是指在古代汉语中，由于某些字的书写复杂或者使用频率较低，人们往往会用一个书写简单或常用字来代替它，这个代替的字和原字读音相同或相近，或者字形相似。

古今异义是指一个词语随着时间的推移和社会的发展，在古代和现代的意义不同。有词义扩大、词义缩小、词义转移、感情色彩改变几种类型。如"丈夫"在古代指成年男子，现在通常指女性的配偶，词义范围缩小。"不独子其子"的"子"古义是子女，今义指"儿子"，"货恶其弃于地也"的"货"是财货，今义指货物或商品，都是词义范围缩小。"男有分，女有归"的"归"古义是女子出嫁，今义用作"返回""归还""由""属于"等意思，均由"出嫁"这个本义引申而来。"盗窃乱贼而不作"的"贼"是伤害，今义指偷东西的人，词义发生了转移。"先帝不以臣卑鄙"的"卑鄙"是地位低下、见识短浅，今义是思想行为等见不得人，"未尝不叹息痛恨于桓灵也"的"痛恨"是痛惜、遗憾，今义是深切地憎恨，词义的感情色彩发生变化。

一词多义是指一个实词或者虚词在不同的语境中有多个不同的意义，这在古汉语中非常普遍，因为实词在不同的句子和语境中可以承担不同的角色和意义。如"书"字可以表示书写、书籍，也可以指信件。如"自"在"自三峡七百里中""自非亭午夜分""孤常读书，自以为大有所益"三句话中，分别是"在""如果""自己"的意思。"何苦而不平""必先苦其心志"分别是"担心"和"使……痛苦"的意思。"吾与徐公孰美？""孰视之"的"孰"分别是"哪一个"和"仔细"的意思。

词类活用是指某些实词在句子中根据语法需要临时改变其词性或基本形态,包括名词活用作动词、形容词活用作动词、动词的使动用法和意动用法等,增加了句子的表现力和精确性。例如"从小丘西行百二十步""斗折蛇行,明灭可见""其岸势犬牙差互"中的名词"西""斗""蛇""犬牙"活用状语,意思分别是"向西""像北斗星那样曲折""像蛇那样蜿蜒前行""像狗的牙齿那样交错不齐"。"凄神寒骨"的"凄""寒"是形容词的使动用法,解释为"使……凄凉""使……感到寒冷"。

通假字是实词的特殊形式,古今异义和一词多义是实词意义的变化,词类活用是实词在句子中的语法功能变化。这些现象相互交织,共同构成了古汉语的复杂性,对于学习和理解文言文具有重要意义。

(2) 虚词。

虚词是指在文言文中不具有具体意义,不能单独回答问题,但有语法功能的词,主要用来表示语气、时态、关系、成分等,对句子的结构有重要作用。虚词包括副词、介词、连词、助词、叹词等。

副词表示程度、时间、频率等,如"乃、即、亦、尝、甚"等。介词表示时间、地点、方向、原因等关系,如"于、自、从、以、因"等。连词连接词与词、短语与短语、句子与句子,如"且、若、则、而、也"等。助词用于动词或形容词前,表示主语或语气,如"之、者、所、得"等。叹词表达感叹、疑问等语气,如"矣、哉、乎、耶"等。

虚词的几种常见用法可借用口诀,让学生熟记,视具体的语境灵活选用。以《曹刿论战》一文中的虚词"之、于、以、而"为例,见表3-7。

表3-7 《曹刿论战》中的虚词示例表

虚词	口诀	示例	意思
之	"之"字有三用,就是代、助、动; 代替人、事、物,常在宾语中; 取消独立性,还作"的"字用; 宾语能前置,也凭"之"字功; 有时辅音节,也当"走""到"用。	肉食者谋之 登轼而望之 故克之、故逐之 公与之乘 小大之狱、忠之属也 公将鼓之、公将驰之	代词,迎战的事 代词,撤军的情形 代词,齐军 代词,曹刿 助词,的 补足音节

续表

虚词	口诀	示例	意思
于	"于"的用法有七义： 在、向、跟、从、对、比、被。	公与之乘，战于长勺	在
以	"以"字五用法： 因、凭、拿、用、把。	必以分人 必以信、必以情 可以一战	把 按照，凭借 凭借
而	"而"的用法要记得： 代、并、顺承、修、转折。	登轼而望之 再而衰，三而竭	顺承 就

学习文言文要区分和运用实词和虚词。实词通常可以通过上下文来确定其具体意义，而虚词的意义和用法则需要通过学习和记忆。通过对经典文言文作品的阅读和分析，逐渐掌握实词的用法，通过例句和练习熟悉虚词的搭配和功能，更好地理解文言文的含义和表达方式。"所欲有甚于生者""万钟于我何加焉"中的"于"都是虚词，是"比"和"对"的意思。"则凡可以辟患者何不为也"的"为"是实词，是"做"的意思；"乡为身死而不受"的"为"是虚词，是"为了"的意思。"呼尔而与之，行道之人弗受"的"与"是实词，是"给"的意思；"所识穷乏者得我与"的"与"是虚词，表示推测语气。"何陋之有"的"之"是宾语前置的标示。"水陆草木之花"的"之"是助词"的"，"予独爱莲之出淤泥而不染"的"之"是取消句子独立性。"友人惭，下车引之"的"之"是代词。

2. 词。

（1）成语。

成语是语言中经过长期使用、锤炼而形成的固定短语，是比词大而语法功能又相当于词的语言单位。《论语》中有不少语句逐渐演化并固定为成语，如温故知新、不耻下问、诲人不倦。《桃花源记》的成语有落英缤纷、阡陌交通、怡然自乐、世外桃源、豁然开朗、黄发垂髫、无人问津、鸡犬相闻。《岳阳楼记》的成语有政通人和、心旷神怡、浩浩汤汤、百废俱兴、气象万千。《醉翁亭记》中的成语有峰回路转、醉翁之意不在酒、水落石出、觥筹交错。《出师表》中的成语有妄自菲薄、作奸犯科、危急存亡、临危受命、计日可待、三顾茅庐、不知所云、感激涕零、不毛之地、亲贤远佞。这些成语在现代汉语中的意思基本没有发生变化。学习《狼》一文，积累与狼有关的成语，如狼狈为奸、狼奔豕突、如狼似虎、狼吞虎咽、狼心狗肺、狼子野心、鬼哭狼嚎、引狼入室，这些成语大都是贬义词，体现了汉文化对狼的排斥。《列子》中有很多寓言，如歧路亡羊、詹何钓鱼、造父学御、鲍氏之子、九方皋相马等。

（2）敬辞与谦辞。

统编初中语文教材中有表示言语礼貌和尊重的敬辞与谦辞，它们在不同的语境中用于表达对他人或自己的尊敬、谦虚或其他态度。敬辞，顾名思义是用来表示尊敬他人的词语，用于称呼对方，以显示礼貌和尊重。谦辞用来表示对自己的谦虚，以避免自大或冒犯他人。另外还有一些特定的谦辞词汇，如"不敢当""拙笔""献丑"等，用于表达自己的谦虚和谦逊。古代汉语中的敬辞和谦辞非常丰富，表3-8是一些常见的古代汉语敬辞和谦辞。

表 3-8 常见古代汉语敬辞和谦辞

敬辞类	谦辞类
令：令尊、令堂、令郎、令爱 惠：惠顾、惠存、惠赠 垂：垂问、垂询、垂念、垂爱 赐：赐教、赐复 高：高见、高论、高寿、高龄、高就、高朋、高邻 贤：贤弟、贤侄 奉：奉送、奉还、奉劝、奉陪 其他：久仰、劳驾、赏光、赏脸、贵姓、贵庚、大作、大驾	家：家父、家严、家君、家母、家慈 舍：舍弟、舍妹 小：小弟、小儿、小女、小店 愚：愚兄、愚见 拙：拙作、拙著、拙见 敝：敝人、敝姓、敝校 鄙：鄙人、鄙见 其他：寒舍、见教、见谅

敬辞和谦辞在汉语中都扮演着表示礼貌和尊重的重要角色，掌握这些词汇和短语，能够使交流更加和谐融洽。

（3）称谓语。

文言文中的称谓语非常丰富，有自称、他称、爱称、敬称等。理解称谓语，积累古代文化知识。"卿今当涂掌事，不可不学"的"卿"是古代君对臣的爱称。"孤常读书，自以为大有所益"的"孤"是古代王侯的自称。

3. 句。

（1）特殊句式。

文言文中的特殊句式指的是在文言文的表达中，由于语言习惯、修辞需要或语法结构的特点而形成的一些非日常现代汉语句式。这些句式在文言文中非常普遍，是古代汉语的重要组成部分，包括倒装句、省略句、判断句、被动句等。

倒装句是指句子的语序与正常语序不同，将谓语动词或状语等成分置于主语之前的句子结构。主要有宾语前置、定语后置、状语后置等类型。宾语前置是将宾语置于动词之前。状语后置是将状语放在句子末尾，如"受任于败军之际，奉命于危难之间"的"于败军之际"和"于危难之间"都是状语后置。定语后置是将定语放在被修饰词之后，如"尝遗余核舟一"这里的"一"是定语后置，修饰名词"核舟"。倒装句的功能和用途多样，可以用于强调句子的某个成分，可以改变句子的节奏和韵律，也可以用于修辞，使语言更加生动有力。

省略句是指在句子中省略掉某些重复的成分，使句子更加简洁有力的一种句式。省略句有省略主语、省略谓语、省略宾语、省略介词等情况。主语在上下文中已经明确时可以省略，如"子曰：'由，诲女知之乎！'"在"诲"前省略了主语"我"。如果谓语重复或可知，也可以省略，如"一鼓作气，再而衰，三而竭"，省略谓语动词"击鼓"。前后宾语已经明确时也可以省略，如"必以分人"省略了宾语"衣食所安"。在某些结构中，介词可以省略，如"坐潭上"这里省略了介词"于"。

判断句是对事物进行判断的句子，其结构通常包括主语、谓语和判断词，常用"者""也"等助词来加强判断语气，如"夫战，勇气也"，作战是靠勇气的。判断句在表达观点和进行逻辑推理时起到重要作用，可以明确地对事物进行评价和分类。

（2）文言句读。

中国古代没有标点符号，一篇文章甚至一本书，都是一个汉字挨着一个汉字写下来的，所以前人读书都要自己断句，在一句话的末尾用"。"断开，叫"句"；在一句之内语气停顿的地方用"，"或"、"断开，叫"读"（dòu）。正确的句读能帮助识别句子成分，从而准确理解句子的结构。不同的句读方式体现不同的语气和情感，如疑问句、感叹句、祈使句等。

在文言文中，句读的划分通常遵循基本规则。如"孔子曰"中，"孔子"为主语，"曰"为谓语，主谓之间应该有停顿。"吾友张三"中，"吾友"为修饰语，"张三"为中心词，两者之间应有停顿。"男有分，女有归"为并列成分，两者之间应有停顿。"然而、岂、何、哉"等疑问或转折的语气词后应有停顿。每个句子结束后都应该有停顿。

（3）句子语气。

文言文中的语气主要包括陈述语气、判断语气、疑问语气、感叹语气、祈使语气等。语气词有重要的表情达意作用，并且数量多，用法灵活，在学习中要通过朗读来体会，注意随时积累。如"孤岂欲卿治经为博士邪"的"邪"表示反问语气，"但当涉猎，见往事耳"的"耳"表示限止语气，"大兄何见事之晚乎"的"乎"表示反问语气。陈述语气用于表达陈述、说明事实或观点，如"马之千里者，一食或尽粟一石"。判断语气用于明确判断或表明态度，常用于陈述句中，如"不以物喜，不以己悲"表达作者的人生态度。"鸣之而不能通其意"是转折语气，"大王尝闻布衣之怒乎"是疑问语气，用于提出问题，表达询问、不确定或反问的情绪。"且欲与常马等不可得，安求其能千里也"是反问，加强语气。感叹语气用于表达强烈的情感、赞许、惊讶等情绪，"此诚危急存亡之秋也"表达了对当前局势的强烈感叹。"呜呼！其真无马邪？其真不知马也！"包含诘问、感叹语气。用于表达命令、请求或劝告等是祈使语气。

（4）名言警句。

名言警句是指一些名人说的、写的，历史纪录的，经过实践所得出的结论或建议，以及警世的比较有名的言语。《孟子》中有不少历代传诵的名言警句，如"富贵不能淫，贫贱不能移，威武不能屈"就被很多人作为座右铭。论学格言如"玉不琢，不成器。人不学，不知道""时过然后学，则勤苦而难成"启示学习的重要性、时效性。"独学而无友，则孤陋而寡闻"提倡共同探讨交流、相互启发、增广见闻的学习方法。

古诗文中某些名句往往被后人反复引用，如"人生自古谁无死，留取丹心照汗青"。有些名句在反复引用中衍生出新的意义，如"会当凌绝顶，一览众山小""不畏浮云遮望眼，自缘身在最高层""山重水复疑无路，柳暗花明又一村""落红不是无情物，化作春泥更护花"等都蕴含深刻哲理，具有重要的现实意义。

（5）修辞。

古诗文的修辞与现代文一样，种类繁多。其中比较特殊的一种叫互文，也叫互辞，"参互成文，含而见文"即上下文义互相交错，互相渗透，互相补充，从而表达一个完整的意思。如"东市买骏马，西市买鞍鞯，南市买辔头，北市买长鞭""将军百战死，壮士十年归""开我东阁门，坐我西阁床""当窗理云鬓，对镜帖花黄"都是用了互文。理解互文时，要瞻前顾后，不能偏执于任何一端，把它割裂开来理解。

四、背诵优秀诗文80篇（段）

《义务教育语文课程标准（2022版）》的课程目标明确指出，第四学段的阅读与鉴赏要背诵优秀诗文80篇（段）。但在附录1的优秀诗文背诵推荐篇目中，7—9年级推荐了60篇（段）。根据主题学习的需要，可有针对性地推荐教材中的其他优秀诗文。附录中的《吕氏春秋》一则（伯牙鼓琴……世无足复为鼓琴者），没有收录统编初中语文教材，也需要进行补充。其原文如下：

伯牙鼓琴，锺子期听之。方鼓琴而志在太山，锺子期曰："善哉乎鼓琴，巍巍乎若太山。"少选之间而志在流水，锺子期又曰："善哉乎鼓琴，汤汤乎若流水。"锺子期死，伯牙破琴绝弦，终身不复鼓琴，以为世无足复为鼓琴者。

（一）优秀诗文

优秀诗文是指那些具有深刻思想内涵、优美语言艺术和丰富情感表达的文学作品。这些诗文是人类文化的重要组成部分，传承了人类的历史、智慧和精神追求，具有跨越时空的普遍价值和审美意义。积累优秀诗文，可以提升文化素养，丰富精神世界，培养审美情趣和道德情操。

（二）背诵

背诵是指不看原文而凭借记忆和理解，把原文的内容准确、完整地表达出来的一种学习方式。通过背诵，可以巩固所学知识，提高记忆力和表达能力，同时也有助于培养良好的学习习惯和自律精神。背诵的方法有很多种，如整体背诵、分段背诵、联想记忆、重复记忆等。不同的方法适用于不同的诗文和不同的学习场景，学生可以根据自己的实际情况选择适合的背诵方式。如在背诵之前，先理解诗文的内容和主题，或将诗文分成小段，逐步背诵，最后再整合成完整的诗文。还可以通过联想与诗文内容相关的图像或场景，或者在日常生活中创造与诗文内容相关的语境帮助记忆。此外，背诵也需要一定的毅力和耐心，多次重复背诵，逐渐加深记忆，提高背诵的效果。

第四章 "联动"语文的教学要点

第一节 把握主要内容

《义务教育语文课程标准（2022年版）》第四学段"阅读与鉴赏"的要求指出要在通读课文的基础上，理清思路，理解、分析主要内容。学业质量要求指出要在阅读过程中把握主要内容，并通过朗读、概括、讲述等方式，表达对作品的理解。

教会学生分析、概括课文的主要内容，涉及四个关键概念：分析、概括、课文、主要内容。分析既是一种思维方法，又是一种思维过程，是将研究对象的整体分解成较简单的组成部分或要素进行研究，并找出这些部分的本质属性和彼此间的关系。分析不是单纯地"分"，是"联结"中的分，与"概括"密不可分。概括是形成普遍性认识的一种思维方法。它主要是通过缩小内涵、扩大外延得以实现，缩小内涵就是在比较和抽象的基础上，把抽象出来的事物的共同本质特征综合起来，外延就是推广到同类事物上的过程，使之更适合一般对象。[①] 课文通常指的是教材中选定的、用于教学的文本，包括文学作品、实用文、论述文等，是学生学习的重要材料，具有典范性和时代性特点。主要内容是指一部作品的关键内容或故事情节，包括作品的起始、发展、高潮和结局等部分。把握一部作品的主要内容，可以帮助读者更好地

---

① 周志平. 新课标下科研促"教"的困难、内在逻辑与实践例析［J］. 福建基础教育研究，2023（8）：12—15.

深入理解作者的意图和创作背景以及作品所要传达的思想和价值观。

文本性质不同，内容指向也不同。实用性文本的内容主要是解释、描述或阐述某个事物特征或阐释概念、原理，目的在于传递某一领域的知识和实用信息。文学性文本的主要内容是人物在某种情境下所发生的故事，或是景物在某种环境下表现出来的特征，这个"境"包含时间和空间两个维度，能展现一定时期的社会生活，传递作者的情感、思想和审美观念。思辨性文本的主要内容是通过严谨的逻辑推理和深入的哲学思考，探讨人类社会和自然界的根本问题，提出作者的观点和见解、主张等。

文本内容指向不同，把握主要内容的思维方法也不同。根据课程标准的三个发展型任务群，对教材实用性、文学性、思辨性三类文本的主要内容进行逻辑化、学理化的梳理，构建把握文章主要内容的理论思维模型（见图4-1）。

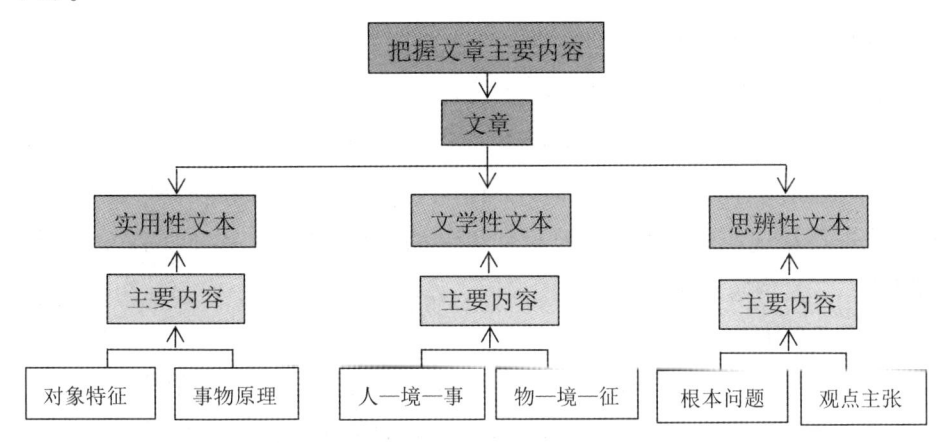

图 4-1 把握文章主要内容的理论思维模型

【把握实用性文本主要内容】

把握实用性文本的主要内容，需要对信息进行筛选与概括，以获得关键信息，重点考查学生辨别、筛选并整合重要信息的能力。

一、问题溯源

《消息二则》一文中，要求从新闻要素的角度把握课文内容。《中国石拱桥》选取了许多例子说明中国石拱桥的特征，从课文中找出这些例子，提取关键信息，填写表格。《苏州园林》哪一句话最能说明苏州园林的整体特征？作者是从哪几个方面展开说明的？细读《梦回繁华》，抓住其中的关键语句，梳理各部分的主要内容。快速浏览《大自然的语言》，了解文章的主要内容。上述这些问题都与把握课文内容相关，涉及的关键概念有"对象特征""提取关键信息"。

二、理解概念

特征是一个广泛的概念，是一事物区别于其他事物的标志，指的是事物所具有的独特属性或标志。特征是描述事物的基础，了解事物的特征不能停留在表象上，要深入事物内在的本质，以区分不同的事物。

说明对象的特征是指在具体的情境下，事物区别于其他事物的标志，这个对象可以是一个人、一个物体、一个事件等。说明对象特征需要围绕其本质属性进行描述，一是外显特征，如事物的颜色、质地、空间位置、形状、温度等；二是内隐特征，如事物的成因、原理、变化过程、内部结构、习性、性能、风格等方面。

筛选信息是从纷繁的语言材料中找出并提取主要信息，筛掉次要信息。整合信息是根据阅读的要求，对筛选出来的信息源进行分类集中，重新组合。

三、原理探寻

首先从新闻的标题和导语中概括主要内容，如《人民解放军百万大军横渡长江》这则消息的主要内容是人民解放军百万大军胜利横渡长江。

其次通过提取段落关键句、关键词，如段首句、段尾句、过渡句概括主要内容。如中国石拱桥的特点是历史悠久，形式优美，结构坚固。苏州园林的整体特点是务必使游览者无论站在哪个点上，眼前总是一幅完美的图画。作者从亭台轩榭的布局、假山池沼的配合、花草树木的映衬、近景远景的层次等四个主要方面展开说明，再从每一个角落的构图美、门窗的图案美、建筑的色彩美等三个细微方面具体说明这个特点。

最后，还可以根据说明顺序划分层次、合并段意来概括主要内容。《梦回繁华》一文主要介绍清明上河图画面开卷处汴京近郊的风光，画面中段是汴河两岸的繁华情景，后段描写汴京市区的街道。

四、归纳技术

概括实用性文本的主要内容，常见的问题表述为本文围绕说明对象介绍了哪些内容？请用简明的语言概括本文说明的事理。从××文字来看，××现象的原因有哪些？本文的说明对象很有特点，请根据内容填表。和普通××相比，本文的说明对象有什么特别之处？该段说明了事物有怎样的特点？

解决上述问题要抓住说明对象和特征这两个基本要素。第一步是审读题干，明确说明对象和答题范围。第二步是注意提示性的词语（首先、其次、然后、最后，还、也、此外）和分层标点等，或者抓关键句（总领句、总结句、过渡句）。中心句一般放在文章或段落的开头，大多为陈述句式，有很强的概括性，或提示下文说明要点，或归纳上文的内容，有的事物或事理的特征就包含在中心词中。第三步是根据说明顺序确认层次关系，重视提示性词语，区分层次的标点，整合要点。第四步是分点归纳，事物说明文的特征主要表现在构造（内、外等）、形态（大小、长短等）、性质（软硬、冷热等）、变化（动静、快慢等）、成因（简单、复杂等）、功用（广狭、正反等）等方面，事理说明文的特征主要是现象的起因、性质、解决措施等。

五、实践运用

2018年福建省中考说明性文本阅读《中文输入法，智慧的代码》，设置的问题为："请简要概括拼音输入法三个发展阶段的主要特点。"此题考查说明对象拼音输入法的特点，解决问题的文本范围是全文。根据每一段落的关键句归纳拼音输入法的三个特点：一是操作最简单，但单字重码率高，输入效率低；二是借助互联网的优势，智能化程度较高；三是初步具备智能回复功能。

2021年福建省中考非连续性文本阅读《红色旅游》，设置的问题为："红色旅游对青少年成长有什么意义？请根据材料一和材料三简要分析。"解决问题的文本范围是材料一和材料三。阅读材料一，关注段落的开头句和结尾句，抓住表示行为性动作的词语，如"体认""理解""激发""传承"。阅读材料三，关注被采访者的回答，筛选能体现红色旅游意义的句子，最后整合信息，分点作答：红色旅游能体认老一辈革命家和英雄模范的高尚品质，理解中国共产党坚定的理想；激发爱国热情与民族自豪感，传承红色基因；能增进对革命历史的了解，懂得今天的美好生活来之不易，树立正确的价值观。

【把握文学性文本主要内容】

阅读一篇文章，只有在把握其主要内容的基础上，才能进一步领会作者的写作意图。文学性文本主要内容的把握，在统编教材的单元说明和课文篇目中都有明确的要求。七年级上册第三单元的语文要素是学会在阅读中把握基本内容，了解文章大意。标题、开头、结尾及文段中的关键语句，都是阅读梳理主要内容时需要重点关注的。

一、问题溯源

阅读《再塑生命的人》思考为什么生命要"再塑"。谁来"再塑"生命？如何做到的？快速阅读《皇帝的新装》，把握故事情节，并用自己的语言简要复述。熟读《阿长与〈山海经〉》，看看文章围绕阿长写了哪些事情，详写了什么，略写了什么。《藤野先生》记录了作者留学过程中的哪几件事？试为每件事拟一个标题。阅读《回忆我的母亲》，想一想母亲的"勤劳"是通过哪些事例体现出来的。通读《社戏》，仿照示例，用四字短语概括本文所写的几件事。朗读《回延安》这首诗，概括每部分的主要内容。阅读《智取生辰纲》，梳理小说的故事情节，说说吴用等人是怎样一步步智取生辰纲的。《天下第一楼》中人物众多，戏剧冲突此起彼伏。梳理课文，试用自己的话概括剧情，并思考这些戏剧冲突是围绕着什么展开的。

上述问题出自散文、小说、诗歌、戏剧等文本，都指向文本的主要内容，涉及的关键概念有概括内容、梳理故事情节、概括剧情等。

二、理解概念

文章内容指的是文章的大意，写景状物的散文一般有景物、环境、特征等。写人记事的散文，一般有时间、地点、人物、事件（包括起因、经过、结果）等要素。小说的三个基本要素是人物、环境、情节。

故事是指以一定顺序组织起来的一系列事件、人物和背景的叙述，通常包含开头、发展、高潮和结局四个部分，能够吸引读者的注意力，并引导读者跟随叙述者的节奏。

情节是指事情的表现和经过，包括表现人物性格形成与发展变化的一系列事件，包含冲突、问题、解决等元素，是故事的核心部分。情节起到串联故事、推动发展、营造氛围等作用，使文章内容更加丰富和立体。

剧情指的是影视作品、戏剧、文学作品等叙事艺术中故事情节的发展和变化，包括故事的主要事件、冲突、角色的发展和转变以及故事的高潮和结局等，向观众或读者展现一个完整的故事世界和人物关系。

三、原理探寻

在文学类文本中，内容与故事、情节等呈现出一种层递关系。内容与这几个概念相互联系、相互影响。故事是整体框架，情节是故事的核心，推动故事的发展，展现人物和主题。它们共同构成了文章的叙述体系，使内容丰富、有逻辑性和吸引力。结合具体例子分析把握文学性文本主要内容的规律（见表4-1）。

表4-1 把握文学性文本主要内容的规律探寻

举例	问题	解析	规律
《济南的冬天》	济南的冬天有什么特点？作者是通过哪些景物呈现这一特点的？	济南冬天最主要的特点是"温晴"。作者写了济南四周的小山、雪景、济南的水，表现出济南冬天的特点。	物征串联法：不同地方的景物呈现出不同的特征，描述时要注意全面、贴切、生动。

续表

举例	问题	解析	规律
《散步》	请用简洁的语言概括文章的主要内容。	先找出记叙文的六要素（时间、地点、人物、起因、经过、结果）。时间是初春时分，地点是田野，人物是我们，起因是母亲需要锻炼身体，经过是在散步路线上产生分歧。结果是我们一家人选择走小路。	要素串联法：即在什么时间、什么地点、发生了什么事，这件事情有何意义或产生了什么影响等。
《猫》	请用简洁的语言概括文章的主要内容。	主要记叙了自己一家与三只猫之间的故事，前两只猫或死亡或丢失。后来养了第三只猫，作者误会并惩戒了这只猫，最终死在邻家的屋脊上，作者决定从此不再养猫。	段意合并法：把每段大意综合起来，加以概括，就是整篇文章的主要内容。
《再塑生命的人》	请结合下面问题概括文章主要内容：为什么生命要"再塑"？谁来"再塑"生命？如何做到的？	叙述了一个盲聋哑儿童在家庭教师安妮·莎莉文老师的帮助下，重新认识周围的事物，走进大自然，体验人间真情，从黑暗、迷茫走入爱的光明之中，重拾对生活的勇气和信心的故事。	问题概括法：作者写一篇文章，往往是围绕一个中心，抓住几个问题，按一定的顺序写的，把这几个问题概括起来，就是文章的主要内容。
《在长江源头各拉丹冬》	理清文章的脉络，复述作者在各拉丹冬的所见所感。	作者根据行程写了两天的活动，以第一天的见闻为主。采用移步换景的写法，从安营在各拉丹冬雪山脚下，到驶过冰河，最后进入冰塔林。	游踪串联法：作者移步换景，时空转换，综合所见的景物及特征就是主要内容。

四、归纳技术

概括文章或者段落的主要内容时，要抓住题干具体要求，明确答题方向，确定答题区域，用简洁的语言作答。其常见的问题表述是请概括本文/某一段/某几段的主要内容，请梳理小说的故事情节。解决问题的基本要素是叙述顺序和具体分析。

第一步是审读题干，明确范围是概括全文还是概括某段。第二步明确写作对象，然后逐步概括内容要点，把内容相近的段落合为一部分，对每部分大意归纳概括（可适当摘抄文中关键语句）。第三步整合语言作答，如果是写景状物的散文，要概括景物在不同环境下的特征，如果是写人记事的散文或是小说，就要分析人物的经历或事件的发展过程。

五、实践运用

1. 物征串联法。

阅读文学性文本《春走老山界》，设置的问题为："首段中作者笔下山野里的春色有什么特点？"解决问题的范围是首段，写作对象是山野里的春色，其环境为四月的山野，所以此时的春色最浓烈、最灿烂。

2. 段意合并法。

阅读吕叔湘的《怀念圣陶先生》，想一想文中写了哪些事。文中写了叶圣陶先生给人看稿一丝不苟，不仅要改正笔误，理顺词句，甚至要描清标点；为普及汉语言文字知识和语文教育教学做了大量工作；特殊时期迫于形势不得不应对一些责难和压力，并深切关心朋友们的安危；给吕叔湘先生送书法作品，并为其女儿的文章题诗，待人诚挚；和吕叔湘先生一同避暑和视察的情形等等。

3. 要素串联法。

用一句话概括现代革命京剧《向警予》第一幕的剧情。运用人物和事件串联，即向警予与蔡和森在汉口江汉码头秘密接头的剧情。

【把握思辨性文本主要内容】

思辨性文本主要内容包括文章的根本问题和基本观点以及最能表达文章主旨和作者写作意图的语句等。

一、问题溯源

认真阅读《敬业和乐业》，说说作者提出了什么论点，又是从哪几个方面进行阐释和论证的。通读《就英法联军远征中国致巴特勒上尉的信》，看看这封书信主要表达了作者什么观点，文中又是从哪几个方面进行论述的？《短文两篇》谈的都是读书，比较阅读两篇短文，分别概括其主要内容。

上述问题指向思辨性文本的主要内容，涉及的关键概念有论点、论证、论据等。

二、理解概念

（一）第一组概念：论点、论据、论证

论点是辩论或论述中的主要主张，是作者或演说者试图证明或支持的观点。论点通常包含一个明确的主语和一个谓语，回答了"是什么""为什么"或"应该怎样"的问题。论证是用来支持或反驳某个论点的过程或结构，由一系列有合理联系的论据组成，通过逻辑推理将论据与论点联系起来。论据是用来支持论点的证据或理由，可以是事实、数据、专家观点、实例等。论据应当是真实、相关和可靠的，以便为论点提供充分的逻辑支撑。

论据分为事实论据和道理论据，它们在支持论证过程中的作用和重要性各不相同。事实论据包括统计数据、历史事实、科学实验结果、具体实例等，它们是真实发生的事件，或者是通过观察和实验得到的信息。事实论据通常用来证明某个具体的情况或现象的存在，或者用来支持一个论点。事实论据具有客观性和可验证性。道理论据包括科学原理、理论模型、专家观点、公认的常识，它们通常用来提供理由或解释。道理论据具有理论的普遍接受性和逻辑的严密性。事实论据和道理论据常常结合使用，使论证更加有力和全面。

(二) 第二组概念：概念和内涵

概念和内涵是哲学和语言学中常讨论的两个相关但有所区别的概念。概念是一个抽象的思维单位，是用来分类和理解世界中事物的一种心理构造，通常对应某个或某些特定的属性，这些属性是用来定义和识别概念成员的共性。如"桌子"这个概念包括了所有具有"用于放置物品""由人类制作""通常有四条腿"等属性的物体。内涵是指一个概念所包含的额外意义或情感色彩，通常与概念的字面意义不同。内涵包括与概念相关的隐含意义、情感、价值判断或文化背景等。

三、原理探寻

论点是核心，是整个论述的起点。论证是连接论点和论据的桥梁，通过逻辑推理表明论据如何支持论点。论据是支撑论证的基础，为论点提供了具体支持。结合具体例子分析把握思辨性文本主要内容的规律（见表4-2）。

表4-2 把握思辨性文本主要内容的规律探寻

举例	问题	解析	规律
《敬业和乐业》	认真阅读课文，说说作者提出了什么论点，又是从哪几个方面进行阐释和论证的。	作者在开篇提出中心论点，"敬业乐业"四个字是人类生活的不二法门，之后从有业之必要、要敬业、要乐业三个方面进行阐释和论证。	采用段意合并法，准确把握作者观点。
《就英法联军远征中国致巴特勒上尉的信》	通读全文，看看这封书信主要表达了作者什么观点，文中又是从哪几个方面进行论述的？	表达了对英法联军侵略中国、劫掠毁灭圆明园罪行的谴责和对遭受劫难的中国的深切同情。作者从描摹、赞叹圆明园之美和揭露英法联军强盗行为两个方面进行论述。	归纳要点，看标题，提取段落关键句、关键词。"观点"这一问采用提取法，"哪几个方面"采用合并法。

续表

举例	问题	解析	规律
《怀疑与学问》	文中所说的怀疑精神有什么内涵？它对做学问有什么重要意义？	作者所说的怀疑精神指的是对于传说的话，都要经过怀疑、思索、辨别三步，这样就不会盲从和迷信，这也是做一切学问的基本条件。	看标题，提取段落关键句、关键词。提取出来的关键信息有时要进行筛选整合，必要时要加上自己的语言概括，形成一个完整的意思。
《山水画的意境》	默读课文，说说作者为什么认为"意境是山水画的灵魂"。意匠与意境是什么关系？	意境是山水画创作中最重要的问题，是景与情的结合。意匠即表示方法、表现手段的设计，有了意境，没有意匠，意境也就落了空。	
《谈创造性思维》	阅读全文，说说创造性思维有哪些必要的要素。	有渊博的知识；有探求新事物并为此活用知识的态度和意识；有持之以恒的精神和毅力不断地尝试。	段意合并法。
《无言之美》	作者是从哪几个方面证明"无言"也能产生美的作用？	作者从图画之美、文学作品的含蓄之美、音乐的"无声胜有声"、雕刻艺术的含蓄不露入手，论证了"无言"也能产生美。	筛选关键句、点面结合法。

四、归纳技术

思辨性文本信息筛选整合的题干往往有"通读全文""哪几个方面""内涵""重要意义""关系"等表答题方向的词语。第一步阅读文章，整体把握大意，找出中心论点，明确作者的观点和主张。第二步分析文章的论据，了解作者支持的论点。第三步研究论证方法，梳理作者的论证过程。如果文段中并无明显的主干句，需要通过阅读文章去把握、提炼和归纳答案。关键句会出现在文章段落的首尾或中间，概括时只要把这些词语、句子摘录出来就可以了。第四步整合语言，概括主要内容。常用句式有本文主要讨论了××（中心论点），文章以××为论点，阐述了××（论证过程和观点）。本文通过

××（论据）（论证方法）来证明××（中心论点）。这些句式能简洁明了地概括文本的主要内容，要根据文本的特点和需要灵活运用。

五、实践运用

阅读《经典常谈》，"引他们到经典的大路上去"，文章从哪几个方面介绍《经典常谈》？请简要概括。运用段意合并法，从经典的内容、"常谈"的含义、经典训练的意义和价值进行介绍。

2019年福建省中考《让文化自信具有更坚实基础》，问题为："文章从哪三个方面论述如何才能真正树立文化自信？请简要概括。"解决问题的文本范围是全文，阅读过程中以段落为单位，关注段落的开头句和结尾句，用段意合并法，整合答案：树立文化自信要知晓文化家底，要挖掘文化遗产，要深入研究文化。

2020年福建省中考《传统是网络文学的"精神血脉"》，问题为："文章第3段阐述了中华传统文化哪两个方面的内容？请简要分析。"解决问题的文本范围是第3段，阅读过程中以第3段的句子为单位，除了关注关键句，还要关注冒号、分号等具有提示性的标点，明确第3段阐述了中华传统文化的精华和糟粕两方面内容。精华主要指传统文化中蕴含丰富的哲学思想、价值观念、科学智慧和传统美德等；糟粕主要指传统文化中男尊女卑、因循守旧等落后残余的思想。

第二节　理清文章思路

理清思路是一项基本的阅读能力，是语文学习的底层逻辑之一。那什么是思路？不同类型的文章理清思路的方法有何不同？叶圣陶先生说："思路是个比喻的说法，把一番话、一篇文章比作思想走的一条路。思想从什么地方出发，怎样一步一步往前走，最后达到这条路的终点，都要踏踏实实摸清楚，这就是注意思路的开展。"思路就是作者按照一定的条理，由此及彼、由浅入深地表达思想的路径、脉络。有条理的文章才能梳理清楚，也就叫"理清"。文章的条理性体现在文章结构层次、线索脉络、详写略写、照应过渡等，通过分析文章的条理性，以探索作者定型的思维过程就是理清文章的思路。

文章的思路和结构密切相关。作者的思路决定了文章的整体布局和阐述方式。思路清晰的文章，其结构往往显得严谨。反之，思路混乱的文章，结构显得松散、不知所云。文章的结构是思路的外在表现。合理的结构使文章的思路更加清晰，有助于读者理解和把握作者的观点。结构不合理，可能会导致文章的思路模糊，影响读者的阅读体验。作者在写作过程中需要根据思路调整结构，合理的结构也有助于作者更好地表达。

根据文本的范围进行区分，整篇文章就是理清总体思路，对于某个具体的段落或层次就是理清局部思路。文章的体裁不同，理清整体思路和局部思路的方法也不同。结构是思路在文章中最直接的反映，不同体裁的结构方式明显不同。因此，理清文章的结构方式就成为理清作者思路的重要方法。根据课程标准的三个发展型任务群，构建理清实用性、文学性、思辨性三类文章思路的理论思维模型（见图4-2）。

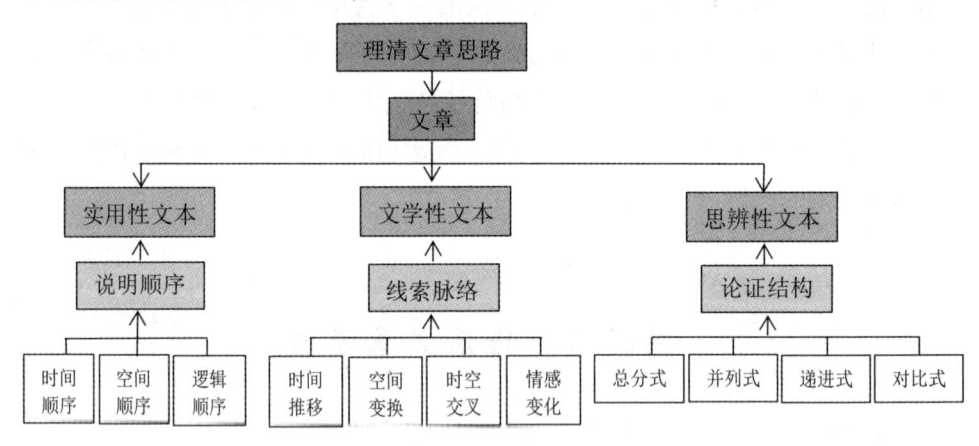

图 4-2 理清文章思路的理论思维模型

实用性文本的顺序有时间顺序、空间顺序、逻辑顺序。文学性文本一般围绕线索脉络，以时间的推移、空间的变换、时间和空间交叉、人物感情的发展、故事情节的发展等为顺序。思辨性文本的结构有四种：一是总分式，即各个层次之间是总分关系，这种方式又可细分为先总后分和先分后总两种；

二是并列式，即各个层次之间是并列关系，每个层次有各自的独立性，从不同层面表现文章的主题；三是递进式，即围绕中心论点逐层深入地展开论述；四是对比式，即将一组相反的材料对比起来安排，形成反差，从而有力地突出主题。

阅读一篇文章，首先能快速判断体裁，然后从整体上把握全文，在感知内容的基础上判断文章采取了哪一种结构方式，接着进一步分析各段落之间在思想和内容上的联系，作者为什么要安排这样的结构。弄清楚这些问题，思维顺畅，文章的思路也就清晰了。

【理清实用性文本的说明顺序】

实用性文本介绍事物或阐明事理，除了需要准确抓住事物的特征、讲究说明方法外，还要合理安排说明顺序，以充分表现事物或事理本身的特征，帮助读者认识事物或事理的规律。八年级下册第二单元的单元说明中明确指出，要注意理清文章的说明顺序，筛选主要信息，读懂文章阐述的事理。

一、问题溯源

细读《梦回繁华》时要抓住其中的关键语句，梳理各部分的主要内容，看看作者是按怎样的顺序来说明的。《大自然的语言》第7—10段说明物候现象来临的决定因素，采用了怎样的说明顺序？你认为这样的顺序安排是出于什么考虑？《阿西莫夫短文两篇》都是从某一现象出发，通过分析事物间的内在联系，得出规律性的认识。任选其中一篇，分析其思路。这些问题涉及的核心概念都是说明顺序或者说明思路。

二、理解概念

说明顺序是说明文的写作顺序，为了说清楚说明对象的特征，要合理地安排说明顺序。时间顺序是以事物发生、发展的时间先后来安排说明顺序，多用于介绍事物的发展变化过程、制作工序等。空间顺序是按照事物的空间存在形式，如从外到内、从上到下、从前到后、从中间到两边、由远及近等依次进行说明,常用于介绍建筑物或物品。逻辑顺序是按照事物或事理的内部联系或人们认识事物的过程来安排说明顺序。事物的内部联系包括因果关系、层递关系、主次关系、总分关系、并列关系等;认识事物或事理的过程则由浅入深、由具体到抽象、由现象到本质等。一篇说明文往往以一种顺序为主,兼用其他顺序。合理地说明顺序,有助于充分发现事物或事理本身的特征,也符合人们认识事物或事理的规律。

三、原理探寻

一篇文章要合理地安排说明顺序,才能理清文章的说明思路,文章才会有条理。合理的顺序是思路的基础,清晰的思路能产生有条理的效果。结合具体例子分析理清实用性文本思路的规律(见表 4-3)。

表 4-3 理清实用性文本思路的规律探寻

举例	问题	解析	规律
《中国石拱桥》	为了说明中国石拱桥的特征,文中列举了哪些石拱桥作为例子?这些例子按照什么顺序来安排?	旅人桥(大约建成于公元 282 年)→赵州桥(建于公元 605 年左右)→卢沟桥(建于公元 1189—1192 年间)→长虹大桥(1961 年)。例子按从古到今的时间顺序,说明中国石拱桥历史悠久的特征。	1. 抓标志词,判定说明顺序。(1)月、季、年、时代、朝代等时间词表明是时间顺序;(2)事物生长过程的词表明是时间顺序;(3)上下、左右、内外、前后、东西南北等方位词表明是空间顺序;(4)首先、其次、再次、因为、所以、总之、综上所述等表示因果、
	第 5 段写赵州桥的四个特点时,为什么不先把大拱的两个特点介绍完,再介绍小拱的特点呢?	因为大拱两肩上的小拱既是赵州桥的首创,又是从外观上可以直接看到的。而 28 道拱圈,并非赵州桥独创,其他拱桥也有砌筑。这里是按先主后次的逻辑顺序说明的。	

108

续表

举例	问题	解析	规律
《蝉》	文章第二部分"蝉的卵"是按怎样的顺序介绍的？	产卵的经过—蝉卵的孵化—幼虫—蜕皮—落地—藏身地下。按照生长过程介绍昆虫的生态。	事理顺序的词语表明是逻辑顺序。 2. 抓关键句，判定说明顺序。 (1) 设问句；(2) 过渡句；(3) 段首句；(4) 段尾句；(5) 独句成段。 3. 抓对象特征，判定说明顺序。 (1) 说明某一事物或事理的发展变化，一般采用时间顺序；(2) 说明事物的形状、构造等，一般用空间顺序；(3) 说明事理的内部联系以及认识事物的规律，一般用逻辑顺序。
《大自然的语言》	第1段是按什么顺序来说明的？试着找出标志性的词语。	按照立春过后、再过两个月、转入夏季、到了秋天、准备迎接寒冬的顺序介绍自然现象。	
	第7—10段说明物候现象来临的决定因素，采用了怎样的说明顺序？你认为这样的顺序安排是出于什么考虑？	作者采用了逻辑顺序来说明物候现象来临时的决定因素：纬度、经度、高下的差异和古今的差异。四个因素影响程度由大到小依次排列。前三个因素是空间因素，最后一个因素是时间因素，这样安排条理清晰。	
	第11段是按什么顺序进行说明的？	作者从"首先""此外""还""也"几个方面，按由主到次的逻辑顺序，说明了物候研究对于农业特别是山区农业发展的重要意义。	
《时间的脚印》	独立成段的单句，有提示重点内容、标示层次结构等作用，使文章脉络清晰，便于阅读理解。		

四、归纳技术

理清文章思路的问题题干往往有"顺序""思路""条理"等表答题方向的词语，根据时间、空间、逻辑三种说明顺序的内涵及特征，对照不同说明顺序的特点来判断顺序类型，进而理清说明的思路答题技巧（见表4-4）。

表 4-4　答题技巧

问题表述	解题要素	解题步骤
本文/某一段/某几段的说明顺序是什么？请具体分析。	说明顺序＋具体分析	第一步：审读题干，明确范围是全文分析还是某段分析。 第二步：先明确说明顺序，然后逐步概括内容要点，把内容相近的段落合为一部分，归纳概括每部分大意，最后整合语言作答。
分析使用某种说明顺序的好处。	说明顺序＋作用	第一步：审读题干，先判断说明顺序。 第二步：时间顺序，按照事物发展的先后顺序说明，使读者一目了然； 空间顺序，选定一个起点，按照一定的路径或方向移动，全面说明事物的特征，使读者更好地理解。 逻辑顺序，由现象到本质，或由特点到用途，或由原因到结果，或由概括到具体，或由一般到特殊，或由主要到次要，使说明清晰，逻辑更顺畅。 第三步：归纳总结，结合文章内容，归纳使用说明顺序的好处。
第×段和第×段能否调换顺序？为什么？	表态＋理由	第一步：表明观点，一般是不能调换。 第二步：分析原因，文章一般是按照某种说明顺序行文的，若调换了顺序，文章的时间、空间、逻辑顺序便会混乱，所以不能调换。符合人们认知事物、事理的一般规律，调换后不合逻辑。

五、实践运用

阅读《人民英雄永垂不朽——瞻仰首都人民英雄纪念碑》，说说全文采用哪些说明顺序。从整篇文章来看，以瞻仰者本人的活动顺序为主，以纪念碑的方位顺序为辅的顺序说明：进入广场—越过广场—踏上石道—走到碑前—踏上台阶—到了平台—走下台阶，离开纪念碑。说明纪念碑的结构、题词、碑文和造型时，先四周后中间，先台阶后碑身，先正面后背面，主要按照空间顺序说明。介绍浮雕时,巧妙地用碑身东面、碑身后面、碑身西面、碑身正面等方位词和浮雕内容的时间线相结合来说明。

写作实践中采取哪一种顺序,并非一成不变,而要视具体情况而定。比如对于同一座建筑物,由于关注的角度不同,要介绍的内容不同,采用的说明顺序也会不同。如介绍建筑物的历史变迁,应采用时间顺序;介绍建筑物的结构和布局,应采用空间顺序;介绍建筑物的某个特点及其成因,应采用逻辑顺序。

【理清文学性文本的线索脉络】

七年级上册第四单元的单元说明指出,在整体把握文意的基础上,学会通过划分段落层次、抓关键句的方法,理清作者思路。

一、问题溯源

阅读《从百草园到三味书屋》,请分别找出百草园和三味书屋两部分的起止句,想一想这两部分是怎样连接起来的。《再塑生命的人》是按时间顺序展开思路的,请填写表格。顺着感情的脉络梳理《白杨礼赞》的内容,作者是从哪些方面表达自己的赞美之情的?朗读《回延安》这首诗,说说诗人是按照怎样的线索来抒发自己的情感。理清《在长江源头各拉丹冬》的脉络,复述作者在各拉丹冬的所见所感。《带上她的眼睛》多处埋下伏笔,阅读时采用快速浏览的方式,去追寻小说的情节线索。《故乡》主要写故乡的变化,通读全文,梳理这些变化,并用一张示意图表示出来。以上问题指向文章思路,涉及的核心概念有空间顺序、时间顺序、脉络、线索、梳理变化等。

二、理解概念

线索是指文学作品中暗示、预示或揭示作品中的主题、情节、人物性格等元素的信息,它的作用就像链条一样,串联起文章中的全部人、事、景、物,把文章的各个部分联结成一个统一、和谐的有机体,帮助读者理解作品中的复杂情节和人物关系,揭示作品的主题和深层含义。

脉络是指作品中情节、人物、主题等元素之间的相互关系和组织方式。脉络可以是线性的，也可以是非线性的，但它必须能够使整个作品具有连贯性和一致性。脉络可以帮助读者理解整个作品的发展过程和逻辑关系，揭示作品的主题和深层含义。如一部小说，情节的发展可能涉及多个不同的故事线，这些故事线之间可能存在着某种联系或互动，这些联系和组织方式构成了整篇小说的脉络。

三、原理探寻

线索是脉络中的一部分，也是脉络中具体的体现。脉络提供了整体的背景和结构，而线索则是引导读者在这个结构中探寻和解读的指针。没有脉络，线索就失去了存在的意义和方向；没有线索，脉络就可能变得模糊不清，难以理解。在理清文学性文本思路的过程中，首先需要识别和理解脉络，包括把握作品的基本情节、人物关系、主题思想等，建立起对整个作品的基本认识。随后通过寻找和分析线索，更深入地理解作品的细节，揭示作者的意图和文本的深层含义。线索的发现和解读往往能够加深读者对脉络的理解，同时也能够揭示脉络中可能隐藏的复杂性和多样性因素。结合具体例子分析理清文学性文本思路的规律（见表4-5）。

表4-5 理清文学性文本思路的规律探寻

举例	问题	解析	规律
《从百草园到三味书屋》	分别找出百草园和三味书屋两部分的起止句，想一想这两部分是怎样连接起来的。	从开始"我家的后面有一个很大的园"到"……来不及等它走到中间去"是写百草园的部分；从"出门向东"到结尾"这东西早已没有了罢"是写三味书屋的部分。通过第9段把"百草园"和"三味书屋"连接起来。	按照空间顺序组织材料。

续表

举例	问题	解析	规律
《再塑生命的人》	文章是按时间顺序展开思路的，请按顺序梳理。	1. "我"与莎莉文小姐第一次见面。 2. 第二天早晨，莎莉文小姐教"我"认识具体事物。 3. 有一天，莎莉文小姐给"我"一个更大的娃娃，教"我"区分大小关系。 4. 这天上午，莎莉文小姐教"我"区别"水"和"杯"。 5. 后来井房的经历，莎莉文小姐用水唤醒"我"的心灵。	按时间顺序组织材料。
《白杨礼赞》	顺着感情脉络梳理课文内容，作者是从哪些方面表达自己的赞美之情的？	第1段、第4段、第6段、最后一段都是直接抒发赞美之情的段落，形成本文的抒情线索，与标题形成呼应。赞美白杨树生长的环境不平凡——境美，白杨树自身的形貌不平凡——形美，白杨树内在的气质不平凡——神美。	理清文章的抒情线索，把握文章的内容和作者的情感。
《植树的牧羊人》	请勾画出标志故事情节发展的语句。	课文采用时间顺序，记叙人的故事。 初遇牧羊人（详）—再见牧羊人（详）—最后一次相见（略）。	按时间顺序组织材料。
	还有哪些句子能帮助我们理清思路？	三次见牧羊人的时间变化、高原变化、老人变化的句子。	表变化的语句、开头结尾的句子、过渡句或过渡段都可以帮助理清思路。
	除了重点写三次见牧羊人外，作者在开头和结尾还写了什么？这两段话能帮我们理清思路吗？	首段是作者对牧羊人的评价，起到总领全文、点题的作用，奠定了全文的感情基调；结尾的议论既照应开头，又直接歌颂牧羊人，表达自己的敬佩之情。	
	第18段"从1920年开始，我几乎每年都去看望这位植树的老人"这句话有什么作用？	这句话是过渡句，能帮助我们理清作者的思路。	

续表

举例	问题	解析	规律
《故乡》	这篇小说主要写故乡的变化，通读全文，梳理这些变化，并用一张示意图表示。	故乡的环境："我的美丽的故乡"→"没有一些活气"。 故乡的人物：闰土→"小英雄"→"辛苦麻木"。 杨二嫂→"豆腐西施"→"圆规"。	抓时空顺序可快速梳理。
《我的叔叔于勒》	抓事件发展顺序梳理。	盼望于勒—发现于勒—证实于勒—躲避于勒。	按时间顺序梳理。
	从事件的因果逻辑角度梳理课文的故事情节。	故事起因是第1—36段"菲利普一家生活艰辛，对发财了的于勒充满期待"，结果是第37—49段"在发现真相后，幻想破灭，遂弃于勒而去"。	从事件的因果逻辑角度梳理。
	从人物的心理变化角度梳理课文的故事情节。	第1—36段菲利普一家听到于勒发财的消息，都期待他归来解困，但后来在第37—49段发现于勒已成为又老又穷的水手，又急又气，害怕背上负担，明知对方身份却不相认。	从人物心理变化角度梳理。
	本文多处设置悬念，请据此梳理小说的故事情节。	1. 菲利普一家苦苦等待于勒归来，为什么？原来是于勒在海外发财了，一家人盼他回来搭救。 2. 在船上巧遇一个与于勒相貌相似的水手，他是谁？原来就是破产的于勒，一家人希望破灭，失望而归。	从写作技巧角度出发梳理。

四、归纳技术

理清文章思路的问题表述方式有：文章按怎样的顺序展开思路，请填写相关的表格，请复述课文内容。解决问题的要素是顺序和内容，先快速默读，用红笔圈出能帮助我们理清文章思路的关键语句。关键词语包括表示并列关系的"第一""第二""第三",表示承接关系的"首先""其次""最后",表示递进关系的"一方面""另一方面""不仅如此""此外",表示因果关系的"因此""所以""由此看来"等。另外,标点符号的作用也不可忽视,特别是用来区分层次的分号、句号。

关键句子第一类是中心句,一个段落往往集中表达一个意思,找到中心句也就把握了段落大意,在此基础上再去理解其他句子的意思和句与句之间的关系。第二类是过渡句,过渡句起承上启下的作用,是我们理解段内层次和作者思路的重要依据。第三类是表达方式明显不同的句子。以记叙为主的文章里,最后的段落表达方式往往是抒情或议论,即由事及情(理)的写法,通过分析作者为什么要这样安排表达方式,给我们分析文章思路提供一条有力的线索,复述起来也比较有把握。

小说的问题表述为小说围绕××的变化,讲述了一个曲折的故事。请根据提示,从不同角度梳理课文的故事情节。可以从文章线索、脉络入手理清文章思路。文章的内容是由线索或脉络将其有机地组织成为一个整体,可以沿着线索或脉络探寻作者的思维过程。如《孔乙己》以小伙计的所见所闻为线索。小说的开头先介绍了咸亨酒店这一人物活动的场所,通过咸亨酒店的格局反映当时的社会背景。人物在特定的社会背景下出场,接下来作者通过对孔乙己语言、动作、肖像(神态)的描写及侧面描写,着力刻画了他迂腐、自命清高、虚伪、善良等鲜明的性格特征。正是这样一个可有可无、处处被人嘲笑的人物,由于自身性格的弱点和丁举人这样的封建统治者的摧残,他的结局只有死路一条。这一系列故事都是在小伙计的见证下发生、发展的,所以沿着文章的这条线索,我们不难理清作者的整体思路:交代背景—刻画人物、展示人物性格—矛盾冲突(被丁举人毒打)—结局(死去)。理清小说思路的句式有:主人公在何时何地做了何事,先写××,接着写了××,然后写了××,最后写了××。小说的主要情节有①……②……③……

五、实践运用

阅读《走一步,再走一步》,找"变化"及开头结尾的语句理清思路。表变化的语句有:时间变化句,如"一个酷热的七月天""然后他们出发了"

115

"几分钟后""时间在慢慢地过去""暮色中";空间变化句,如"最后来到一块空地上""直到其他孩子爬到了上面""我努力地向他们爬过去""我紧贴在一块岩石上";心理变化句,如"眩晕""要掉下去""会摔死的"等。开头句,如"那是在费城"。结尾句,如"此后""面对一个遥不可及的目标,或者一个令人畏惧的情境""注意相对轻松、容易的第一小步,迈出一小步,再一小步""直到达成了自己的目标"。最后用"本文先写什么,再写什么,然后写什么,最后写什么"的句式概括文章的思路。本文先写"我"跟五个小孩子一起爬悬崖,在悬崖上陷入险境,进退两难;接着写"我"在悬崖上不敢往下爬得担惊受怕;然后写在爸爸的引导下,一步一步脱离险境;最后写"我"从中获得的人生启示。

阅读课文《孤独之旅》,思考:杜小康的"孤独之旅"经历了哪几个"站点"?从小说的情节发展角度梳理,开端写杜小康因家道破落不得不辍学跟着父亲去放鸭。发展写杜小康与父亲撑船赶鸭去芦苇荡的感受。高潮写杜小康与父亲在芦苇荡中遇到暴风雨的情景。结局写鸭子们长大了,杜小康也"长大"了。从人物心理变化角度梳理,出发时无助、孤独,第一站茫然恐慌、孤独无依,第二站不再恐慌、接受现实,第三站变得坚强、面对现实,最后是到达时的惊喜,乐享现实。

【理清思辨性文本的论证思路】

《义务教育语文课程标准(2022年版)》第四学段的学业质量描述中指出,阅读简单议论性文章,能区分观点与材料,并能解释观点与材料之间的联系,能运用实证材料对他人观点做出价值判断。思辨性阅读与表达任务群的教学提示强调应引导学生分析证据和观点之间的联系,辨别总分、并列、因果等关系,有条理地表达自己的观点。所以说,梳理观点与材料的关系,就是梳理文章的行文思路。九年级上册第二单元的单元说明强调要了解议论性文章的特点,把握作者的观点,区分观点和材料,理清论证的思路,学习论证的方法。

一、问题溯源

归纳《纪念白求恩》各段的内容要点，说说课文段落之间的关系，将这一段划分为两个层次，并说说两个层次之间是如何过渡的。说说《敬业与乐业》提出了什么论点，又是从哪几个方面进行阐释和论证的。在论述过程中，文章常使用某些词语或句子来推进论证或转换话题，如关联词、设问句等。试从第 6、7 段中找出这类词句具体分析。《怀疑与学问》结构完整，论证严密。细读课文，画出文中承上启下的关键语句，梳理文章的论证结构，完成表格填写。这段文字中有四个以"常常"开头的短句，它们的顺序是否可以任意调整？为什么？《创造宣言》的作者围绕观点，选用了哪些材料，材料和观点之间是怎样建立起联系的？

上述问题虽然都指向论证思路，但表述方式并不相同，涉及的概念除了直接点明是思路外，还有间接指向思路的，如"层次""关系""推进""过渡""论述""方面""层面""结构"等。

二、理解概念

论证思路是指作者借助论据并运用多种论证方法，按照特有的结构形式来论证作者所持观点正确性的一种思维过程。论证思路要借助某种结构形式才能体现出来，即先提出问题（引论），再分析问题（本论），最后解决问题（结论）。

结构指的是文章的部分与部分、部分与整体之间的内在联系和外部形式的统一。

议论文的结构是指议论文的外显方式。总分式结构中的总分之间有紧密的内在联系，分述部分要围绕总述的中心进行，总述部分应是分述的总纲或水到渠成的总结。并列式结构属于横式结构，文章被分成若干部分，从若干方面入笔，不分主次、以几个并列的层次论证中心论点的结构方式。递进式结构属于纵式结构，文章各层次之间是层层深入、步步推进的关系。论证论点时，一般是由小到大、由浅入深，把道理说深说透。在论证思路中，把两种事物（或意见）加以对比，或者用另一种事物（或意见）来烘托某一种事

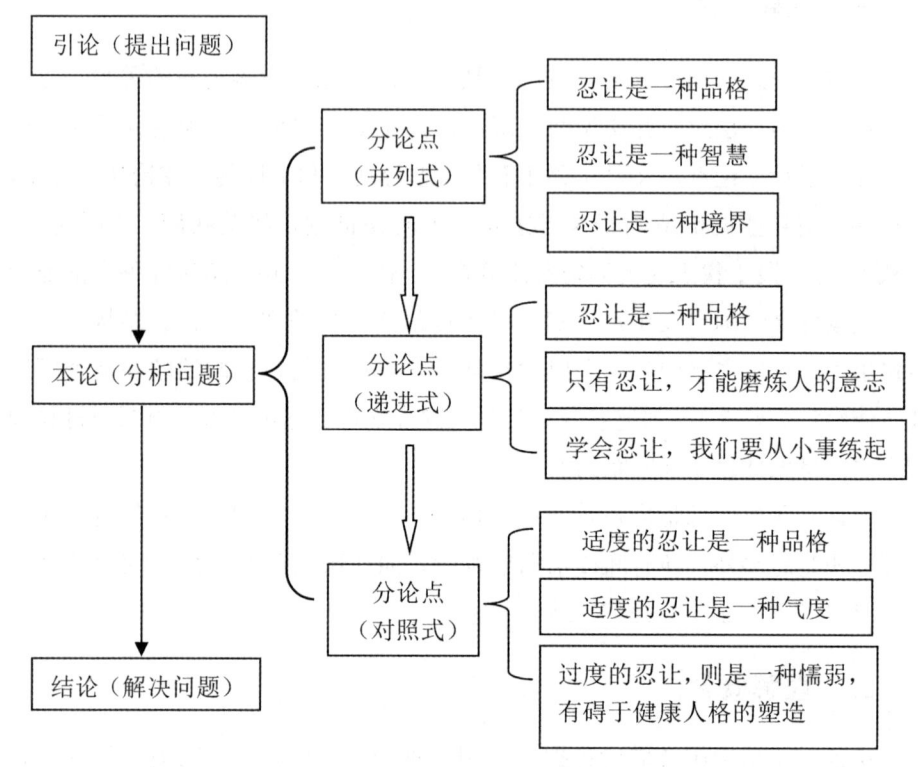

物（或意见），是对照式结构。具体的议论文结构图见图 4-3。

```
引论（提出问题）
      ↓
              ┌─ 分论点 ─┬─ 忍让是一种品格
              │ （并列式）├─ 忍让是一种智慧
              │          └─ 忍让是一种境界
              │      ⇓
本论（分析问题）┼─ 分论点 ─┬─ 忍让是一种品格
              │ （递进式）├─ 只有忍让，才能磨炼人的意志
              │          └─ 学会忍让，我们要从小事练起
              │      ⇓
              └─ 分论点 ─┬─ 适度的忍让是一种品格
                （对照式）├─ 适度的忍让是一种气度
                         └─ 过度的忍让，则是一种懦弱，
                            有碍于健康人格的塑造
      ↓
结论（解决问题）
```

图 4-3　议论文结构图

议论文的层次、层面、方面，指的是文章思想内容的表现次序，反映和表现客观事物的发展阶段和矛盾的各个侧面，也是作者思维流动发展过程的具体体现。

三、原理探寻

议论性文章的思路往往与结构合在一起，谈思路，必然要思考结构这个概念。思路与结构紧密相关，思路决定结构，结构体现思路，思路是文章的内在脉络，结构是思路的外在呈现。议论文和说明文、记叙文一样，有着自己的结构和行文思路，但议论文的结构相较其他两种文体显得更加严谨和严密，甚至有时是固定的。结合具体例子分析理清思辨性文本思路的规律（见表 4-6）。

表 4-6 理清思辨性文本思路的规律探寻

举例	问题	解析	规律
《纪念白求恩》	默读课文,归纳各段的内容要点,说说课文段落之间的关系。	课文总体上是总分总的结构,先概括叙述白求恩的事迹,再分别阐述对他精神品格的理解,最后做总结,号召大家学习。最突出的特质放在前面重点说,接着说技术,体现了先政治后业务的认识原则。	通过划分段落层次,归纳段落要点,理解段落之间的关联,理清全文的写作思路。
	将第4段划分为两个层次,并说说两个层次之间是如何过渡的。	这一段包含两个句群,前四句是第一层,记叙自己同白求恩的交往,后四句是第二层,论述学习白求恩精神的意义。其中交往部分按时间顺序,接下来抒情,从"我"的心情扩大到大家的心情,思路十分清晰。	通过抓关键句,理清课文局部的写作思路。
《敬业与乐业》	作者提出了什么论点,又是从哪几个方面进行阐释和论证的?	作者在开篇提出中心论点,"敬业乐业"四个字是人类生活的不二法门,然后从"有业之必要""要敬业""要乐业"三个方面进行阐述和论证。	在精确把握作者观点的基础上,理清论证思路。
	在论述过程中,文章常使用某些词语或句子来推进论证或转换话题,如关联词、设问句等。试从第6、7段中找出这类词句具体分析。	作者用关联词"总之"对问题进行总结,推进论证的进程。然后用关联词"至于"把话题转换到另外一个方面。第7段开头的设问句,将文章的论述点从第6段对"业"可敬原因的讨论,转换到怎样做才是"敬业"上,对"要敬业"这个分论点的阐述起到了推进作用。	抓住关联词、设问句、过渡句、疑问句等提示文脉转变的关键词、关键句,理清作者的论证思路。

四、归纳技术

理清思辨性文本思路的问题一般表述为文章是从哪几个方面进行阐述?

119

作者是怎样论述的？请简要梳理全文（或某个段落）的论证思路。

第一步审读题干，明确范围是全文分析还是某段分析。第二步通读整篇文章，整体感知文意，边阅读边思考全文的层次。第三步按一定的顺序梳理，可先划分段落，把内容相近的段落合为一部分，归纳概括每部分大意；也可抓段首句、过渡句或者段尾句、设问句、总结句等关键句；还可抓住关联词或表示次序的关键词理清段落思路。如顺序词"首先、其次、然后、最后"。第四步整合语言，用句式串联。本文（段）首先以××方式提出××论点或论题或直接提出论点，然后举出××事实论据或引用××道理，或从正反两方面对比论证，从××层面进行分析论证证明论点。最后再次强调中心论点，联系实际得出××结论，总结全文，阐述论点或论题的现实意义和影响。理清思辨性文本思路的导图（见图4-4）。

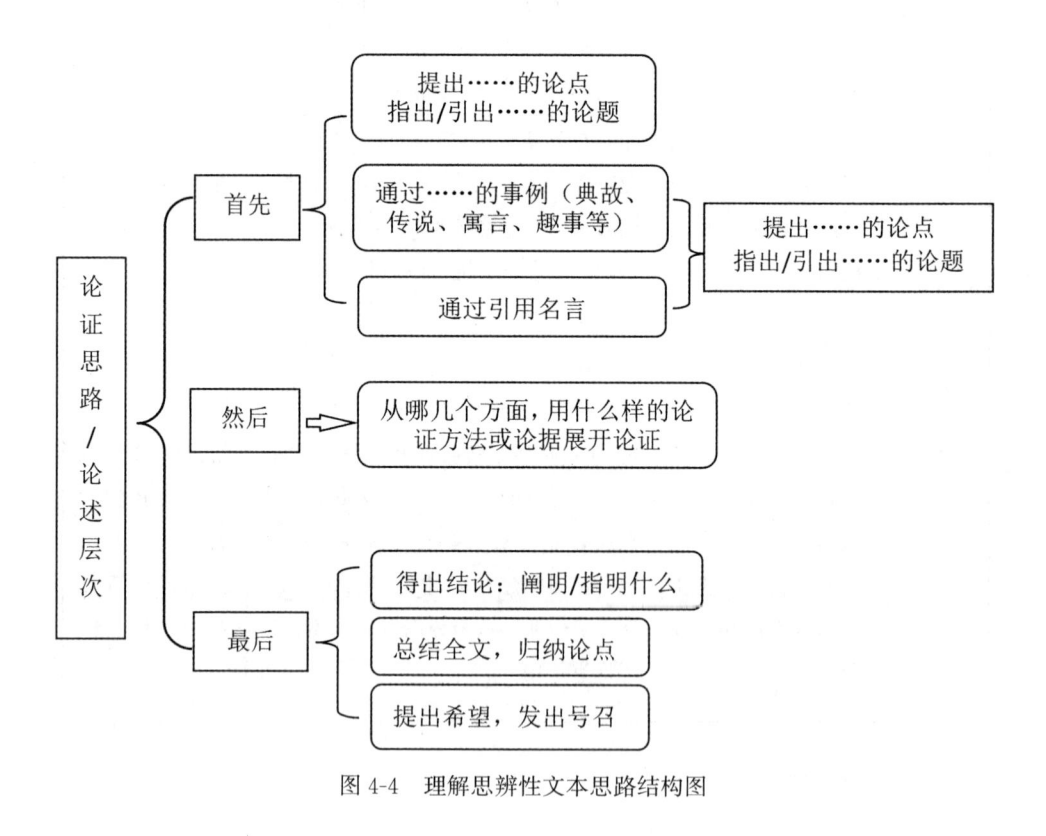

图4-4 理解思辨性文本思路结构图

五、实践运用

《诫子书》一文，作者从学习和做人两个方面进行论述，先从正面进行阐述，认为无论做人还是学习，强调的是一个"静"字，修身须静，学习须静，获得成就也取决于静；接着从反面进行论证，把失败归结为一个"躁"字，进而把"静"与"躁"加以对比，增强了论述效果，达到了论证的目的。

九年级下册第四单元"读书鉴赏"论证思路梳理与应用（见表4-7）。学生梳理议论文阅读中几种常用的论证思路，用"为什么、问题、实例分析"填空，再把方法迁移应用到《关于意匠》。

表 4-7 "读书鉴赏"论证思路梳理与应用

步骤	选文	论证思路		
梳理	《山水画的意境》	从现象到原因再到应用：是什么—（　　　）—怎么样		
	《无言之美》	以（　　　）为导向：提出问题—分析问题—得出结论		
	《驱遣我们的想象》	侧重方法论阐述：知识铺垫——理论阐述——（　　　）		
应用	《关于意匠》	提出问题：意匠的设计要经过许多次的尝试和失败，才能比较完美地实现。	分析问题： (1)＿＿＿＿＿＿ (2)＿＿＿＿＿＿ (3)＿＿＿＿＿＿	得出结论：＿＿＿＿＿＿

第三节　概括文章中心思想

《义务教育语文课程标准（2022年版）》第四学段阅读与鉴赏的要求指出，欣赏文学作品，有自己的情感体验，初步领悟作品的内涵，从中获得对自然、社会、人生的有益启示。学业质量要求也指出，通过圈点、批注等多种方法呈现对作品中形象、情感、主题的理解。七年级上册第五单元的语文要素是在把握段落大意、理清思路的基础上，学会概括文章的中心思想。

学会概括文章中心思想涉及"概括""文章""中心思想"三个关键概念。"概括"和"文章"两个概念在第一节"把握主要内容"做过详细的阐释，这里只对"中心思想"进行解释。语文教材中指出"中心"是文章中传达出来的作者的基本观点、态度、情感和意图，即作者写作文章的主旨所在。每篇文章都要有一个相对集中而明确的中心，有了中心，文章也就有了主心骨，没有中心或者中心不明确，文章就会像一盘散沙，叫人不知所云。思想是指人物的思想，也只有人物才会有思想。这个人物或是文中的人物，或是作者本身。

文章的中心思想能通过文章主要内容表现出来。实用性文本的主要内容是事物或事理这个说明对象，因而中心思想是作者对说明对象的态度倾向；文学性文本的主要内容是人物事件或者事物特征，因而中心思想是作者对人或物的情感态度，或文中人物的情感变化、性格、精神品质等，其中哲理性的文本往往还包含着阐释的道理。小说的中心思想还要分析作品反映的主题及创作的主旨。作品主题是指作品中所探讨的主要话题或问题，可能是普遍的主题，如爱情、战争、自由等，也可能是特定的主题，如亲情、成长等，通过情节和人物行为来展现，有时也通过象征、隐喻或直接陈述等方式呈现。主旨是作者在文章中想要表达的基本意图或目的，回答的是作者为什么要写这篇文章的问题，与文章的结构和内容紧密相关，通常在文章的开头、结尾或关键转折点中得到明确或暗示。思辨性文本的主要内容是对某一问题进行论述，因而中心思想是作者解决问题的观念或者基本观点。

不同文体的主要内容不一样，其中心思想也不一样，可以说中心思想决定内容，内容反映中心思想，因此要在把握内容的基础上概括中心思想。根据发展型任务群，对三种体裁的中心思想进行逻辑化、学理化的梳理，引导学生理解作者的写作意图及文章人物的思想情感。其理论思维模型见图4-5。

```
                    ┌──────────────────┐
                    │ 概括文章中心思想 │
                    └────────┬─────────┘
                             │
                         ┌───┴───┐
                         │ 文章  │
                         └───┬───┘
         ┌───────────────────┼───────────────────┐
         ↑                   ↑                   ↑
   ┌───────────┐       ┌───────────┐       ┌───────────┐
   │实用性文本 │       │文学性文本 │       │思辨性文本 │
   └─────↑─────┘       └─────↑─────┘       └─────↑─────┘
   ┌───────────┐       ┌───────────┐       ┌───────────┐
   │ 中心思想  │       │ 中心思想  │       │ 中心思想  │
   └─────↑─────┘       └─────↑─────┘       └─────↑─────┘
```

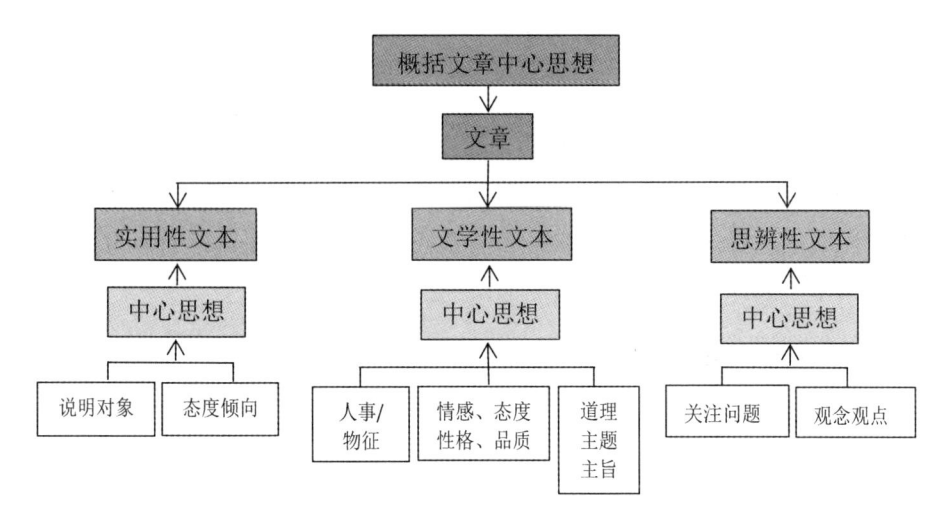

图 4-5　概括文章中心思想的理论思维模型

【概括实用性文本的中心思想】

《义务教育语文课程标准（2022年版）》第四学段"阅读与鉴赏"的要求指出，阅读新闻和说明性文章，能把握文章的基本观点，获取主要信息。阅读科技作品，还应注意作品中所体现的科学精神和科学思想方法。因此，实用类文本的中心思想需要通过说明的主要内容，来反映作者的情感倾向，或通过科技作品来反映科学精神和科学思想方法。

一、理解概念

情感倾向并非仅仅指积极的或消极的情感，它包括了作者对某一主题或对象的好恶、兴趣、倾向性判断等。在说明性文本中，情感倾向可能并不像在叙述性或议论文本中那么直观，但它往往隐藏在作者的选择性描述、用词的褒贬以及信息组织的逻辑中。情感倾向在说明性文本中扮演着重要的角色，能影响读者对文本内容的理解和接受程度。

科学思想方法是指在科学研究中遵循的一种逻辑推理和认识事物的方法。它主要包括实证主义、逻辑推理、归纳与演绎、假设与验证等方法。科学思想方法要求研究者从客观实际出发，运用逻辑思维对现象进行深入分析，提出合理的假设,并通过实验或观察等途径进行验证,从而揭示事物的内在规律。

科学精神是指在探索和认识自然规律的过程中所体现出的求实、求真、创新、协作等精神品质。它包括了对科学知识的渴求、对科学真理的尊重、对科学问题的执着探究以及对科学道德的坚守。科学精神是科研人员进行科学研究的基本素养,也是科研团队协作的重要保障。

二、探寻规律

实用性文本的情感倾向,往往在文本信息中有所暗示。作者可能会有意无意地选择性呈现信息,强调某些方面而忽略其他方面,这样的选择反映了作者的情感倾向。例如在介绍某一物品时,如果作者更多地突出物品的优点,而非其局限性,那么这种描述就可能表达了作者对产品的积极情感倾向。有时通过说明性文本中的词汇选择传达情感。如描述同一事物时使用"卓越的"和"普通的"这样富有情感色彩的词汇,会分别激发不同的情感反应。有些作品作者的态度和观点会通过他们组织信息、使用的比喻、评价事物的方式表现出来。读者往往能够感知这些细微的线索,并据此调整他们对文本的解读。

情感倾向在说明性文本中虽然不如文学作品或议论文那么直观,但它依然存在并发挥作用。作为读者,理解作者的情感倾向有助于更全面地解读文本内容,形成更具有批判性的思考。如《消息二则》对西路军战况的描述,体现了作者的主观态度,歌颂人民解放军的英勇善战;《飞天凌空——跳水姑娘吕伟夺魁记》运用侧面描写,抒发作者满怀自豪之感;《中国石拱桥》结尾"我国桥梁事业的飞跃发展,表明了我国社会主义制度的无比优越";《苏州园林》中"我觉得苏州园林是我国各地园林的标本"指出中国古典园林是一种独具中国特色的建筑形式,也是人类文明的宝贵财富。《人民英雄永垂不朽——瞻仰首都人民英雄纪念碑》开篇"我怀着万分崇敬的心情,瞻仰了这座巍峨、雄伟、庄严的纪念碑";《蝉》阅读提示中指出,要"体会文中所体现的科学精神";《梦回繁华》阅读提示指出,"《清明上河图》这一国宝级画作……堪称难能可贵";《大雁归来》结尾"整个大陆所获得的是从3月的天空洒下来的一首有益无损的带着野性的诗歌";《时间的脚印》阅读提示指出,"这样的'石头记',是大自然留给我们的宝书,可以引导我们寻找'地下的宝库',为人类造福"……这些都表明作者的赞美之情。

三、归纳技术

分析和概括一篇说明文的中心思想,可采用逐步质疑的方法,准确地抓住关键性语句,进行概括:"全文围绕什么事物或事理进行说明?""从哪些方面对该事物或事理进行说明?""说明了这些事物或事理的什么特征?""作者对这些事物或事理的特征有何情感倾向?"在读文章的过程中依次思考上面的四个问题,逐一找到最佳答案,再把这些答案按照合理的顺序组织起来,这篇说明文的中心思想就明确了。

【概括文学性文本(散文)的中心思想】

俗话说:"言为心声。"无论是叙事、写人、写景还是状物的散文,都饱含了作者的情感。七年级上册第二单元的单元说明中指出,在整体感知全文内容的基础上,体会作者的思想感情。所以,不论是分析景物、把握人物形象还是赏析句子,都要把握作者的情感,这样才能更准确地概括文章的中心思想。

一、问题溯源

朗读《秋天的怀念》,体会作者的情感,说说文章为什么取题为《秋天的怀念》。《老山界》中红军翻越老山界克服了哪些困难?这体现了红军什么样的精神?《邓稼先》最后一段写道:"如果稼先再次选择他的人生的话,他仍会走他已走过的道路。这是他的性格与品质。"结合课文,说说你对这段话的理解。阅读《谁是最可爱的人》,看看文中叙述了志愿军战士的哪些英雄事迹,分别表现了他们怎样的精神品质。从《阿长与〈山海经〉》记叙的事情中,可以看出阿长是个什么样的人?结合课文,想一想作者为什么要写这样一个人。《紫藤萝瀑布》不仅描写了眼前的紫藤萝,还回忆了过去的紫藤萝,作者的情感有了怎样的变化？杨利伟在文中说"对航天员最基本的要求是严谨"，从《太空一日》找一些例子体会航天员严谨、科学的态度。从《回忆我的母亲》中可以看出母亲具有怎样的品格？《背影》中"我"对父亲的情感态度有怎样的变化？找出《白杨礼赞》的语句，体会作者是从哪些方面表达自己的赞美之情的。

上述问题都指向文章的中心思想，涉及的关键概念有人物形象、作者的情感、情感变化、性格与品质、精神品质等。

二、理解概念

人物形象是指一个人在他人心目中的整体印象，包括个人的外在特征、行为表现和内在心理状态。人物形象的塑造是一个复杂的心理过程，是他人根据与该人交往的经验和观察到的信息形成的。人物形象是一个综合性的概念，通过外在特征、行为表现和内在心理状态三个方面来体现。

外在特征是人物形象的外在表现，主要指一个人的容貌、体型、穿着打扮、言行举止等。这些特征是他人首先注意到并用以判断和评价一个人的依据。穿着得体、言行举止优雅的人，可能会给人留下良好的第一印象，认为此人有修养、有素质。

行为表现反映了一个人的行为习惯、道德品质和能力素质，是人物形象的重要组成部分，包括一个人的工作态度、社交礼仪、对待他人的方式等。在工作中认真负责、兢兢业业和在交际场合中礼貌待人、关心他人的人，会给人留下积极向上、有责任心的形象。

内在心理状态是指一个人的思想观念、情感态度、性格品质等，虽然不易被他人直接观察到，但在很大程度上影响着一个人的外在表现和行为。一个人内心充满自信和积极向上的力量，会在言谈举止中表现出坚定、果敢的气质；而一个内心缺乏安全感的人，可能会表现出敏感、多疑的行为特征。

情感是指个体在特定情境下所经历的主观感受和情绪体验，是对个人认知评价的一种内在反应。情感可以是积极的，如喜悦、兴奋、愉快等，也可以是消极的，如悲伤、愤怒、焦虑等。情感对个人的内在心理状态有着直接的影响，它影响个体的认知、行为和决策。

态度是个体对特定对象，如人、事物、观念的评价和倾向，包括认知成分、情感成分和行为倾向三个方面。态度对个人内在心理状态的影响体现在它影响个体的信息处理、决策过程和行为表现。

性格是指个体在长期生活中形成的相对稳定的心理特征和行为模式，表现在它影响个体的情绪稳定性、应对压力的能力、人际关系和动机。

精神品质是指个体在行为和思想中表现出来的道德水平和价值取向，如诚实、勇敢、善良、宽容等。精神品质对个人的内在心理状态有着积极的影响，可以提升个体的精神境界，增强他们的心理韧性。

三、原理探寻

情感、态度、性格特点、精神品质是反映个人内在心理状态的几个重要方面。它们相互关联，共同影响个体的心理和行为。在不同情境下，它们会表现出不同的特点和变化，对个人内在心理状态产生重要影响。人物心理状态的复杂性决定中心的多样性，探究散文的中心思想，要根据文章内容，不仅要分析作者本身的心理状态，还要着眼于作品中人物的情感、态度、性格特点、精神品质等，逐层深入，充分发挥语文课程特有的育人功能，关注作品对学生情感态度价值观方面的熏陶。结合具体例子分析概括散文中心思想的规律（见表4-8）。

表4-8 概括散文中心思想的规律探寻

举例	问题	解析	规律
《猫》	文章表达了作者什么样的情感？	文章记叙"我"家三次养猫的经历，表达"我"为因自己的过错而导致第三只猫含冤而死的悔恨之情。	概括文章内容，理解作者情感。

续表

举例	问题	解析	规律
《紫藤萝瀑布》	作者描摹了怎么样的紫藤萝花？抒发了作者怎样的情感？	写出了紫藤萝花的盛大、壮观、美丽，让作者不由得被吸引、被感染、被触动，最终领悟生命的真谛。	抓住景物特征，探究情感。
	作者不仅描写了眼前的紫藤萝，还回忆了过去的紫藤萝……作者的情感有了怎样的变化？	表达作者对紫藤萝的喜爱，被紫藤萝花的辉煌茂盛所吸引，领悟生命的永恒价值。	
	结合自己的经历或见闻，谈谈你对"花和人都会遇到各种各样的不幸，但是生命的长河是无止境的"这句话的理解。	花和人都会遇到各种各样的不幸，但是不幸终究是有限的、暂时的，而生命的长河是无止境的，我们不能被昨天的不幸压垮，应该像紫藤萝那样，以饱满的生命力和乐观积极的态度，投身到生命的长河中，实现人生的价值。	理解文章关键语句，并能结合自己的体验，有独到见解。
《老王》	老王是一个怎样的人，表达作者怎样的情感？	文中描写的老王知恩图报、善良仁义，字里行间表露了对老王的同情。	分析文章艺术形象，探究情感。
	课文结尾说："那是一个幸运的人对不幸者的愧怍。"作者为什么"愧怍"？这种"愧怍"的感人之处在哪里？	这是作者本身的心理状态，是"我"如何看待老王及"我"的内心活动，可以看出"我"尊重老王，还感觉愧疚的情感。	分析结尾句的深意，把握文章的思想感情。
《伟大的悲剧》	作者说斯科特的南极探险是"伟大的悲剧"。请根据你的理解谈一谈"悲"在何处。"伟大"又指什么？	"悲"在斯科特一行虽经努力却没有成为第一批到达南极的人，在返回途中他们全部被冰雪吞噬。"伟大"在斯科特等人在与大自然的搏斗中虽然失败并牺牲，但显示了人类团结协作、坚韧不拔、勇于探索的崇高品质。	用标题引导学生理解课文的主旨。

续表

举例	问题	解析	规律
《回忆我的母亲》	分析课文开头段（第1段）、结尾段（第16段）、抒情议论段（第14、15段）表达了作者怎样的感情。	开头第1段把握关键词"悲痛""爱""勤劳一生"。第16段把对母亲个人的感情上升到对党和国家的忠诚。第14、15段直抒胸臆，表达母亲对"我"的教育和影响。	结合重点语段，探究情感提示：首尾段或抒情议论段或有深刻含义的语段。

四、归纳技术

分析文章人物（或作者）的情感，常见的问题表述方式有：文章表达了作者什么样的情感？文章作者的情感有怎样的变化？文中的××是一个怎样的人？文中的××具有怎样的精神品质？解决问题的关键要素是内容和情感，具体解决的步骤如下：

第一步通读全文，把握文中记叙的事件和主要人物；第二步审清题意，分析思考文章体现了作者（人物）的什么思想感情，明确文章的感情基调；第三步组织语言，概括文章内容，解读情感；根据艺术形象，把握情感；抓住景物特征，体会情感；结合关键语句，确定情感；解析标题含义，理解主旨。

五、实践运用

《白杨礼赞》表达了作者什么思想感情？第一种方法是结合文章内容概括，文章紧扣白杨树是"不平凡的"，分别从生长环境、外部形态、内在气质来写，由树及人，揭示白杨树的象征意义，最后将白杨树与"贵族化的楠木"对比，以"高声赞美白杨树"收束全文，一一赞美。第二种方法是依据文章艺术形象来概括，白杨树是"西北极普通的一种树，然而实在是不平凡的一种树"，先写白杨树的生长环境，发出对白杨树"傲然耸立"的惊叹；再写白杨树的形貌，突出其高大、挺直和丫枝聚拢的特点；接着写白杨树的精神品格，高度赞美它是树中的"伟丈夫"。第三种方法是品味文中景物描写来概括，描绘高原景色，突出白杨树的生存环境。"黄绿错综的一条大毯子，无边无垠，坦荡如砥""雄壮""伟大"，这些描写为白杨树的出场做了铺垫。第四种方法是赏析关键语段来概括，首段起笔直抒对白杨树的赞美之情。第 4 段赞美白杨树的不平凡，照应开头。第 6 段再次过渡，为揭示象征意义蓄势。第 6、7 段，揭露象征意义。结尾段直接抒发赞美白杨树的感情，赞美抗战军民的坚强意志和精神。

阅读 2021 年中考福建卷《春走老山界》文段，首段中作者笔下"山野里的春色"有什么特点？表达什么情感？请结合全文简要分析。结合文章景物描写来概括，原文第 1 段"只有到了四月，山野里的春色才最浓烈、最灿烂，春的表演才最癫狂"可提炼出关键词"最浓烈、最灿烂"，所以作者笔下"山野里的春色"特点是最浓烈、最灿烂。山野里的春色在作者眼里的浓烈灿烂，与作者对其的喜爱和赞美有关，"我们一路奔山而上，去追寻老山界"则体现出作者期待和向往在如此绚烂的春天探访老山界。

【概括文学性文本（小说）的中心思想】

小说的中心思想，通常指的是小说所要表达的核心观点、主题或寓意，小说创作的灵魂，贯穿整个作品，对小说的情节、人物、背景等元素起到支配和统一的作用。小说的中心思想具有丰富的内涵，包括哲学思想、道德观念、社会批判、人性探索等多个层面。

一、问题溯源

你是怎样看待《台阶》中"父亲"这一人物形象的？应该如何理解这篇小说的主题？《驿路梨花》这篇小说所写的朴实民风是否让你感动？读完后，你对"公德"这个概念有什么想法？联系现实，和同学讨论这个话题。《社戏》一文作者通过写看戏经历，表达了一种怎样的情思？《故乡》中曾经亲密无间的一对小伙伴，现在却变得那样"隔膜"，让"我"感到"我们之间已经隔了一层可悲的厚障壁了"。这"可悲的厚障壁"是什么？你认为是什么原因造成的？范进中举前后，胡屠户对他的态度有什么变化？这反映了当时怎样的社会现实？《孔乙己》中多次写到人们的"笑"，找出具体语句，看看人们每次都是为什么而笑。作者用"笑"来贯穿孔乙己的故事，有什么用意？变色龙变色，是出于生存的本能，《变色龙》中奥楚蔑洛夫"变色"的原因又是什么？这一人物形象反映了怎样的社会现实？对我们认识社会有什么意义？

上述问题指向小说的中心思想，涉及的概念有人物形象、小说的主题、公德、社会现实等。

二、理解概念

社会现实是指小说作品通过情节、人物和事件等方式，对现实社会中的各种现象、问题和矛盾进行描绘和反映。小说作为一种文学体裁，具有很强的现实关怀，通过艺术手法展现社会现实，让读者思考和反思。

小说主题是指作品所要表达的中心思想或核心观点，是作者写作目的之所在，也是作品的价值意义之所在。通常通过小说的人物、情节和背景等元素体现出来，是作者想要传达给读者的主要信息。

三、原理探究

小说的中心思想对于理解小说的人物、环境、情节等具有重要作用。中心思想决定了人物的塑造方向和性格特点，而情节的发展围绕中心思想展开，每一个情节转折点都是为了更好地展现中心思想。环境描写往往是为了烘托中心思想，强化主题。概括小说的中心思想，可以应用情境法和摘句法，结合人物形象和写作手法，领会作者的写作意图，从而概括出中心思想。

结合具体例子分析概括小说中心思想的规律（见表4-9）。

表4-9 概括小说中心思想的规律探寻

举例	问题	解析	规律
《驿路梨花》	这篇小说所写的朴实民风是否让你感动？读完后，你对"公德"这个概念有什么想法？联系现实，和同学讨论这个话题。	"公德"这个概念主要指的是公民在社会生活中应当遵循的基本道德规范。作者通过讲述梨花姑娘与旅客之间的故事，展现了当地居民热情好客、乐于助人、诚实守信的公德精神。	引导学生结合内容和生活现实，理解并强化公德意识。

续表

举例	问题	解析	规律
《故乡》	联系上下文，揣摩句子含义"我想：希望本无所谓有，本无所谓无。这正如地上的路；其实地上本没有路，走的人多了，也便成了路"。	"走"是行动，"我"通过回乡的经历，认识到要追求新生活，仅仅具有美好的愿望和崇高的理想是不够的，需要无所畏惧的行动；"走的人多了"表明作者认识到要改造旧社会、创造新生活，仅靠个别少数人是不够的，需要许许多多人共同努力。	关键语句，特别是标题、结尾、独句成段的句子和特殊位置的抒情、议论句，往往是小说的点睛之笔。
《孔乙己》	小说《孔乙己》意蕴丰富，你认为它表现了怎样的主题？结合文本谈谈你的看法。	小说描述了一个深受封建思想毒害的下层知识分子在嘲谑、侮辱中走向死亡的悲惨命运，批判了封建科举和封建等级观念对读书人的毒害。	从主要人物的性格和命运、故事情节、人物之间的关系、作者的思想倾向来概括。
《范进中举》	范进中举，喜极而疯，是喜剧还是悲剧？结合课文谈谈你的看法。	范进喜极而疯是一场喜剧，文中写范进发疯和胡屠户打嘴巴都运用了夸张手法，揭露了当时士人热衷功名的丑恶灵魂和市侩趋炎附势的嘴脸，范进最后清醒过来，结局圆满。 范进喜极而疯是一场悲剧，从人物命运的角度说，他把一生浪费在科举考场中，是人生悲剧；把知识分子束缚在科举制度框架内，扼杀他独立的人格和自由的灵魂，是国家民族的悲剧。	以对比、夸张等手法探究小说的主题，从人物（范进）性格命运探究。
	范进中举前后，胡屠户对他的态度有什么变化？这反映了当时怎样的社会现实？	胡屠户态度的变化可用"前倨后恭"四字概括，反映了封建社会中的科举制度对人们命运的深刻影响。	

续表

举例	问题	解析	规律
《变色龙》	奥楚蔑洛夫"变色"的原因是什么？这一人物形象反映了怎样的社会现实？对我们认识社会有什么意义？	奥楚蔑洛夫之所以变色，是因为它不敢得罪权贵，哪怕仅仅是权贵家的一条狗。这样的人物是当时社会的必然产物，当时沙皇统治下的俄国，经济凋敝，思想保守，施行残酷的专制统治，像奥楚蔑洛夫这样的小官僚，为了生存，只能用丧失人格来换取生存空间。作者批判的锋芒更多指向了当时腐朽专制的社会，指向孕育这种奴隶人格的社会。	深入挖掘人物形象的思想意义及其产生根源。

四、归纳技术

探究小说主题，注意分析方法要全面、深刻，避免以偏概全，要辩证统一；要叙议结合，有理有据；要充分具体、有深度，不含糊。要将作品思想内容、作品形象分析、作品结构、语言、表现手法和作者的观点态度整合起来，否则容易造成失误。

从情节，特别是故事的高潮和结局探究小说的主题，如《孔乙己》《范进中举》；从人物形象探究小说主题，不仅要关注主要人物的性格特征．道德风貌、命运结局，还要分析小说中人与人之间的关系，如《孔乙己》《范进中举》《我的叔叔于勒》；从环境描写探究小说主题，有直接交代社会环境，如《孔乙己》《变色龙》，还有用自然环境的衬托来暗示主题，如《故乡》；抓住关键语句探究，标题、结尾、独句成段的语句、议论抒情句往往都是点睛之笔；从写作手法上探究，对比、夸张、讽刺等，如《范进中举》《变色龙》；从作者思想倾向上探究，如《故乡》《孔乙己》。

小说叙述了人和事，中心思想的概括可用以下关键词串联：歌颂、赞扬、弘扬……；讽刺、批判、揭露、谴责……；揭示……人生道理；对……现象的反思；表达了……情感。

五、实践运用

《溜索》写了驮队飞渡峡谷的故事，请探究其中的深刻意蕴和作者的情感取向。飞渡峡谷的经过表明人在自然面前接受挑战，战胜艰险；大峡谷的险峻，表现马帮汉子的野性和彪悍，表达对马帮汉子勇敢无畏精神的赞美；驮队的人际关系体现在团结协作、相互信任、关心爱护；动物形象隐喻人应该像雄鹰飞翔、像骏马奔驰，而不是像牛那样软弱畏缩。描写骏马、雄鹰、高山峡谷，是对雄奇险峻崇高的赞美；描写领队、精瘦汉子，是对乐观向上的人生态度的赞美；写牛的恐惧、发抖是对平庸、畏难的厌弃。

【概括思辨性文本的中心思想】

思辨性文本一般就某一问题或观点展开讨论和论证，其中心思想，通常与道德观念、价值观、社会问题等有关。表现为作者对这一问题的立场、观点和看法。通过阅读思辨性文本，学生可以学习如何分析问题、如何表达观点和立场以及如何进行逻辑推理和论证。

一、问题溯源

结合课文内容，说说你对"得道者多助，失道者寡助""生于忧患而死于安乐"的理解。孟子为什么认为公孙衍、张仪不配称为大丈夫？在孟子心目中，什么样的人才是真正的大丈夫？说说《虽有嘉肴》的中心论点是什么。《马说》的作者借千里马表达了什么观点，寄寓了怎样的感情？《就英法联军远征中国致巴特勒上尉的信》主要表达了作者什么观点？《中国人失掉自信力了吗》一文中，作者批驳的观点是什么？作者主张的观点是什么？《怀疑与学问》一文中所说的怀疑精神有什么样的内涵？它对做学问有什么重要意义？上述问题指向思辨性文本的中心思想，涉及的关键概念有观点、论点、中心论点。

二、理解概念

观点是一个人、群体或组织对某一主题或问题的个人看法和情感倾向，基于个人的经验、信仰、价值观和社会文化背景而形成，因此具有较强的主观性。观点往往反映了个人的内在态度和立场，可能受到个人情感、偏见和非理性因素的影响。

论点是在逻辑和理性的基础上对某一问题或主题提出的理由和证据的集合，旨在通过事实、数据、统计、理论或权威观点来支持或反驳某一立场。论点强调的是客观性和逻辑性，包括明确的论据、合理的推理和恰当的例证。

中心论点又称主论点，是整个论证过程中最核心、最重要、最具说服力的论点，是作者或演讲者在讨论某一主题时，想要传达的主要信息或立场，其他论点都围绕着它展开，用来支持或证明中心论点的正确性。

三、探寻规律

在思辨性文本中，作者的立场、观点和写作目的决定了文章的主要内容。文章的主要内容是中心思想的具体表现，合理安排和组织主要内容，能使文章的核心主题、作者的立场和价值观等更加鲜明、有力地呈现出来。其中观点的提炼是探究议论文中心思想的重要途径，观点提炼题的题干往往有"是什么""为什么认为""从哪些方面""怎样理解"等提示解题方向的词语。结合教材例子分析概括思辨性文本中心思想的规律（见表 4-10）。

表 4-10　概括思辨性文本中心思想的规律探寻

举例	问题	解析	规律
《敬业与乐业》	认真阅读课文，说说作者提出了什么论点。	作者在开篇提出中心论点："敬业乐业"四个字，是人类生活的不二法门。	摘取原文的中心句、结论句、论点或分论点。
《短文两篇》	下面两段文字的核心观点是什么？	核心观点是：凡有所学，皆成性格。人之才智但有滞碍，无不可读适当之书使之顺畅。	

续表

举例	问题	解析	规律
《大道之行也》	通读全文，归纳一下儒家的大同社会理想包括哪些方面。	儒家大同社会理想的核心是"天下为公"，包括选贤任能、诚信和睦、普遍仁爱；全体社会成员各有所养、各有所用、各尽其职，行为皆出于公心；杜绝奸诈之心、害人之事，人们道德水平普遍提高，货尽其用，人尽其力，路不拾遗，夜不闭户。	组合文中的关键词或者关键句进行概括。
《中国人失掉自信力了吗》	作者批驳的观点是什么？作者主张的观点是什么？	批驳的观点是中国人失掉自信力了。主张的观点是中国人没有失掉自信力。	对原文的内容进行加工，用自己的语言进行概括。

四、归纳技术

议论文的中心论点是全文的核心。每篇议论文都有一个中心论点，但作者提出中心论点的方式及位置各不相同。一是研究标题，探求中心论点，标题与中心论点有密切的关系，如标题是"是"字句，表一种判断，标题就是中心论点最简练的概括。二是阅读开篇，有些文章开门见山，开头就提出中心论点。三是分析篇末，有时中心论点与结论合并在一起放在篇末，在分析全文的基础上，研究文章的结尾，注意作者是如何归纳中心论点、得出结论的。四是理清脉络，从分析文章的结构入手，探寻它的内在联系，抓住中心论点。五是理解内容，自主提炼，有些文章中心论点渗透在全篇论述中，需要通过理解内容来提炼中心论点，如毛泽东的《纪念白求恩》，中心论点没有在文中直接明确说出，只有在理解内容的基础上，才能从中提炼中心论点。

概括思辨性文本中心思想的句式有：文章主要阐述了××（论据和论证过程），旨在强调××（中心思想）；本文通过××（论证方法）来论证××（中心论点），表达了××（中心思想）。文章从××（论证角度）出发，探讨了××（观点），最终得出××（中心思想）；本文的结论是××（中心思想），意味着××（思辨性文本论证目的或倡议）。用这些方式概括议论文的中心思想，可以更准确地捕捉文章的核心观点和作者意图。在分析不同议题的议论文时，可以根据具体情况进行调整和运用。

概括思辨性文本中心思想的步骤：第一步审清题干，从题干中找出关键字眼，确定搜索范围和解题方向。第二步提取作答要点，提炼观点。可以摘取原文的中心句、结论句、论点或分论点句，也可以组合文中的关键词或者关键句进行概括，或者对原文的内容进行加工，用自己的语言进行概括。第三步按照序号整理要点，力求规范。

五、实践运用

2017年福建省中考的思辨性文本阅读摘编自陈都《正确看待〈芥子园画谱〉》，文章认为怎样才能形成自己独具一格的绘画风格？请结合全文简要概括。文章的观点渗透在全文的论述中，要通过理解相关段落的内容来概括。第2段强调由画谱入门，进而临摹古人的法度。第3段指出要师承"笔墨之法"，领会其精髓，能够创造变化。

2020年福建省中考的思辨性文本阅读摘编自欧阳友权《传统是网络文学的"精神血脉"》，网络文学要健康发展，对网络作家提出哪三个要求？请简要概括。文章脉络清晰，在每一段的段首句就表明作者的观点，首先必须有文化，懂文化，拥有文化传承与创新意识；其次需要拥有较强的义化辨识能力；最后要贴近时代，实现文学创新。

2021年福建省中考的思辨性文本阅读摘编自林存真《中华美学赋彩体育名片——谈大型体育赛事形象景观设计》，文章主要表达了作者的什么观点？文章开门见山地提出"中国体育设计要对中华优秀传统文化进行创造性转化、创新性发展"的观点。

第四节　鉴赏文章语言风格

《义务教育语文课程标准（2022年版）》总目标中指出，感受语言文字的美，感悟作品的思想内涵和艺术价值，能结合自己的经验，理解、欣赏和初步评价语言文字作品，丰富自己的情感体验和精神世界。不同的文体，语言风格不同，不同的作家作品，语言风格各异。实用性文本的语言风格表现在严谨性、准确性、生动性等方面。文学性文本的语言风格多样，主要有生动性、平实性、抒情性等，带有作者本人明显特征的语言风格。思辨性文本的语言风格倾向鲜明性、准确性、严密性等。针对三类文本建构鉴赏文章语言风格的理论思维模型（见图4-6）。

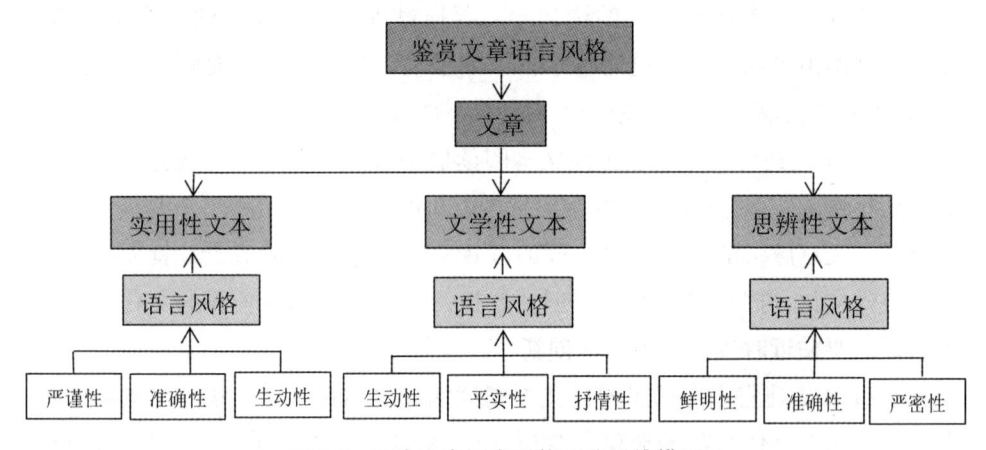

图 4-6　鉴赏文章语言风格理论思维模型

实用性文本的语言强调功能性和直接性，文学性文本追求艺术性和情感共鸣，而思辨性文本则注重逻辑性和专业性。了解语言特性有助于读者根据不同的阅读目的和喜好选择合适的文本，并更好地理解和欣赏每种文本类型的独特风格。

【鉴赏实用性文本语言风格】

实用类文本以解释、阐述事物特征、原理、现象为主要任务，要将说明对象的特征或要阐释的事理说得清楚明白，使人获得知识，除了讲究说明方法外，还要依赖于说明语言。

一、问题溯源

《中国石拱桥》一文，结合句子中加点的词语，体会说明文语言的准确性、严谨性。《苏州园林》中"标本"在这里是什么意思？"图案画"和"美术画"有什么区别？"艺术"和"技术"有什么区别？"隔而未隔，界而未界"是什么意思？《梦回繁华》中，运用大量的四字短语，不仅概括力强，而且使文章的语言典雅而富有韵味。《大自然的语言》中，体会语言的生动准确。上述问题指向实用性文本的语言风格，涉及的关键概念有准确性、严谨性、生动性。

二、理解概念

准确性指说明文在表达事物、原理和规律时，能够精确、清晰地传达出事物的本质特征和内在联系。准确性是说明文语言的基本要求，在对事物、现象、原理等进行描述时，要选用准确的词语和概念，不得模糊不清或产生歧义；运用数据、图表等说明问题时，数据必须真实、可靠，来源明确，不能虚构或篡改。

严谨性指说明文在论述过程符合逻辑规律，不出现跳跃性思维或自相矛盾的观点，有清晰的层次感，使读者能够条理清楚地理解文章内容。在阐述观点时，要运用充分的论据和实例进行论证，增强说服力。

生动性指说明文在表达过程中，能够通过形象、具体、富有感染力的语言描绘事物，让读者能够直观地感受事物的形态、色彩、声音等，仿佛身临其境，在理解事物的同时，能够产生情感上的共鸣。也可以适当运用比喻、拟人等修辞手法，增强语言的表现力和感染力。

三、规律探寻

说明文语言的准确性、严谨性和生动性是相互依存、相互促进的。准确性是核心，是保证文章价值的基础，严谨性是确保准确性得以实现的关键，而生动性则是在保证前两者的同时，增强文章的可读性和提高吸引力。这三者共同构成了说明文语言的特点，使说明文既能传达知识，又能启发思考，达到教育和启迪的目的。结合教材例子分析鉴赏实用性文本语言风格的规律（见表4-11）。

表 4-11　鉴赏实用性文本语言风格的规律探寻

举例	问题	解析	规律
《中国石拱桥》	试从第 3 段中找出一个语句，体会说明文语言的准确性。	如"《水经注》里提到的'旅人桥'，大约建成于公元 282 年，可能是有记载的最早的石拱桥了"这句话中"大约""可能"都表示不确定，只是猜测的情况，"有记载的"指出后面判断的根据，体现说明文语言的准确性。	找出有使用修饰、限制性词语的句子，解释词语，并说明词语的作用。
《苏州园林》	我国的建筑从古代的宫殿到近代的一般住房，绝大多数是对称的，左边怎么样，右边也怎么样，句中加点词有何作用？	"绝大多数"是大多数的意思，表范围限制，说明我国大多数的建筑是对称的，但也有特殊，说话留有余地，体现了说明文语言的准确性。	解释词语，说明词语的作用。
《被压扁的沙子》	1961 年，一位名叫 S. M. 斯季绍夫的苏联科学家发现，如果二氧化硅（即非常纯的沙子）处于超高压的状态，那么它的原子相距很近，从而变得极为致密。括号里的文字能否删去？为什么？	不能。因为括号里的文字强调只有非常纯的沙子才能称得上是"二氧化硅"。如果删掉，就变成含有杂质的普通沙子也可以称为"二氧化硅"，不符合实际。括号里的文字起到补充说明的作用，体现说明文语言的准确性。	首先表态，不能删，结合语境解释词语，说明词的作用。做假设若删去，句子意思会发生的变化。

续表

举例	问题	解析	规律
《恐龙无处不有》	这一问题的答案是：是大陆在漂移而不是恐龙自己在迁移，句子中加点的词语能否互换？为什么？	不能。因为"漂移"是指在液体表面漂浮移动，"迁移"是指离开原来的所在地而另换地点。如果互换，就不能正确表达文义，体现不出说明文语言的准确性和严谨性。	首先表态不能互换，结合语境解释词语，说明词的作用，强调替换后的意思会发生的改变。
《大自然的语言》	试从第2段中找出一个语句，体会说明文语言的生动性。	如："杏花开了，就好像大自然在传语要赶快耕地；……阿公阿婆，割麦插禾。"连用杏花、桃花、布谷鸟三个例子，用拟人的修辞手法，引用农谚，生动地表现出物候对气候变化的反应，形象地说明其对人们生产生活的重要意义。	先找到体现生动性的词句，判断运用的修辞手法，分析手法的作用。
	冰雪融化，草木萌发，各种花次第开放。句中加点词有何作用？	连续使用三个富有形象性的短语，具体描述大地"苏醒"的状态，向读者展示美丽的春色，体现说明文语言的生动性。	结合语境分析词语的含义和作用。

四、归纳技术

鉴赏实用性文本语言风格，第一步是审读题干，明确问题。第二步是关注体现说明文语言准确性的语言标志，如表程度的词"相当、最、比较、几乎、尤其"等，表范围的词"全部、一切、大多数、部分"等，表数量的词"很多、很少、有余"等，表时间的词"当时、刚刚、迄今"等，表强调的词"特别、一定、只、仅、至少"等，表估计的词"大约、可能、左右、也许、或许"等，表频率的词"经常、常常、往往"等。第三步，选择表示语言准确性的解题思路。第一种修饰、限制，第二种释义＋准确性，第三种是表态＋原意＋删除意＋准确性，第四种是表态＋原意＋替换意＋准确性。

关注表现语言生动性的思路是先找出体现生动形象的标志，关注修辞方法和富有表现力的动词、形容词、短语，从修辞手法及作用或者释义及作用等角度进行表述。

关注表现语言严谨性的思路是先找出体现严谨性的标志，如修饰和限制性的词语"几乎""在当时""之一"等，然后从限定时间、空间、数量、范围等角度进行表述。

五、实践运用

阅读《梦回繁华》中的第 3 段："张择端画的《清明上河图》，绢本，设色，纵 24.8 厘米，横 528.7 厘米。""整个长卷犹如一部乐章，由慢板、柔板，逐渐进入快板、紧板，转而进入尾声，留下无尽的回味。"本段使用确数，具体准确地说明了画卷的纵横，让我们对画作的尺幅有了清晰的印象，体现说明文语言的准确性。运用比喻的修辞手法，把画卷比作乐章，形象地表明画卷疏散相间、错落有致的特点，体现说明文语言的生动性。

从《大雁归来》第 4 段，找出一个体现说明文语言生动性的语句。如"它们顺着弯曲的河流拐来拐去，穿过现在已经没有猎枪的狩猎点和小洲，向每个沙滩低语着，如同向久别的朋友低语一样"，这句话采用拟人的修辞手法，"拐来拐去""低语"等富有情趣的词语，赋予大雁以人的情感，表现出它们机敏、活泼、警觉的特点。

《时间的脚印》第 6 段："就在我们读这篇文章的时候，地球上某些地方的岩石在被破坏，同时它们又被陆续搬运到低洼的地方堆积起来，开始了重新生成岩石的过程。"句中的"某些"不能删去，"某些"表范围，一部分的意思，说明并非地球上全部岩石被破坏，只是个别地方被破坏，删去的话就变成地球上所有的岩石在被破坏，不符合实际，"某些"一词体现说明文语言的准确性。

《蝉》第 12 段："它选择最小的枝，像枯草或铅笔那样粗细，而且往往是向上翘起，差不多已经枯死的小枝。"句中的"往往"一词不能替换，"往往"一词表示大多数情况如此，但不排除个别情况，说明蝉大多时候找向上翘起的树枝。如果换成"总是"，就变成只有找到向上翘起的树枝，蝉才会产卵，与实际情况不符，"往往"一词体现说明文语言的准确性。

《中国石拱桥》第3段：《水经注》里提到的"旅人桥"，大约建成于公元282年，可能是有记载的最早的石拱桥了。句子中的"大约""可能"都表示不确定，"有记载的"指出后面判断的根据，体现说明文语言的严谨性。第5段"全桥只有一个大拱，长达37.4米，在当时可算是世界上最长的石拱。""在当时"是从时间上限定，"可算是"是从程度上限定，这样才更符合实际情况，体现了说明文语言的严谨性。

【鉴赏文学性文本的语言风格】

分析文章的语言特色，如果没有相关的积累和对语言风格的认识，往往不知道从哪里下手。作为教材中占较大比例的文学类文本，因体裁多样，语言风格也呈现出多种样态。

一、问题溯源

《春》的语言清新活泼，请找出一些段落细细品味。《动物笑谈》的语言诙谐风趣，有时还带着调侃的味道，阅读时注意体会这种幽默的效果。《邓稼先》的分段较多，有时一两句就是一段，简洁精练，铿锵有力。试找一些例子，反复诵读，体会这些语段的表现力。《藤野先生》语言简洁、幽默，富于感情色彩，耐人寻味，阅读时宜放慢速度，细细体会，多读几遍，就能有所感受。《背影》的语言素朴而又典雅，简净而又细致，试结合例句加以赏析。《蒲柳人家》的语言富有特色，大量使用口语俗语，借鉴传统小说和评书的语言，阅读时要细加品味。《溜索》的语言简洁凝练，选词练字颇为考究，阅读时要注意品味。上述问题指向文学性文本的语言风格，涉及的关键概念有清新自然、简洁精练、素朴典雅、幽默风趣等。

二、理解概念

（一）简洁、干净、洗练

简洁是用最少的文字传达最核心的信息，避免任何形式的冗杂，常常体现在对情节的紧凑叙述和对环境的简笔勾勒上。干净是力求语言的清晰和直接,避免使用难以理解或多余的元素。洗练强调语言的提炼,使用富有表现力的词语和紧凑的结构,使语言更加精确和生动。

(二)通俗、质朴、自然

通俗指的是那些易于理解、接近大众口语的表达方式,通常使用简单、直白的语言,避免复杂的句式和生僻的词汇,使作品吸引不同文化背景和阅读水平的读者。质朴强调内容的真实性和语言的朴素性,避免华丽的辞藻和复杂的结构,用简单、直接的句子来表达深刻的思想和情感,给人以真实、自然的感觉。自然是指语言的自然流畅和内容的真实可信,不追求形式的华丽和技巧的炫耀,力求以自然、真实的语言表达作者的思想和情感,给人一种亲切、舒适的感觉。

(三)典雅、凝练、华丽

典雅指的是语言优美、富有文化底蕴,常使用文雅、精致的词汇和句式,注重语言的韵律和节奏,给人一种优美、和谐的感觉,体现出作者较高的文学修养和审美情趣。古典诗词中的很多作品都具有典雅的风格。凝练强调的是语言的精练和富有表现力,使用简洁、有力的句子来传达丰富的内容和情感,每一个词都精心挑选,以便最大限度地表达作者的意图。华丽指的是语言优美、辞藻华丽、富有诗意和音乐性,常使用比喻、拟人、排比等修辞手法,具有很强的视觉冲击力和审美价值,给人以美的享受,展现作者丰富的想象力。

(四)含蓄、深沉

含蓄指的是不直接表达作者意图,而是通过隐晦、委婉的语言和象征手法来传达作品内涵,让读者在品味语言的过程中发掘其中的深层含义,给人以想象的空间。深沉强调的是作品内容的厚重和思想的深度,如探讨人生、命运、哲学等重大的主题时,用深沉、严肃的语言来表达作者对这些问题的思考。

(五)幽默、风趣

幽默指的是语言和情节诙谐、风趣,引起读者兴趣。通过对日常生活、人性等方面的夸张、讽刺和诙谐描写,给人以轻松、愉快的阅读体验,缓解压力,营造良好的阅读氛围。风趣强调的是作品内容的趣味性和语言的生动性,通过对细节的刻画和富有创意的语言表达,吸引读者的注意力,让人在阅读过程中产生共鸣和愉悦感。

三、原理探寻

结合教材例子分析鉴赏文学性文本语言风格的规律（见表4-12）。

表4-12 鉴赏文学性文本语言风格的规律探寻

篇目	例句	解析	规律
《背影》	本文的语言素朴而又典雅，简净而又细致，试以下列句子为例，加以赏析。"回家变卖典质，父亲还了亏空；又借钱办了丧事。这些日子，家中光景很是惨淡，一半为了丧事，一半为了父亲赋闲。"	语言素朴典雅，简净细致，语句都很短，没有多余的话。其中"典质""亏空""惨淡""赋闲"等词很文雅，但总体而言较口语化，明白易懂。	分析词语运用、语体色彩和表达效果。
	"他少年出外谋生，独立支持，做了许多大事。哪知老境却如此颓唐！他触目伤怀，自然情不能自已。情郁于中，自然要发之于外；家庭琐屑便往往触他之怒。"	这几句话的书面语特点明显，既用文雅的四字词语，还使用接近文言文的句式，强化了句子的概括力，短短几句，概括了父亲的人生历程。	分析语体色彩、句式和表达效果。
	"我本来要去的，他不肯，只好让他去。我看见他戴着黑布小帽，穿着黑布大马褂，深青布棉袍，蹒跚地走到铁道边，慢慢探身下去，尚不大难，可是他穿过铁道，要爬上那边月台，就不容易了。"	作者使用的是白描手法，笔法简净，却细致而传神地描画出了父亲的形象。	分析修辞手法和表达效果。
《蒲柳人家》	"手握着擀面杖要梆他""人配衣裳马配鞍""窝着一肚子饿火""千里搭长棚，没有不散的筵席""一丈青大娘骂人，就像雨打芭蕉，长短句，四六体，鼓点似的骂一天，一气呵成，也不倒嗓子"。	《蒲柳人家》富有京东地区的语言特色。一是大量使用口语；二是大量使用俗语；三是借鉴传统小说和评书的语言，读来很有味道。	分析语言特色和表达效果。

四、归纳技术

辨析文学作品的语言风格，首先，整体阅读作品，获取初步印象。注意语言的整体感觉是朴实无华还是辞藻华丽，是直接明快还是含蓄典雅。其次，从以下角度进行探究：一是关注关键词汇，找出文中使用的关键词汇，如叠词、形容词、连续动词，能产生画面感；二是关注词语的感情色彩是否鲜明，是褒还是贬；三是关注句式特点，如长短句的使用、整散句的搭配以及排比句、对偶句、反复句等；四是关注语体色彩，书面语显庄重典雅、含蓄、深沉，口语显朴实、风趣、形象、生动，有地方色彩；五是关注手法运用，观察是否使用了修辞手法、表现手法，这些手法分别产生怎样的表达效果；六是关注作者的其他作品，了解作者的常见风格。

五、实践运用

很多作家都写过回忆母亲的文章，比如邹韬奋《我的母亲》、老舍《我的母亲》等。通过比较阅读，分析不同作者笔下的母亲形象、文章的写作手法、作品的语言风格等方面各有什么不同。在作品的语言风格方面，朱德《回忆我的母亲》质朴无华中蕴含深情；邹韬奋《我的母亲》语言质朴，直白坦诚，褒贬分明；老舍《我的母亲》采用口语与书面语相结合的形式，流畅朴素，凝练含蓄，富有表现力。

【鉴赏思辨性文本语言特点】

一篇好的思辨性文本，不仅论点鲜明，论据充实，论证得当，而且语言严密、流畅、准确。思辨性文本的语言有鲜明性、准确性、严谨性等特点。

一、问题溯源

《纪念白求恩》使用双重否定句与排比句，鲜明有力。阅读《最苦与最乐》时，领会那种平实而又略带书卷气的语言风格。《孟子》这篇文章以雄辩著称，大量使用排比句，气势非凡。《最后一次讲演》为了增强演讲的感染力、说服力,演讲者往往借助一些语言技巧。仔细品味四篇演讲词的语言,说说演讲者是如何借助语言技巧吸引听众、引起共鸣的。《就英法联军远征中国致巴特勒上尉的信》的作者善于运用反语表明自己的态度。《怀疑与学问》逻辑严密,语言准确。开头的"一切"是否太绝对了?对此,你怎么看?这段文字中有四个"常常"开头的短句,它们的顺序是否可以任意调整?为什么?《驱遣我们的想象》用平实的语言,以一诗一文为例,深入浅出地阐明了这一基本方法,为我们提供了很多启发。

上述的问题指向思辨性文本的语言特点,涉及的关键概念有平实、书卷气、雄辩等。

二、理解概念

平实表现为直接、简洁、易懂,不追求华丽辞藻,强调内容的真实性和实用性,能让读者更容易理解作者的观点和论证过程,避免因过分修饰而分散读者的注意力。

书卷气是指具有浓厚文化底蕴和知识含量的语言风格,可以通过引用经典文献、历史事件、传统文化等元素展现作者的博学和思考的深度。

雄辩是指具有说服力的表达方式,要求作者运用逻辑推理、事实证据、情感诉求等多种手段,证明自己观点的正确性。如《孟子》这篇文章以雄辩著称,大量使用排比句,气势非凡。

三、原理探寻

结合教材例子分析鉴赏思辨性文本语言风格的规律(见表4-13)。

表4-13　鉴赏思辨性文本语言风格的规律探寻

举例	问题	解析	规律
《应有格物致知精神》	"但是传统的中国教育并不重视真正的格物和致知,这可能是因为传统教育的目的并不是寻求新知识,而是适应一个固定的	"可能"是副词,表猜测,是"也许"的意思,这里表明作者对"传统的中国教育不重视真正的格物致知的原因"并不太确定,	抓状语、定语等修饰成分,品味思辨性文本语言的准确性。关注副词,如表示范围的"都"

续表

举例	问题	解析	规律
	社会制度。"品味句中加点词,体会其表达效果。	这个词体现了思辨性文本语言的准确性。	"只""少数""个别"等,表示程度的"很""最""尤其"等,表示语气的"绝对""一定""可能""或许"等。
《不求甚解》	"如果根本不读书或者不喜欢读书,那么,无论说什么求甚解或不求甚解就都毫无意义了。因为不读书就不了解什么知识,不喜欢读也就不能用心去了解书中的道理了。"句中加点的关联词是什么关系?它们有何作用?	"如果……那么……就……"表假设,突出强调了"好读书这个习惯的养成是很重要的"。"因为"表原因,具体阐释了"为什么都毫无意义了"。这些关联词的使用,体现出作者思维的缜密性。	抓表并列、递进、因果、条件、假设等关系的关联词,品味思辨性文本语言的严密性。
《怀疑与学问》	"我们不论对于哪一本书,哪一种学问,都要经过自己的怀疑:因怀疑而思索,因思索而辨别是非;经过'怀疑''思索''辨别'三步以后,那本书才是自己的书,那种学问才是自己的学问。否则是盲从,是迷信。"上面语段中三个动词"怀疑""思索""辨别"能调换顺序吗?	三个动词顺序不能调换,因为它们体现作者思维的过程,一步比一步深入。前者是后者的前提,后者建立在前者的基础上。只有怀疑,才会思考,思考之后才会辨别。如果调换了顺序,就违反常规,不符合人认识事物的逻辑。这三个动词体现了思辨性文本语言的准确与严密。	抓表达严密、逻辑性强的词语或句子,品味思辨性文本语言的严密性。

续表

举例	问题	解析	规律
《谈读书》	"读书补天然之不足，经验又补读书之不足，盖天生才干犹如自然花草，读书然后知如何修剪移接。"这个句子采用了什么修辞手法？起到怎样的表达效果？	这句话运用比喻修辞手法，将"天生才干"比喻成"自然花草"，形象地阐述了"读书可以补先天之不足"这一观点。比喻手法的运用，化抽象为具体，使说理通俗易懂，同时增强了文采，使语言生动有趣。	运用比喻、拟人、反语等修辞手法的句子，品味思辨性文本语言的生动性。
	"读史使人明智，读诗使人灵秀，数学使人周密，科学使人深刻，伦理学使人庄重，逻辑修辞之学使人善辩：凡有所学，皆成性格。"说说上面句子有何表达效果。	六个相似句式构成一组排比句，既一气呵成又生动鲜明地论述了"读书"的重要作用，增强气势，使论辩更有力。	抓排比句、反问句、双重否定句等特殊句式，品味思辨性文本语言的气势。

四、归纳技术

议论文对语言品味的要求，重点在表达的准确性和严密性。常见的问题设置有品味下列词语，说说有什么作用（体会其表达效果）。词语或句子顺序能否调换？为什么？本文语言有××特点，试举例并加以分析。加点词是否太绝对了？为什么？

我们可以从以下角度分析思辨性文本的语言：一是关注状语、定语等修饰成分，品味思辨性文本语言的准确性；二是关注表条件、因果、假设等关系的关联词，品味思辨性文本语言的严密性；三是关注表达周密、逻辑性强的词语或句子，通过解释词语或句子之间的时间先后顺序或内在逻辑关系，品味思辨性文本语言的严密性；四是关注运用修辞手法的句子，品味议论文语言的生动性。

五、实践运用

阅读《中国人失掉自信力了吗》开头部分："两年以前，我们总自夸'地大物博'，是事实；不久就不自夸了，只希望着国联，也是事实；现在是既不夸自己，也不信国联，改为一味求神拜佛，怀古伤今了——却也是事实。"简要分析上面语段中"总""只""一味"三个词的表达效果。"总"是一副自我炫耀、夜郎自大的样子，"只"是一个仰人鼻息、抓救命稻草的形象，"一味"沉迷于其中不能自拔，顽固不化的样子。这三个副词尖锐犀利，栩栩如生地画出了悲观论者的嘴脸，充分表现出作者对他们的嘲讽态度，给读者留下深刻的印象。这三个副词体现了思辨性文本语言的准确性。

阅读《纪念白求恩》，品味语句："从前线回来的人说到白求恩，没有一个不佩服，没有一个不为他的精神所感动。"此处连用两个双重否定句，极其有力地强调了无一例外，每个人都佩服、每个人都感动的事实，这比一般的陈述句显得更斩钉截铁，不可动摇。

《怀疑与学问》中："一切学问家，不但对于流俗传议，就是对于过去学者的学说也常常要抱怀疑的态度，常常和书中的学说辩论，常常评判书中的学说，常常修正书中的学说：要这样才能有更新更善的学说产生。"这段文字中有四个"常常"开头的短句，它们的顺序是否可以任意调整？为什么？不能任意调整，因为第一个"常常"是"要抱怀疑的态度"，第二个"常常"是"和书中的学说辩论"，前句所说的"怀疑"是"辩论"的前提条件；第三个"常常"后面所说的"评判书中的学说"和第四个"常常"后面的"修正书中的学说"，前面所读的"评判"也是后面所说的"修正"的前提。如果调整了就不能体现"怀疑""辩论""评判""修正"这四步所构成的层层深入、多步递进的关系，所以不能任意调换顺序，这体现了议论文语言的严密性。

阅读《精神的三间小屋》，思考本文在语言上具有怎样的特点。请做简要分析。本文虽然为说理文，但是巧用比喻、拟人等修辞手法，说理形象，文辞优美，增添了文章的美感和可读性。如"你的一生，经历过的所有悲欢离合，喜怒哀乐，仿佛以木石制作的古老乐器，铺陈在精神小屋的几案上，一任岁月飘逝，在某一个金戈铁马之夜，它们会无师自通，与天地呼应，铮铮作响"这个句子，运用比喻的修辞手法，把"经历过的所有悲欢离合、喜怒哀乐"比喻成"木石制作的古老乐器"，生动形象地论证了爱、恨等经历都会在精神的小屋里留下印记，使论证浅显易懂，易被接受。

第五节　品味重要词句

语言是作家心灵的窗户。《义务教育语文课程标准（2022年版）》第四学段"阅读与鉴赏"要求，品味作品中富于表现力的语言，体味和推敲重要词语、句子在语言环境中的意义和作用。学业质量要求也指出，能从多角度揣摩、品味经典作品中的重要词句和富有表现力的语言，通过圈点、批注等多种方法呈现对作品中语言的理解。透过语言的赏析，可以准确地把握作者的情感。文学性文本的表达技巧多样，统编初中语文教材有许多品味重要词句的例子。可以从多个角度，构建品味重要词句的思维模型（见图4-7）。

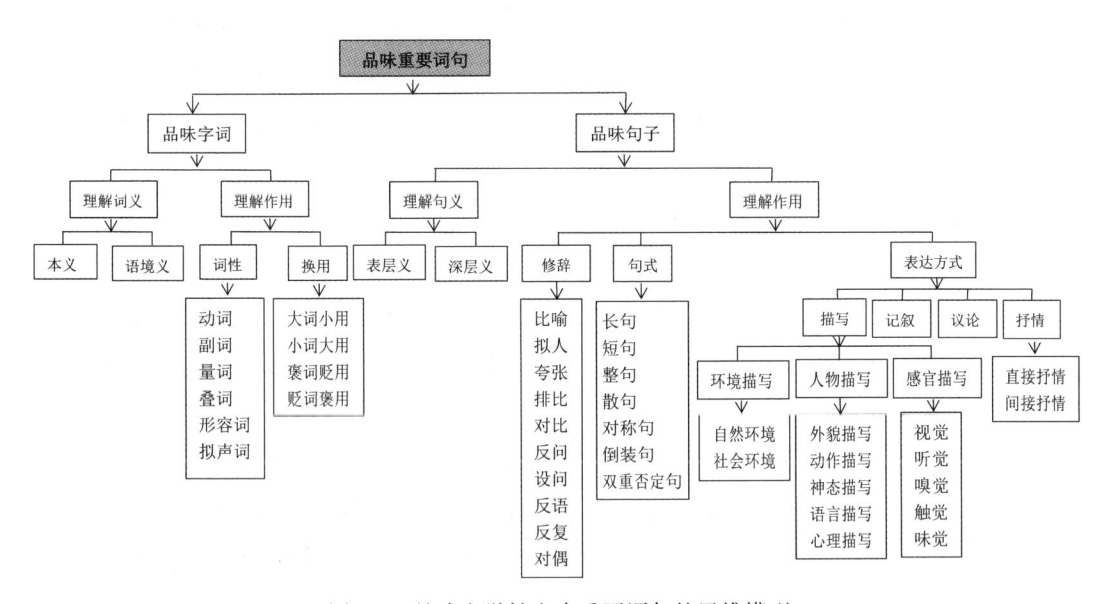

图4-7　品味文学性文本重要词句的思维模型

一、问题溯源

  品味字词的表达效果,如说说《春》中"盼望着、偷偷地、钻、嫩嫩的、绿绿的"等加点词的表达效果。品味《秋天的怀念》中"一直、再也、绝、竟"等加点词蕴含的情感。《老王》中"我们当然不要他减半收费","当然"用在这里,流露了"我们"什么样的心理?《老山界》从"照着习惯"和"躲",你读出了什么?"奇观"奇在哪里?"奇观"一词蕴含着怎样的情感?"远远地还听见敌人飞机的叹息,大概是在叹息自己的命运:为什么不到抗日的战线上去显显身手呢?"这句话有什么含义?文中还有不少生动、细腻的描写,赏析语句,再找出一两处精彩的描写,做一些批注。反复阅读《壶口瀑布》第3、4段,品味其语言的妙处,并试着写一段赏析文字。

  品味句式或修辞手法的作用,如品味《纪念白求恩》中"没有一个不佩服,没有一个不为他的精神所感动"双重否定句和5个短语"一个……的人"组成一组排比的表达效果。《济南的冬天》"等到快日落的时候,微黄的阳光斜射在山腰上,那点儿薄雪好像忽然害了羞,微微露出点儿粉色",体会句中拟人手法的表达效果。《猫》中"大家都不高兴,好像亡失了一个亲爱的同伴……,真是'畏罪潜逃'了,我以为……"等精彩语句,分析修辞手法,体会其作用。《说和做——记闻一多先生言行片段》中的许多语句读起来像诗,能引发丰富的感受与思考,试揣摩并体会化用典故、比喻等表达效果。《阿长与〈山海经〉》文中一些语句略带夸张,怎么理解"憎恶""谋死""空前""敬意"这些词语在文中的具体含义?《就英法联军远征中国致巴特勒上尉的信》的作者善于运用反语表明自己的态度,请从文中再找出几个例子,说说这些反语的含义和作用。品味《海燕》中的语句,说说它们使用了什么修辞手法,有怎样的表达效果。

  品味表达方式的作用,如《散文》以叙事为主,其中穿插了一些写景的语句,把它们找出来,品味这些景物描写的作用。课文多处运用对称的句子,画出这些句子,说说这样写的好处。《紫藤萝瀑布》要求揣摩化静为动、多感官互通、物我交融等手法用于写景状物的妙处。《黄河颂》这首诗主要采取的是哪种抒情方式?《回忆我的母亲》在记叙事情的同时,穿插了精当的议论。

找出文中议论性的语句，联系上下文，理解它们的含义并体会其作用。

上述的问题指向语言的表达技巧，涉及的关键概念有本义、语境义、词性、修辞、句式、表达方式等，部分概念在文学阅读与创意表达任务群概念梳理章节中已有体现，本章节只对个别概念进行补充。

二、理解概念

本义是一个词语最初、最基础的含义，是这个词语在创制时所承载的文化信息，通常可以通过词的构字部件和词语的出处推断。本义是词义系统的基础，是词义引申、转化的出发点。如"纸"这个字的本义是指用植物纤维制成的书写材料，这个含义是"纸"字最初被创造出来时所承担的主要功能。

语境义则是指词语在特定的语言环境中所具有的含义，不是词语本身固有的，而是由词语所处的上下文决定的。语境可以是时间、地点、对象、情感氛围等任何可以影响词语含义的因素，包括引申义、比喻义、转义等。如"纸"在不同的语境下可以有不同的含义，在图书馆里，它可能指的是用来记录文字的介质，在纸飞机游戏中，它可能是指一种玩具。

骈句是指在句子结构中，两个或两个以上的成分（如词、短语、从句）以相同或相似的方式排列，形成一种平衡和协调的美的修辞手法，特点是结构对称、形式美观、语意明了。如"长烟一空，皓月千里。浮光跃金，静影沉璧"。

对偶句是一种特殊的骈句，它通过对两个相对立或对比的成分进行对称排列，以强调其对比或对立的关系，特点是对比鲜明、内涵深刻。如"有缘千里来相会，无缘对面不相逢"。

整句是指句子结构完整，成分齐全，表达一个完整意思的句子。整句可以是简单句、并列句、复合句等，其关键是句子表达的意思具有完整性和独立性，如"天气晴朗，适合出游"。

散句是指句子结构不完整，缺少某些成分，表达意思不明确的句子。散句常用于文学创作，以达到某种艺术效果，如"风吹过，树叶沙沙作响"。

长句是指句子结构复杂，包含多个从句或短语，字数较多的句子。长句可以表达较为复杂的意思，常用于正式文体。如"在这个信息爆炸的时代，我们需要学会筛选和处理大量的数据，以获取有价值的知识"。

短句是指句子结构简单，包含较少的词或短语，字数较少的句子。短句简洁明了，容易理解，常用于口语和非正式文体。如《安塞腰鼓》中的"它震撼着你，烧灼着你，威逼着你"。

三、原理探寻

（一）分析规律

结合教材例子分析品味重要词句的规律（见表 4-14、表 4-15）。

表 4-14　品味字词的规律探寻

篇目	问题或例句	解析	品析角度
《老王》	我们当然不要他减半收费。（一般什么情况下说"当然"？"当然"用在这里，流露了"我们"什么样的心思？）	顺理成章的情况下说"当然"，这里表明作者一家之前帮助老王是诚心诚意的，并不要求老王回报。作者一家也很同情老王的贫苦生活，从来没有占便宜的念头。	理解词语的含义：本义和语境义。
《阿长与〈山海经〉》	"伟大的神力"在文中两次出现。联系上下文，说说其含义的不同。	两处"伟大的神力"指代对象以及感情色彩不同。 第一处指攻城时抵挡大炮的神力。"伟大的神力"包含着荒诞和调侃的意味，表现阿长的无知可笑，为后文阿长出人意料地买来《山海经》埋下伏笔。 第二处指没有文化的阿长竟然帮"我"买来朝思暮想的《山海经》，而这是"别人不肯做，或不能做的事"。"伟大的神力"虽带夸张，却是作者以孩童口吻发出的最热烈、最真诚的赞美。	

续表

篇目	问题或例句	解析	品析角度
《春》	说说下面句子加点词语的表达效果。 小草偷偷地从土里钻出来，嫩嫩的，绿绿的。	"偷偷"写出了小草不经意间长出地面的情景，"嫩嫩的""绿绿的"运用叠词，强调小草的嫩绿可爱，表达了作者对小草的喜爱之情。	理解词语的作用：1.词性：动词、形容词、副词、拟声词、量词、叠词等；2.关键词化用：大词小用、褒词贬用、贬词褒用等。
《秋天的怀念》	可我却一直都不知道，她的病已经到了那步田地。	"一直"表达了作者当时只顾沉浸在自己的悲苦情绪中，完全没有注意到母亲的严重病情，事后想来无比悔恨的心情。	
《散步》	但我和妻子都是慢慢地，稳稳地，走得很仔细，好像我背上的同她背上的加起来，就是整个世界。	"整个世界"大词小用，表现了人到中年的心情：亲人的平安、健康、快乐，就是最大的心愿。	
《就英法联军远征中国致巴特勒上尉的信》	那儿不仅仅有艺术珍品，还有大堆的金银制品。丰功伟绩！收获巨大！	丰功伟绩！收获巨大！褒词贬用，揭露英法联军的丑恶行径。	
《土地的誓言》	我常常感到它在泛滥这一种热情。	"泛滥"贬词褒用，表达激愤狂放的心情不可遏抑。	

155

表 4-15 品味句子的规律探寻

篇目	问题或例句	解析	品析角度
《春》	野花遍地是：杂样儿，有名字的，没名字的，散在草丛里，像眼睛，像星星，还眨呀眨的。	用比喻、拟人的修辞手法，将"野花"比作"眼睛""星星"，生动形象地写出了野花的细小明艳；"眨"赋予野花以人的动作，生动写出野花的动态美。	修辞手法：比喻、拟人、夸张、排比、反语、反复、对比、反问、设问等。
《春》	看，像牛毛，像花针，像细丝，密密地斜织着，人家屋顶上全笼着一层薄烟。	这里连用三个比喻，都是形容春雨的"密"，通过印象的叠加，强化了表达效果。	
《藤野先生》	也有解散辫子，盘得平的，除下帽来，油光可鉴，宛如小姑娘的发髻一般，还要将脖子扭几扭。实在标致极了。	反语，表现作者对清国留学生厌恶、憎恨的态度。	
《散步》	我的母亲要走大路，大路平顺；我的儿子要走小路，小路有意思……	从语义表达上看，增加了思想内涵的张力，引人注意，耐人寻味；从语音美感上看，句式整齐，富有对称之美，两句互相映衬，很有情趣。	句式：长句、短句；整句、散句；对称语句；双重否定句；倒装句；短语组成排比句。
《背影》	他少年出外谋生，独立支持，做了许多大事。哪知老境却如此颓唐！他触目伤怀，自然情不能自已，情郁于中，自然要发之于外；家庭琐屑便往往触他之怒。	交相使用白话文与文言文，真切写出"我"对父亲老境颓唐的理解。	

续表

篇目	问题或例句	解析	品析角度
《安塞腰鼓》	愈捶愈烈！思绪中不存在任何隐秘！愈捶愈烈……交织！旋转！凝聚！奔突！辐射！翻飞！升华！	多用短句，节奏明快，表现安塞腰鼓粗犷豪放的力量之美；连用感叹号，气势强劲，饱含铿锵激昂之情。	
《纪念白求恩》	从前线回来的人说到白求恩，没有一个不佩服，没有一个不为他的精神所感动。	连用两个双重否定句，极其有力地强调了无一例外，每个人都佩服，每个人都感动的事实，这比一般的陈述句显得更斩钉截铁，不可动摇。	
	一个人能力有大小，但只要有这点精神，就是一个高尚的人，一个纯粹的人，一个有道德的人，一个脱离了低级趣味的人，一个有益于人民的人。	充分发挥"大有利于人民"这个意思，具体精微地分析阐述为五个方面。用五个短语"一个……的人"组成一组排比，议论热情洋溢，语气非常流畅，收束非常有力。	
《散步》	我们在田野中散步：我，我的母亲，我的妻子和儿子。	运用记叙的表达方式，交代了地点、人物及事件，紧扣题目，吸引读者的阅读兴趣。	表达方式： 1. 记叙。 2. 议论，其作用是承上启下、统领全文、引起读者思考、点明人物或者事件的意义、突
	这南方的初春的田野……使人想着一样东西——生命。	运用景物描写的表达方式，描写初春景象，对一家三代人之间的亲情起了很好的渲染作用。	
	但我和妻子都是慢慢地……就是整个世界。	运用议论的表达方式，含蓄地点出中年人身上的责任，收到深化主旨和画龙点睛之效。	

续表

篇目	问题或例句	解析	品析角度
《变色龙》	"嗯！不错……"奥楚蔑洛夫严厉地说，咳了一声，拧起眉头。	运用了语言、神态、动作等细节描写，形象地刻画出奥楚蔑洛夫盛气凌人、装腔作势、官气十足的丑态。	出中心，起到画龙点睛的作用、升华主题。 3. 描写：景物描写的角度；人物描写的方法如神态、语言、动作、心理等描写；多感官描写如视觉、听觉、味觉、嗅觉等。 4. 正面描写、侧面描写。
《范进中举》	范举人先走，屠户和邻居跟在后面。屠户见女婿衣裳后襟滚皱了许多，一路低着头替他扯了几十回。	运用了动作描写，以漫画式的写法，讽刺了胡屠户前倨后恭、趋炎附势的丑态。	
《社戏》	两岸的豆麦和河底的水草所发散出来的清香……但我却还以为船慢。	多感官描写，有嗅觉、触觉、视觉、听觉。有比喻，以动写静，写出了船速度之快。有心理描写，表现人物内心的急切心情。	
《智取生辰纲》	四下里无半点云彩，其时那热不可当。	正面描写天气热。	
	见着林子便要去歇息；七个人脱得赤条条地在那里乘凉。	侧面体现天气热。	
《黄河颂》	诗歌既可以直接抒情，也可以间接抒情，你认为这首诗主要采取的是哪种抒情方式？	本诗属于直接抒情。诗歌多处以"啊！黄河！……"这样的句式直接抒发热爱黄河的感情，充满雄浑豪迈之美。	抒情：直接抒情、间接抒情。

（二）总结规律

品味重要词句的表达效果，要通过由浅入深的朗读，确定品析角度鉴赏语言，把握作者情感。具体要经过以下思维过程：一是从整体上领会作者在

158

文中渗透的情感，认真体察作者热爱什么，憎恶什么，歌颂什么，批判什么，信仰什么等；二是探究作者的情缘，分析作者产生这种情感的缘由，对于某种事物，他为什么热爱，为什么憎恶，为什么敬仰；三是理清文章的情物，文章提到了哪些与表情达意有关的物，为什么要提到这些物；四是分析作品的情言，捕捉那些渗透着作者鲜明强烈的情感的语言，这些语句或华美或朴素；五是辨析手法，辨析文中应用了哪些表现手法，比如比喻、象征、反语、暗示、双关等，这些手法有何作用。

1. 品味字词。

正确理解词语的本义和语境义，首先使用词典或权威的语言资源查找词语的基本含义。词语的含义可能会因上下文而变化，要仔细分析邻近的词语和句子结构、感情色彩等，确认词语的语境义。

品味词语的表达效果可从词性、释义、词语特点等方面归纳。从词性角度分析，名词在文学作品中用于指代事物，提供具体形象，动词传达动作或状态，形容词用于修饰名词，增加描述的色彩，副词修饰动词、形容词或其他副词，表达程度或方式。从释义角度分析，词语的直接意义对于理解文学作品至关重要，如《春》一文中，"春"不仅仅指代季节，也象征着希望和生机。从词语的作用角度分析，词语能够触动读者的情感、启发读者的思考、提供审美体验等。词语在文学作品中的多样性和深度，决定了它不仅是表达意义的工具，更是创造情感、思想和审美体验的艺术。

2. 品味句子。

从修辞的角度品味句子的表达效果，主要是考察作者在句子中使用了哪些修辞手法以及这些修辞手法如何增强句子的表现力。比喻手法生动形象，突显本体特点；对偶形式整齐，音韵和谐；拟人是将物拟人化，使之生动形象；反复富有感染力，起强调作用；排比条理清晰，节奏鲜明，增强文章气势；反问使态度鲜明，加强语气，夸张的手法，无论夸大还是夸小，都呈现鲜明而强烈的印象（强化效果）；设问是自问自答，引人注意，启发思考；对比能明晰不同，突出强调；反语意在讽刺揭露。

从句式的角度品味句子的表达效果，主要是关注句子结构的变化和语言的组织方式以及这些变化如何影响读者对信息的理解和感受。整散句是指句子结构整齐或松散，具有韵律感和节奏感。整句可以使句子结构紧凑，表达清晰；散句可以使句子更加灵活，表达丰富。骈句、对偶句形式整齐，音韵和谐，气势贯通。如《散步》长句严密精确，条理贯通，气势畅达。短句节奏短促，干脆利落，生动明快，活泼有力。《邓稼先》《壶口瀑布》长短句的交替使用可以形成节奏感和韵律美，增强语言的表现力。双重否定句是不容置疑的肯定，加强了肯定的效果，如《纪念白求恩》。倒装句是将句子的正常语序颠倒，以突出某个成分或表达强调，如《中国人失掉自信力了吗》。独句成段是指一个句子独立成段，有强调某个观点或情感、标示层次结构等作用，使文章脉络清晰，便于阅读理解。

从表达方式的角度品味句子的表达效果。常用的表达方式有五种：记叙、描写、说明、抒情、议论。记叙文以记叙、描写为主要表达方式，根据表达需要综合穿插说明、抒情、议论等多种表达方式。说明则主要运用在说明性的文章中，说明的目的是给人以认知。描写按所写对象又可分为写人、写景和写物，其表达作用各有侧重。值得注意的是，在记叙文中抒情和议论往往是一并出现的，位置多在结尾处。这个时候议论的作用主要是点明文章的中心。此外，议论文以论述为主，其中议论文中的概括记叙往往起到例证的作用。辨明议论（阐述部分）和记叙（举例部分），对于厘清文本思路十分必要。而夹叙夹议也常见于议论性文章中，记叙与议论交叉运用，使论理逻辑严密，条理清晰。说明文中描写、文艺性笔调起到点染作品并使之更加形象生动的作用。

关注人物描写和环境描写的句子，主要是关注句子如何通过特定的语言技巧描绘人物形象和环境氛围以及这些描写如何影响读者对人物和环境的感知。通过描述人物的外观特征塑造人物形象，描述人物的动作展示其性格特点，通过人物的言语揭示其内心世界和性格特征，通过描述人物的内心活动深入挖掘其性格和情感。

环境描写包括自然环境和社会环境的描写。通过描述自然景观交代时间或故事背景，渲染某种气氛，奠定感情基调。如《散步》中"这南方的初春的田野……田里的冬水也咕咕地起着水泡"描写了春天生机勃勃的特点，点明故事发生在初春，渲染了欢乐的氛围，衬托了一家人散步时祥和欢乐的心情。通过环境描写反映人物性格和品质，预示人物命运，如《我的叔叔于勒》"我们上了轮船，离开栈桥，在一片平静得好似绿色大理石桌面的海上驶向远处""后来大家都不再说话。在我们面前，天边远处仿佛有一片紫色的阴影从海里钻出来。那就是哲尔赛岛了"前后两处环境描写形成了一种对比和照应，反映"我们"的心情从愉快到失落的变化。通过描述社会背景展示人物的生活环境，如《孔乙己》中的社会环境描写为下文人物的悲惨命运做铺垫。通过描述具体的场景推动故事情节发展或为下文某情节做铺垫，如《智取生辰纲》中"一个挑酒的汉子唱道：'赤日炎炎似火……，公子王孙把扇摇'"，暗示当时的社会背景，描绘了当日天气情况，烘托一种热得令人鼓噪的气氛，推动情节继续发展，口渴人要"喝酒"。通过环境描写表达某种心情，寄托某种希望，暗示某种情感，揭示文章主题，深化中心，如《故乡》"我在朦胧中，……天空中挂着一轮金黄的圆月"。此处虚写想象中的故乡，是"我"对美好希望的憧憬，表现出"我"改造旧社会、创造新生活的强烈愿望和决心，突出了文章主题。

抒情有直接抒情和间接抒情两种方式。直接抒情即直抒胸臆，直接表达作者的情感态度；间接抒情则通过借景抒情、托物言志、对比反衬等手法委婉表达情感。直接抒情的句子通常使用情感色彩浓厚的词汇，直接表达作者对人物、事件或景物的情感态度。《安塞腰鼓》中"好一个安塞腰鼓"这句话直接表达了作者对安塞腰鼓的热爱之情和对黄土高原的赞美与热爱。间接抒情的句子则不直接表达情感，而是通过其他手法来暗示或表现。《安塞腰鼓》中"当鼓点越来越快，人的情绪也随着鼓点的高潮而达到顶点"这句话没有直接点明作者的情绪如何，但是通过描述鼓点和人情绪的关系，间接表现了作者随着安塞腰鼓表演的推进而激动的心情。

四、归纳技术

品味重要词句的意义，第一步要确定关键词句，阅读时关注那些具有深刻含义、表达作者观点或情感的词句。第二步要分析词句的表层意义，理解词句的字面意思。第三步要挖掘词句的深层意义，关注特定的语言环境中，即结合上下文、作者的观点、作品的背景等因素，推测和分析词句所蕴含的隐含意义、象征意义、比喻意义等。

　　品味重要词句作用，第一步要细读重要词语和句子。第二步要将重要词句放入整个文本的语境中，考虑其与其他句子或段落的关系，分析语境如何影响词句的意义和作用，包括前后文的暗示、对比、转折等。第三步要结合品味重要词句的思维模型，从词性、句式、表达方式等方面辨析并深度思考。最后用完整的句式结构表达词句在文本中的整体作用和效果。

五、实践运用

　　阅读《好沉的一抔土》赏析画线句子和加点词语。"<u>高粱擎起硕大的锣鼓槌相互撞击</u>，没有敲出多大的声响，却惊起一对翠蓝色的珍鸟从深处腾出，在半空里飞旋两遭，没有树枝可依，又飘落在旁边的一片谷地，立在穗上颤颤悠悠，像一对新婚伉俪相对荡着秋千。"这句话所描写的物为高粱和珍鸟，将词句放入文本的语境中分析。上文的句子为："果然在后首那块干松的地段，好一片秋禾，风过时。"下文是："那千枝万条谷穗的金笔，在满野里尽情描绘秋熟的图景。"首先辨析表现手法，句中关键词"擎"是向上托举，运用了拟人的手法；其次从"好一片秋禾""立在穗上颤颤悠悠""那千枝万条谷穗"等词中，找出隐含的写作对象是高粱穗。作者是把高粱穗比喻成锣鼓槌，写出了高粱穗硕大的特征。"腾出"和"飘落"都是动词，珍鸟是风过时引起高粱相互撞击的声音后受惊而腾出的，写出珍鸟受惊时飞离的速度非常快，"飘落"写出珍鸟停下的姿态非常轻，珍鸟与高粱是动静结合，能给秋熟的图景增添生机。

　　阅读《火车上的见闻》赏析加点词语，如"很幸运，'抢'到了卧铺票"。赏析句子，如"女列车员的发丝在风中飘舞"。将词句放入文本的语境中，了解到抢卧铺票是基于春运的背景，"抢"是夺的意思。赏析人物心理需要调动生活经验，从这句话可以看出买票的速度非常快，可以看出"我"和大家一样返乡心切，也体现出我们的能干。第二句话是细节描写，上文"她提着两大包垃圾下车，寒风拂面，凉气袭人"，女列车员在寒风中处理垃圾，写出了女列车员在寒风中工作的辛苦。从文本中的"我顺手提起垃圾袋递给她，以及说她是一个勤快的人"可以体会到作者对列车员的体谅和赞美。

阅读《拜谒李时珍》赏析加点词语，如"在沉重的呼吸里，枯瘦的村庄摇摇晃晃"。赏析句子，如"李时珍的脊梁始终是那么高，又那么低的"。枯瘦一词的意思是枯干瘦弱。这里应用了拟人的修辞手法，把村庄拟人化。结合文本语境"曾经瘟疫弥漫了你的眼神，多少亡灵拥挤着天空，风雨的哀怨堆满大地"，可以想象出村庄之所以变得枯瘦，是因为受瘟疫的影响，因而瘟疫弥漫下的村庄萧条、了无生气。"李时珍的脊梁始终是那么高，又那么低的"，这句话的主语是脊梁，追问人的脊梁为什么会高，为什么会低。这个脊梁犹如背影一样具有特殊的指代意义。从文本当中捕捉代表作者强烈情感的信息，如谦卑的姿态、润泽天下、伟大医者、朴素等词。在作者的心目中，李时珍的脊梁高，指的是李时珍的医术高超、润泽天下，而脊梁低指的是李时珍为他人治病时姿态谦卑，表达作者对李时珍高尚品格的赞美，对其伟大医者形象的敬仰。

阅读《春走老山界》赏析加点词语，如"我们此行，是去拜会红军长征途中著名的老山界"。赏析句子，如"遇到高崖，一蹦而下，化身壮丽的瀑布；遇到巨石，委曲求全，绕道而行"。"拜会"指拜访会见，从语言风格来看，用语正式、庄重，表达对老山界的敬意。第二句话的主语是溪水，将溪水人格化，生动地写出了崖石间溪水的奔流之美及溪水所象征的能屈能伸、一往无前的品格之美。

阅读《潞安城》赏析加点词语，如"探听着，热烈地希望着，有访问一位受伤的将军的那种提心吊胆的心情"。赏析句子，如"光复了的城池，也才容易使人想到它过去的繁荣与沦陷时的悲惨啊"。回归文本，文本细读，选择角度。从上文"一行五人，用了总部两匹日本俘虏马，驮着行李，走了大半天的工夫。在路上刺骨的冷风里并没耽误了，我们想：这劫后的长治城到底是怎样的呢？"把劫后的长治城比作受伤的将军，突出长治城的坚强与威武，表达作者的心痛与崇敬。光复的繁荣与沦陷的悲惨对比，突出抗战的意义，提醒人们要倍加珍惜重获的自由，鼓舞民众保家卫国。

第六节　品读古代诗词

《义务教育语文课程标准（2022年版）》第四学段"阅读与鉴赏"的要求指出"诵读古代诗词，阅读浅易文言文，能借助注释和工具书理解基本内容。注重积累、感悟和运用，提高自己的欣赏品位"。其中要求7—9年级学生背诵古今优秀诗文80篇（段）。古代诗词阅读与鉴赏要达成以下目标：了解诗歌语言凝练、感情浓烈的基本特征；通过反复朗读，揣摩字词的意思，理解诗词的大意；重点品味古诗词中富有表现力的字词，鉴赏经典名句。理解诗歌的主要表现手法及作用，如修辞手法、表达方式、表现手法等。根据目标要求，引导学生朗读诗歌，揣摩字词，理解诗意，想象作品所描写的意境，知人论世，深入体会作者抒发的思想情感。

统编教材课内的古诗词按照古体诗、散曲、律诗、词的单项或组合进行编排。根据诗歌篇目的助读系统，梳理古代诗词阅读与鉴赏的具体要求，明确"教学评"的要点。

一、问题溯源

（一）景物与情感

体会《观沧海》四言古诗质朴刚健、音调铿锵的特点，想象诗人登山临海的情景，说说你产生了怎样的感觉。反复诵读《登幽州台歌》，静下心来，想象自己在古代，是那样寂寞地独自登台远望，瞬间感到天地无穷，人生有限。试试看，你能否进入并体会诗歌的意境？是否理解诗人为何"独怆然而涕下"？朗读《次北固山下》，边读边想象"潮平两岸阔，风正一帆悬"所展现的情景，体会上下句对偶的精妙。细读《渡荆门送别》，用自己的话描述诗中所写的景色，注意写景视角的转换，体会诗人心境的变化。《闻王昌龄左迁龙标遥有此寄》以描写"杨花""子规"两样景物起笔，从全诗看，有什么用意？《黄鹤楼》一诗是怎样将神话传说与眼前景物融为一体的？抒发了诗人什么样的情感？《野望》描绘了一幅什么样的画面？联系作者的生平，说说你对诗作思想感情的理解。《酬乐天扬州初逢席上见赠》的作者被贬官在外多年，回京路上思怀往事，展望将来，心绪难平中又不乏刚健昂扬之气。这种复杂的情绪是通过哪些意象表现出来的？结合具体诗句加以分析。结合《雁门太守行》中表现色彩的词语，发挥想象，用自己的话描述作者呈现的面面。《天净沙·秋思》中诗人把富有特征的景物直接组合在一起，营造出特别的氛围。假如你身处其中，面对此情此景，会有怎样的感受？《水调歌头》句句扣住"月"来写，情感多次起伏变化，在抑扬之间反复转换，有很强的感染力。有感情地朗读，结合具体词句，梳理作者情感的变化轨迹，说说其中表达了他对人生怎样的思考。《渔家傲·秋思》是范仲淹镇守西北边陲时军中生活的真实写照。发挥想象，用自己的话描述作者笔下的情景，并说说这首词表达的思想感情。

上述问题围绕景物与作者情感的关系展开，涉及的关键概念有景色、画面、想象、意象、意境、情感、情感变化、人生思考等。

（二）背景与情感

《满江红》（小住京华）结尾长叹"青衫湿"。结合作品内容和写作背景，说说词作抒发了作者怎样的思想感情。细读《赤壁》《渔家傲》，想一想这两首诗词分别表现了作者对自身才华、命运的哪些认识。查阅相关资料，看看自己的想法是否合理。《行路难》（其一）以浪漫的笔法抒写了作者的人生感慨和精神追求。对此你是怎么理解的？

上述问题围绕写作背景与作者情感的关系展开，涉及的关键概念有背景、资料、思想感情、感慨、追求。

（三）手法与情感

《石壕吏》和《茅屋为秋风所破歌》均为杜甫在安史之乱中的名作，表现了诗人对战争的控诉和对民生疾苦的关怀，但具体的写作手法有所不同。《石壕吏》只是"客观"地叙述，并无情感态度的直接表露；《茅屋为秋风所破歌》先描述个人遭际，结尾处借助议论和抒情升华。试结合作品分析这两种写法的表达效果。《唐诗三首》中有不少精彩之处，如《石壕吏》的巧妙构思，《茅屋为秋风所破歌》中对恶劣天气和生活环境的描写，《卖炭翁》中对卖炭老人及宫使形象的刻画等，试结合具体诗句做简要分析。

上述问题围绕写作手法与作者情感的关系展开，涉及的关键概念有手法、环境描写、形象刻画、表达效果。

（四）典故与情感

《江城子·密州出猎》中，"亲射虎""遣冯唐""射天狼"的典故分别表达了什么意思？它们与贯穿全词的"狂"有什么关联？《南乡子·登京口北固亭有怀》中"生子当如孙仲谋"一句运用典故，表达了词人什么情感？

上述问题围绕典故与作者情感的关系展开，涉及的关键概念有典故、意思、情感。

（五）词句与情感

《使至塞上》的颈联被誉为"独绝千古"，清人黄培芳认为其妙处在于"'直''圆'二字极锤炼，亦极自然"。你怎么理解这一说法？你觉得这两句诗好在哪里？关于陶渊明《饮酒》（其五），苏轼这样评述："因采菊而见山，境与意会，此句最有妙处。近岁俗本皆作'望南山'，则此一篇神气都索然矣。"你怎么理解苏轼的这段话？说说你的想法。你有过登山的经历吗？当你登高纵目，与云朵、飞鸟、山峦融为一体时，也许就会心气清朗，油然而生类似《望岳》与《登飞来峰》所写的那种感觉。反复诵读这两首诗，体会两首诗结尾两句的含义。古诗文中某些名句往往被后人反复引用，并衍生出新的意义。请解释诗句在原作中的意思以及后来衍生的意义。《卖炭翁》讲述了卖炭翁以伐薪烧炭艰难维持生计却横遭掠夺的悲惨故事，从中可以看出当时怎样的社会现实？诗人的态度又是怎样通过对人物、事件的描述表现出来的？《过零丁洋》中的"人生自古谁无死，留取丹心照汗青"是千古名句，试结合全诗及作者生平，谈谈你的理解。

上述问题围绕词句与作者情感的关系展开，涉及的关键概念有炼字、名句赏析、本义、衍生意义、蕴含哲理、社会现实。

二、理解概念

八年级上册第三单元单元说明中指出，"阅读古代诗文，可以获得美的享受，净化心灵，陶冶情操""反复诵读，借助联想和想象，进入诗文的意境，感受山川风物之灵秀，体会作者寄寓其中的情怀"。

(一) 意象和意境

意象和意境是中国古典诗歌中非常重要的两个审美概念，通常一起使用，共同构成了诗歌的审美基础和独特的艺术境界。意象指的是诗歌中用来表达情感和思想的物象或画面。意象是具体的、形象的，可以是一个事物、一个场景或者一个动态的过程。在诗歌中，意象是诗人感受和认识世界的媒介，也是诗人表达情感、寄托思想的载体。意境是指诗歌通过意象的组合和内在联系所形成的整体氛围和审美空间。意境是抽象的、朦胧的，包含了诗人要表达的所有深层含义，是诗歌的灵魂。

(二) 诗歌主要表现手法及作用

1. 修辞手法。

古诗词常用的修辞手法有：夸张、对比、比兴、比喻、比拟（拟人、拟物）、借代、对偶、反复、排比、设问、顶针、互文等，有些修辞是古诗文中比较特殊的，如用典、互文、顶针等。

用典是指在诗词中引用历史人物、神话传说、古籍文献等典故来表达情感或增强语言的表现力，从而增加诗词的文化内涵和深度。互文也叫互辞，"参互成文，含而见文"即上下文义互相交错，互相渗透，互相补充，从而表达一个完整的意思，如《木兰诗》"将军百战死，壮士十年归。开我东阁门，坐我西阁床。当窗理云鬓，对镜帖花黄"。顶针是指在诗词中，前一句的结尾词语或句子结构，成为后一句的开头，形成一种顶针接龙的修辞效果，使诗词的语言更加紧凑、流畅，同时增强语言的节奏感和音乐感。

2. 表现手法。

古诗词常用的表现手法有托物言志、虚实结合、动静结合、象征、烘托、以乐写哀等。虚实结合中的实景是诗人描写的现实客观景物，即眼前之景、可观之景；虚景是诗人通过感觉、联想或想象而虚拟出的景物，即心中之景、可想之景。虚实结合能够拓宽诗歌的时空界限，丰富诗歌的内容，增强诗歌的表现力，达到表现超越现实的情感和意境的目的。动静结合是指诗人将动态的描写与静态的描写相结合，形成生动的画面，传达更为深刻的意境，使诗歌语言生动，形象鲜明，增加层次感和立体感。以乐写哀是通过对比手法，用喜悦的词语、场景来表达哀伤、悲苦的情绪，增加诗歌的情感张力，通过反差产生更深的哀愁效果。

（三）情景、情感、情怀、情操

古诗文阅读中，以"情"生发的词语有"情景（情境）""情感"和"情怀""情操"。

情景（情境）是指在古诗词中所描绘的环境，景物与表现的情感融合一致所形成的艺术境界。"情"指作品中表现的人物的情感、情绪、情趣、情志等；"境"指作品中具体描绘的客观环境、具体场景，与"情境"相通。情景交融，通过景物的描绘表达诗人的情感和心境。

情感是指古诗词中诗人对人物、事物、景物等所产生的主观情绪体验和心理反应，可以是喜、怒、哀、乐等各种基本情绪，也可以是对友情、亲情、爱情、家国情怀等情感的抒发。情感与认知、意志密切相关，是人在认识和评价客观事物时，对事物的关切程度和态度的反映。

情怀是指古诗词中诗人对生活、人生、理想、信仰等所持有的坚定信念和追求，表现为诗人对某种价值观念的执着追求，对美好生活的向往，对国家和民族的忧虑等。情怀体现了诗人的高尚品质和崇高理想，使作品具有深刻的内涵和广泛的影响力。

情操是指古诗词中诗人所展现的高尚的道德品质和崇高的精神追求，包括诗人的品德、修养、人格魅力等，是诗人内心世界的外在表现。

情景主要关注的是古诗词中具体的场景和氛围；情感着重于诗人对事物所表达的具体感受和情绪；情怀关注诗人对生活、人生、理想等所持有的信念和追求；情操则关注诗人所展现的高尚的道德品质和崇高的精神追求。这四个概念相互关联，共同构成了作品的丰富内涵和独特魅力。

三、探寻规律

（一）分析规律

结合教材例子分析品读古诗词情感的规律（见表 4-16）。

表 4-16　品读古诗词情感的规律探寻

举例	问题	解析	规律
《南乡子·登京口北固亭有怀》	"生子当如孙仲谋"一句运用典故，表达了词人什么情感？	辛弃疾是南宋著名的爱国诗人，一生坚持抗金复国，但不受重用，抱恨而终。最后一句诗的意思是要是能有个孙权那样的儿子就好了，表达作者对英雄的仰慕之情和渴望恢复国家统一的爱国之情以及对南宋朝廷的不满、壮志难酬的悲愤之情。	联系写作背景或借助关键词句法。
《望岳》	说说"造化钟神秀，阴阳割昏晓"中"钟"字有何妙处。	"钟"是凝聚的意思，运用了拟人的修辞，生动写出了大自然赋予泰山神奇秀丽的景象，表达了诗人对泰山的喜爱和赞美之情。	解释字词含义，判断手法，分析手法、描写的内容和表达的情感。
《过零丁洋》	"人生自古谁无死，留取丹心照汗青"是千古名句，试结合全诗及作者生平，谈谈你的理解。	南宋末年，文天祥在潮州与元军作战被俘，途经零丁洋时写下了这首诗。自古以来，人世间谁能免于一死？只求留颗赤胆忠心，永远照耀在史册上。此句慷慨陈词，直抒胸中正气，表现出舍生取义、视死如归的坚定信念和昂扬斗志。	结合生平＋表达技巧＋诗句内容＋作者情感。
《观沧海》	"日月之行，若出其中；星汉灿烂，若出其里"描绘了怎样的景象？请简要分析。	大海吞吐日月、包容星辰，景象壮丽。	景象描写＋特点概括。
《使至塞上》	从修辞角度赏析"征蓬出汉塞，归雁入胡天"这句诗。	运用比喻，诗人把自己比作蓬草，生动地描绘出塞外的荒凉萧索，表达出作者孤独落寞和抑郁激愤之情。	判断修辞手法，分析手法、描写的内容和表达的情感。

(二) 品读诗歌情感的规律

1. 炼字与情感。

诗歌是语言的艺术，古人写诗特别讲究"炼字"。一句诗或一首诗中最精练传神的一个字、一个词，一般是动词、形容词、副词、数量词、叠词，如"悠然见南山"中的"见"字，使诗歌生动形象，境界全出。

2. 意境与情感。

意境是通过意象的组合和内在联系，诱发读者想象和思索的艺术境界，是诗人思想感情与作品的生活图景完美融合的产物，渗透着作者含蓄、丰富的情思。意象是自然景物和人文景物，是诗人感情的载体。诗作中所写之景、所示之物，这客观的"象"与作者借景抒情的"情"、咏物所言的"志"完美结合。古诗词中的意象往往是约定俗成、有规律可循的，如梅花是高洁品格的象征；月亮代表思乡之情；鸿雁是传书的信使等。有时诗人还会创造一群意象，如马致远的《秋思》就创造了十一个意象，用"断肠人"这一中心意象来表达思归怀远的秋思。还有一类意象是人物形象，有的抒情主人公是诗人自己，有的是作品刻画的人物形象。古诗词中常见人物形象有豪迈的形象，忧国忧民的形象，寄情山水、归隐田园的隐者形象，怀才不遇、壮志难酬的形象等。

与诗歌意境（情景）关系相关的手法有寓情于景、触景生情、情景交融。常用意境类型有慷慨悲壮、雄浑苍劲、恬淡闲适、清新自然、安谧娴静、雄浑壮观、悲壮苍凉、孤独冷寂、寂静清冷等等。《使至塞上》的意象包括"单车、属国、居延、征蓬、归雁、汉塞、胡天、大漠、孤烟、长河、落日、萧关、候骑、燕然"等。这些意象都非常具体，易于在脑海中形成生动的画面。"大漠孤烟直"描绘辽阔的沙漠中孤独的烽烟，形象地表现了边塞的荒凉和孤独；"长河落日圆"描绘黄河边上落日的美景，展示边塞的自然风光。整首诗的意境是雄浑、壮丽。诗人通过对边塞自然景象的描绘，表现了对边塞生活的感悟和对国家边疆的关怀。

3. 题材与情感。

爱国忧民诗主要表现作者对国家命运的关心，山河沦丧的痛苦，对百姓离乱的忧愁，对民族命运的担忧；即事感怀诗主要表达世事多变、沧海桑田的感慨与怅惘，对建功立业的渴望，壮志难酬的悲叹；山水田园诗主要表达寄情山水之乐、归隐山林之志；咏史怀古诗是表达昔盛今衰的感慨、借故讽今的情怀。古诗词中，作者的思想感情基本上以正向的居多，如积极、洒脱、欣喜、向往、喜悦、愉快，即使开始是忧愁、悲苦、悲愤，结尾处也能笔锋一转，让人感受到诗人旷达的胸襟、乐观豪迈的心态，或者是寄情山水的闲适和恬淡。

4. 手法与情感。

叙议结合：叙述是对诗歌中所描绘的情景进行描述，议论则是对这些情景进行评价和感慨，叙议结合使诗歌既有生动的画面，又有深刻的思考，增强了诗歌的感染力。

托物言志：通过描绘某个富有象征意义的物体，如松、竹、梅等来隐喻诗人的品格和理想。

借古讽今：通过对历史事件或人物的描述，隐喻和讽刺现实社会中的现象或问题，具有很强的社会批判性，使诗歌具有深刻的社会意义。

借景抒情：通过对自然景物的描绘，使诗歌充满了诗情画意，让人在欣赏美丽景色的同时，感受到诗人的情感。

寓情于景：将情感融入对景物的描绘中，景物具有情感色彩，使诗歌具有更强烈的感染力。

情景交融：将情感与景色紧密结合起来，景色成为情感的载体，使诗歌具有更丰富的内涵和更高的艺术价值。

四、归纳技术

归纳品味古代诗词情感的技术见表 4-17。

表 4-17　古代诗词情感的技术归纳

能力点	问题表述	品读指导	品读角度
品味炼字精妙	诗歌中的某个字或某个词有什么表达效果？	首先，解释某字或某词在文中的含义，从词性、色彩、修辞等角度入手分析字或词；其次，点出某字或某词写出了什么内容；再者，烘托了怎	释字词含义＋表现手法＋分析字词表达的内容＋意境或情感。

续表

能力点	问题表述	品读指导	品读角度
		样的意境或表达了什么情感。分析时要结合全诗的意境和作者的情感去答，不能孤立地谈该词的作用。	
赏析经典名句	诗歌的某联成了千古名句，该如何理解？	先从赏析角度，如语言特点、修辞手法、表现手法、表达方式等方面考虑经典名句的精妙；再结合全句分析，写出描绘的内容；最后领悟情感，表达作者的情感。	表达技巧＋内容＋作者情感。
描绘画面意境	发挥想象，用生动的语言描述诗句所展现的画面。	在读懂诗歌、理解内容的基础上，发挥联想和想象，扣住画面，抓住形象，用生动流畅的语言加以描述；不能偏离诗歌的意境、主题和诗人的情感；切忌仅对诗句做简单翻译。	首先，找全景物（意象），在景物（意象）前面加修饰语、形容词；其次，展开联想想象，用生动流畅的语言描述；最后，总的概括景物描写的特点。
	诗句描绘了怎样的景象？请简要分析。	概括景物描写的特点。	
把握表达技巧	请从修辞（或抒情方式、表达方式、表现手法）赏析某句诗。	指出表达技巧；写出什么内容；表达什么情感。	表达技巧＋内容＋情感。
概括情感主旨	整首诗歌或哪一句诗表达了作者怎样的思想感情？这首诗歌反映了怎样的社会现实？这首诗歌表现了怎样的情趣？	通过关注诗词标题、联系写作背景、借助关键词句、领会诗词意象理解情感主旨。要特别注意大多数古诗词的思想感情不是单一的，其中可能交织着多种情感。分析作者的思想感情，切忌空洞，要答具体。	看标题、看作者、看序言和注解、找情语、品意象。

五、实践运用

（一）下面是三首与牛郎织女有关的诗歌。朗读这些诗歌，说说诗人借牛郎织女的故事，表达了怎样的情感。

秋夕 ［唐］杜牧

银烛秋光冷画屏，轻罗小扇扑流萤。天阶夜色凉如水，卧看牵牛织女星。

七夕 ［唐］李商隐

鸾扇斜分凤幄开，星桥横过鹊飞回。争将世上无期别，换得年年一度来。

鹊桥仙 ［宋］秦观

纤云弄巧，飞星传恨，银汉迢迢暗度。金风玉露一相逢，便胜却人间无数。
柔情似水，佳期如梦，忍顾鹊桥归路！两情若是久长时，又岂在朝朝暮暮？

"牛郎织女"这一古老的故事中，两人为银河阻隔，一年只能相会一夕，因此成为夫妇（恋人）分离的象征。这里的几首诗词，都反用其意。两首唐诗以牛郎织女一年一度的相会，反衬永无相会可能的寂寞、痛苦；秦观的词，则更推出新意，以"便胜却人间无数""又岂在朝朝暮暮"等诗句，歌咏了爱情的热烈、坚贞、美好。

（二）阅读下面的宋诗，完成下面小题。

遥碧亭

杨 杰

幽鸟[①]无心去又还，迢迢[②]湖水出东关[③]。暮云留恋飞不动，添得一重山外山[④]。

［注］①幽鸟：鸣声幽雅的鸟。②迢迢：水流绵长的样子。③东关：关隘名。④暮云留恋飞不动，添得一重山外山：日暮云还，恋山不动，远望如山外又添一山。

1. 诗中描写了哪些景物？表达了什么情感？

诗中描写了幽鸟、湖水、暮云、重山等景物。表达了诗人沉醉山水的愉悦和闲适自得之情。

2. 请发挥联想与想象，描绘你从三、四两句中体会到的情境。

比我更喜欢这湖光山色的，是暮云，它悠游、低回、停驻，在山的后面呆呆地依偎成了一重温柔的新山。

第七节　辨识说明方法

为了提高说明语言的科学性和准确性，使说明对象更具体、更生动，更有说服力，说明文通常综合运用多种说明方法。八年级上册第五单元的单元说明指出了解文章是如何使用恰当的方法来说明对象特征的。《中国石拱桥》的思考探究列举了常用的一些说明方法，如下定义、举例子、作比较、打比方、分类别、画图表、列数字、引用等，此外还有作诠释和摹状貌。从教材中筛选有关说明方法的问题，学会准确地辨识说明方法的类型，并分析说明方法的作用。

一、问题溯源

《中国石拱桥》中用了哪些说明方法，找出实例并说说它们的作用。读《蝉》时，要学习其说明事物的独特方法。说明事理有许多方法，如举例子、作比较、列数字、引用等。试从《大自然的语言》中各找出一个例子，说说其作用。上述问题都指向说明方法及作用，涉及的概念有各种的说明方法。

二、关键概念

说明方法是指在写作过程中，作者为了更生动、具体、清晰地表达事物或概念，采用的一种表达方式。说明方法包括分类别、下定义、举例子、作比较、列数字、打比方等。这些方法有助于读者更好地理解和掌握所描述的内容。作用则是指说明方法在文章中所起到的功能和效果，不同的说明方法具有不同的作用。

下定义和作诠释是一件容易混淆的说明方法。下定义是指用简明扼要的语言，对某个概念、事物或现象的本质特征进行准确界定的一种说明方法。常使用判断句，包括内涵、外延和本质特征三个要素。内涵是指定义所涉及的概念或事物的内在含义，外延是指所有符合这一定义的实体或现象，本质特征是指定义所揭示的事物与其他事物区别开来的根本属性。作诠释是指对某个概念、事物或现象进行详细解释、阐明其特点、用途、原理等的一种说明方法。作诠释可以通过举例、比较、分析等方式，对事物的具体内容、意义、作用等进行描述。下定义的说明对象和说明内容可以互换，其义不变，而作诠释则不能互换。

三、原理探寻

说明方法是实现文章表达目的的手段，而作用则是说明方法在文章中所发挥的实际效果。恰当地选择和运用说明方法，能够使文章更具说服力、生动性和条理性，从而达到更好的表达效果。结合教材例子学习辨识说明方法的规律（见表4-18）。

表4-18　辨识说明方法的规律探寻

举例	问题	解析	语言标志	作用
《中国石拱桥》	"石拱桥的桥洞成弧形，就像虹。""桥洞不是普通半圆形，而是像一张弓……"	打比方：将桥洞比作虹、弓，形象生动地说明了石拱桥形式优美的特征。	运用比喻的修辞手法进行说明，常用"如、像、仿佛、犹如"等比喻词	将××比作××，形象生动地说明了事物××的特征、事理。
	列举赵州桥和卢沟桥两个例子。	举例子，具体、有力地说明了中国石拱桥形式优美、结构坚固、历史悠久。	列举有代表性的具体事例来说明事物，常用"如""例如""比如""据说""譬如"等词语。	通过举××的例子，具体、有力地说明了××的特征（道理）。
《大自然的语言》	"北京的物候记录，1962年的山桃……结果受到低温的损害。"	举例子，具体、有力地说明了物候对农业生产的重要性。		

续表

举例	问题	解析	语言标志	作用
《中国石拱桥》	引用唐朝张嘉贞的话"制造奇特,人不知其所以为"。	用唐朝张嘉贞的话,充分具体地说明了赵州桥设计施工的精巧;赵州桥形式优美,同时增强了文章的可读性和文学性。	引用言论、资料、传说、民谣等,一般都有引号。	引用××资料,充分具体地说明××,增强文章的可读性和文学性,引起读者的阅读兴趣。
	"赵州桥非常雄伟,全长50.82米,两端宽9.6米,中部略窄,宽约9米。"	列数字,科学准确地说明了赵州桥的长度与宽度。	呈现具体的数字(确数、约数、小数、分数、百分比、度数等)。	科学准确的说明事物的大小、长短、多少等特点。
	这些石刻狮子,有的母子相抱,有的交头接耳,有的像倾听水声,有的像注视行人,千态万状,惟妙惟肖。	摹状貌,具体、形象地说明了卢沟桥的形式美。	对事物进行细致描摹。	具体、形象地说明了事物××的特点。
	"永定河发水时,来势很猛,以前两岸河堤常被冲毁,但是这座桥极少出事,足见它的坚固。"	作比较,把卢沟桥与两岸河堤相比较,突出强调了卢沟桥十分坚固。	将说明对象与另一事物进行比较,常用"比""而""相对于""也""较"等。	把××和××作比较,突出强调了××的特征(道理)。

第四章 "联动"语文的教学要点

续表

举例	问题	解析	语言标志	作用
《大自然的语言》	"又如济南苹果开花在四月中或谷雨节,烟台要到立夏。两地纬度相差无几,但烟台靠海,春天便来得迟了。"	作比较,把济南苹果开花的时间与烟台相比较,突出强调了经度是决定物候现象的重要因素。		
	如"由于各拱相连,所以这种桥叫联拱石桥。"	作诠释,具体解释说明了联拱石桥的特征。	对事物做大概的介绍,常用"因为、由于、是由××造成的"等词语。	具体解释说明了××的特征、事理。
	"秋冬之交,天气晴朗的空中,在一定高度上气温反比低处高。这叫逆温层。"	下定义,科学准确地说明了逆温层是高处的气温比低处高的气温层,使读者对逆温层有了本质上的认识。	表述上用"××是××""这就是××""××叫(作)××"的判断句式。	科学准确的说明了××是××,使读者对××有了本质上的认识。
	"物候现象的来临决定于哪些因素呢?首先是……第二个因素……第三个因素是高下的差异……还有古今的差异……"	分类别,条理清晰地说明了决定物候现象来临的四个重要因素。	常用"一类(种)是××一类(种)是××""(一)(二)(三)(四)""首先、其次、最后"表述。	条理清晰地说明了××。

177

四、归纳技术

辨识说明方法，第一步是朗读课文或句子，整体感知文章的内容和形式，了解说明对象的特点或成因，为分析说明方法的作用奠定基础。第二步是根据说明对象的特点或成因，结合具体的词句，确定作者所运用的说明方法。第三步是分析某种说明方法在文段中是如何运用的，并结合具体内容分析这种方法的作用和效果。第四步是根据分析的内容，组织答案。说明方法的作用，往往需要从三个方面来回答：一是明了特征，二是释清事理，三是给人启示。

五、实践运用

《蝉》一文主要用了哪些说明方法，找出实例并说说它们的作用。如"大多数掘地昆虫，例如金蜣，外面总有一座土堆"是用举例子，具体、有力地说明了大多数掘地昆虫的生活习性的特点。"其实，它干起活来简直像矿工或铁路工程师"是打比方，将蝉的幼虫比作矿工或铁路工程师，形象生动地说明了蝉的幼虫聪明、能干。"一个小孔内约生十个卵，所以生卵总数约为三四百个"是列数字，科学准确地说明蝉产卵的数量。"危险来自一种极小的蚋，蝉和它比起来，简直成为庞大的怪物"是作比较，突出强调了蝉的体形庞大。"开始很像极小的鱼，眼睛大而黑，身体下面有一种鳍状物，由两个前腿联结而成"是摹状貌，具体、形象地说明了蝉的鱼形幼虫的特征。"金蜣的工作是由洞口开始，所以把掘出来的废料堆积在地面。蝉的幼虫是从地下上来的，最后的工作才是开辟大门口。因为门还未开，所以不可能在门口堆积泥土"是作诠释、作比较，具体解释说明了蝉的幼虫和金蜣挖地穴的方法不同，突出强调了蝉的幼虫挖地穴的方法。

第八节 辨析论证方法

要了解议论性文章的特点，把握作者的观点，区分观点和材料，理清论证思路，学习论证的方法。议论性文章用的论证方法有举例论证、对比论证、道理论证、比喻论证等。从教材中筛选有关论证方法的问题，学会准确地辨析论证方法，分析论证方法的作用。

一、问题溯源

《纪念白求恩》第2—3段通过对比手法，突出白求恩的高贵品质，体会对比手法的表达效果。《最苦与最乐》从具体的生活情境开始论述，有什么作用？《应有格物致知的精神》举自己的经验为证，有什么好处？《敬业与乐业》用了哪些论证方法？试举例说明。《就英法联军远征中国致巴特勒上尉的信》后半部分围绕着"两个强盗"的比喻展开，这样写具有怎样的表达效果？《中国人失掉了自信力吗》开头连续列举的三个"事实"，有什么作用？"中国脊梁"这个比喻好在哪里？《山水画的意境》探讨山水画的意境，却多以诗词为例；行文中，还引用了些人们耳熟能详的语句，说说它们的作用和表达效果。

上述问题指向论证方法，涉及的关键概念有对比手法、事实、比喻、表达效果、作用等。

二、关键概念

论证方法是指在论证过程中运用一定的逻辑方法来证明论点的方式。举例论证是通过提供具体的实例或案例来支持论点，涉及运用实际发生的事件、事实、统计数据、个人经历等，以此来证明某个观点的有效性或正确性。道理论证是通过逻辑推理来支持观点，使用普遍真理、原理、定律、定义等逻辑上的规则进行推理，从而得出结论。对比论证是通过比较两个或多个不同的观点、事物、理论、案例等来支持结论，帮助读者理解不同观点之间的差异和相似之处，从而更好地接受或拒绝某个论点。比喻论证是通过类比或比喻来支持观点，将一个事物或观点与另一个事物或观点进行类比，使复杂的概念变得更容易理解。

表达效果是指在论证过程中，论证的表达是否清晰、有力、有说服力。良好的表达效果可以使论证更加容易被接受和理解，增强论证的说服力。表达效果的好坏取决于表达者对论证方法的应用程度、对论据的选择和处理能力以及语言表达的能力。

三、原理探寻

论证方法和表达效果之间存在密切的联系。论证方法是表达效果的基础，只有选择了合适的论证方法，才能更好地组织和表达论点。而表达效果则是论证方法的体现，无论论证方法多么正确，如果表达效果不佳，就无法使论证具有说服力。在论证过程中，不仅需要选择合适的论证方法，还需要注重表达效果的提升，使论证更加有力、清晰和有说服力。结合教材例子探寻辨析论证方法规律（见表 4-19）。

表 4-19　辨析论证方法规律探寻

举例	问题	解析	规律
《敬业与乐业》	本文用了哪些论证方法，有什么作用？	举例论证：举百丈禅师不做事就不吃饭的实例，有力地论证了"要有业"的观点，增强了文章的说服力。	举例论证的语言标志通常是"例如""比如""诸如"等词语，其表达效果通过具体的实例来证明论点，使论证更具体、更有说服力。
《最苦与最乐》	阅读第 3 段，说说从具体的生活情境开始论述，有什么作用。	举例论证：列举生活中常见的负责任例子，启迪读者什么是"负责任"，进而论证了"负责任"将会是最痛苦的，使论证既有说服力又通俗易懂。	

续表

举例	问题	解析	规律
《最苦与最乐》	正面说"凡做一件事……",反面说"一个人对于自己的职业不敬……"	对比论证:把对待职业的不同态度进行对比,突出论证了"要敬业"的观点,增强了文章的说服力。	对比论证的语言标志通常是"与此同时""与此相反""反观"等词语,其表达效果是通过比较两种事物或现象的异同,突出其中一种,使论证更鲜明、更有说服力。
	"饱食终日,无所用心,难矣哉""群居终日,言不及义,好行小慧,难矣哉"论证了"无业游民,无药可医"的观点。	道理论证:引用孔子的观点,进而论证了"要有业"的观点,增强了文章的权威性。	道理论证的语言标志包括"根据……表明……显示""原理规定""理论说明"等词语,其表达效果是通过理论、原则、规律等证明论点,使论证具有权威性和可靠性。
	"职业性质,常常要和同业的人比较骈进,好像赛球一般,因竞胜而得快乐。"	比喻论证:把与同业人的竞争获胜的快乐比作是球赛获胜的快乐,化抽象为具体,形象地论证了"凡职业都是有趣味的,只要你肯继续做下去,趣味自然会发生"的观点,进而论证了"要乐业"的观点。	比喻论证的语言标志包括"犹如""如同""仿佛"等词语,其表达效果是通过比喻的手法,将抽象的道理形象化,使论证更生动、更形象。

四、归纳技术

不同的论证方法是为了使材料和观点更紧密地结合在一起,使论证更具有说服力，更易于读者理解和接受。辨别论证方法的第一步是朗读文本，能区分材料和观点。第二步是根据事实材料和理论材料的语言标志，辨别区分不同的论证方法。用不同方法的结构句式组织语言，举例论证是举了××的事实，有力地论证了××观点，使论证更具说服力。对比论证是把××和×××进行正反对比，突出有力地论证了××观点，使论证更具说服力。道理论证如引用了××有力地论证了××观点，使论证更具权威性。比喻论证是把××比作××，化抽象为具体，形象地论证了××观点，使读者更易于理解。

五、实践运用

孟子三章《生于忧患，死于安乐》列举了六位历史上著名人物的事迹，运用举例论证，说明这些人虽出身贫贱，但他们在经受了艰苦磨炼之后，终于成就了不平凡的事业。

第九节　阅读非连续性文本

非连续性文本是针对完篇的连续性文本而言提出的。《义务教育语文课程标准（2022年版）》"阅读与鉴赏"第四学段的目标指出"阅读由多种材料组合、较为复杂的非连续性文本，能领会文本的意思，得出有意义的结论"。学业质量要求中，把非连续性文本与新闻报道、说明性文字一起归入实用类阅读的范畴，指出其学业成就是能区分事实与观点，能提取、归纳、概括主要信息，把握信息之间的联系，得出有意义的结论；能利用掌握的多种证据判断信息的真实性与可信度，能运用义本信息解决具体的问题。

一、问题溯源

非连续性文本阅读是初中语文阅读教学中备受关注的热点，又是目前初中语文教材中没有确切资源的一个板块。正因为此，实际教学中，大部分教师只注重课文教学，很少渗透非连续性文本阅读教学和专题训练，导致学业测评时无法自如应对。

通过开展不同层次学生的"非连续性阅读"调查，了解、诊断非连续文本阅读状况。具体表现在以下几个方面：第一，学生读文和读图的能力较弱，不能准确把握各则材料之间的区别和联系，受到干扰信息的影响，理解偏颇。第二，审题不清，文本意识不强。进行信息印证时，只盯着局部信息，没有回归文本。概括信息时，答非所问，甚至自由发挥。第三，概括信息的原理没有掌握，无法结合文本进行提取、归纳，概括信息的要点不准、不全，表述过于泛化笼统；或者重复啰嗦，或者没有提炼材料信息，照抄文本。因此，在日常教学中需要对非连续文本的教学内容进行科学地选择和有效地开发，结合学业质量标准，构建非连续性文本阅读的理论和教学框架，落实"教—学—评"一致性，提高非连续性文本的阅读能力。

二、关键概念

非连续性文本是指不遵循线性叙述或句子之间没有直接连接的文本形式。这些文本通常由独立的片段、摘录、图像、图表、列表或其他非线性元素组成，它们可能没有明显的起点或终点，而且各个部分之间的关系可能是隐含的或需要读者去推断。非连续性文本的内容不连续性，首先体现在结构上的不连续性，其组成部分在结构上是独立的，每个部分可能是一个完整的单元，与其他部分不一定有直接的关联。其次体现在信息呈现的不连续性，信息以片段化的方式呈现，可能包括不同的媒体类型（如文字、图像、数据表等），这些片段需要读者整合和跨媒介阅读。最后体现在意义构建的不连续性，读者在解读非连续性文本时，需要从多个分散的来源中提取信息，并自己构建意义，而不是接受连续性文本中直接传达的主题或故事。

"领会意思，得出结论"是指阅读由不连续的信息组成的非连续性文本时，能够理解这些信息的内容，并将它们整合在一起，进行综合分析，最终形成一个有价值的结论或理解。

事件的影响指的是事件所产生的直接和间接结果，对人们的生活、社会结构、政策制定、经济状况等方面所造成的实际变化。影响可以是正面的，也可以是负面的，可以是短期的，也可以是长期的。事件的影响通常涉及人员变动、经济损失、社会稳定、政策变动、国际关系等方面。

事件的意义则更加抽象，它指的是事件在历史、文化、社会或个人层面上所蕴含的深层次价值和象征意义。意义可能涉及事件背后的理念、所代表的历史转折点、对后世的教育和启示作用以及对人们观念和行为方式的影响，涉及历史象征、教育价值、启示作用、文化传承等方面。

建议是指对某一问题或现象提出的建设性意见或提案，旨在提供改进或解决问题的方案。提出合理建议通常需要对现象有深入的理解，分析其背景、原因、现状和可能的影响。基于理解和对信息的分析，并考虑实际的可行性和资源，构思可能的解决方案或改进措施。

三、原理探寻

引导学生理解非连续性文本的选材实用性和实用功能明显的特点，为思维训练奠定基础，启发学生关注生活。

（一）文字信息提取与概括

阅读2018年福建省中考非连续性文本的材料三，请简要概括"归国潮"为我国带来哪些积极影响。首先分析题干要求，明确阅读范围是材料三，答题要点是概括"归国潮"带来的积极影响。首先，阅读材料三的四句话，注意与"归国潮"积极影响相关的语句。其次，细读文字，逐句解读，画出与题干有关的语句。第一句写国家重点项目中七成是"海归"，第二句写"高新技术企业为中国经济注入新的活力"，第三句写量子物理学家先后回国，组建物理界的"梦之队"，第四句写国家有关部门把握住中国的发展大势，作出了加快人才建设的诸多战略决策。然后，分析这四句话之间的关系，可以知道每句话都指向不同的意思。最后，根据筛选出来的信息，用简洁的语言概括，分别是促进国家重点项目的建设、为中国经济注入新的活力、增强中国科技队伍的实力、推动国家做出加快人才建设的战略决策。

阅读2019年福建省中考非连续性文本的材料三，简要概括我国建成后的空间站具有什么特点。首先，分析题干要求，明确阅读范围是材料三，答题要点是分析概括空间站的特点。先通读材料三的三句话，注意与"我国建成后的空间站的特点"相关的语句。第一句总说中国空间站的优势，后两句具体说。其次，细读后两句，画出与题干有关的语句。第一句是长句，写"会单独发射一个光学舱，光学舱里架设一套巡天望远镜，可以对40%以上的天区进行观测"。第二句句首的"同时"是提示词，提示后面还有答案，讲了"拥有完整的可再生生命保障系统"。然后，分析这两句话之间的关系，可以知道每句话都指向不同的意思。最后，根据筛选出来的信息组织语言，分别是配备一套能对40%以上的天区进行观测的巡天望远镜和拥有完整的可再生生命保障系统。

阅读2020年福建省中考非连续性文本，根据上述材料提出如何才能把志愿者服务做得更好的建议。首先，分析题干要求，明确阅读范围是全部材料，答题要点是提出把志愿服务做得更好的建议。先通读材料，注意与"如何才能把志愿者服务做得更好"相关的语句。其次，逐个材料细读，围绕题干要求画出相关语句。材料一主要信息在专家说的话："志愿者服务团队要更好地设计、执行志愿者服务项目。"材料二知心姐姐"建议群主开通网络心理咨询平台，可以更好地发挥她的特长"；尖尖角"希望以后能灵活安排活动地点"，托尼提出"周一到周五需要理发的，他一定参加"。这些都与题干要求相关。最后，根据筛选出来的信息进行整合，概括出答案，分别是志愿者服务团队要根据公众需求的变化来设计、执行志愿者服务项目，时间、地点、形式等安排要更灵活、更人性化，要有利于发挥志愿者的兴趣和特长。

阅读2021年福建省中考非连续性文本，根据材料一和材料三简要分析红色旅游对青少年成长有什么意义。首先，分析题干要求，明确阅读范围是材料一和材料三，答题要点是红色旅游对青少年成长的意义。其次，通读材料，注意与"红色旅游对青少年成长的意义"相关的语句。材料一写"感受老一辈革命家的精神风范和价值追求""可以激发爱国热情，弘扬民族精神"。材料三找到李华妈妈的话："了解战争年代的艰难，希望孩子能更加珍惜现在的美好生活。"最后根据筛选出来的信息进行整合，概括出意义：第一，体认老一辈革命家和英雄模范的高尚品质，理解中国共产党坚定的理想；第二，激发爱国热情与民族自豪感，传承红色基因；第三，增进对革命历史的了解，懂得今天的美好生活来之不易，树立正确的价值观。

（二）图表信息的提取与概括

图表题重点是进行信息概括整合，在知晓图表的类型和走势的基础上，梳理图表题的解题思路。

阅读2018年福建省中考非连续性文本的材料二（见图4-8），请分别概括"归国潮"三个阶段"回流率"的特点。本题考查学生对折线图和面积图的认识。结合年份和回流率的走势，分析三个阶段的特点。如第一阶段回流率稳步上升，第二阶段增幅较大，第三阶段保持在高位80％左右。

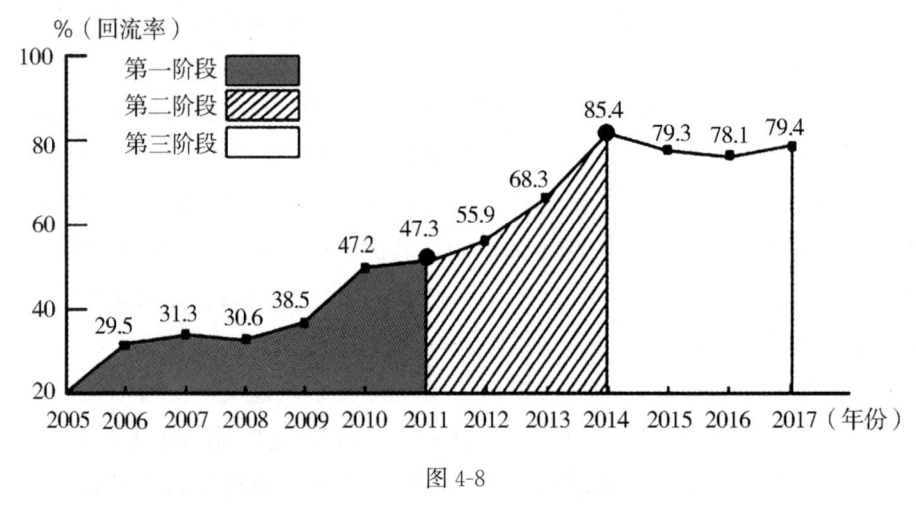

图4-8

阅读2019年福建省中考非连续性文本材料二（见表4-20），简要分析中国天舟一号与国外货运飞船相比，具有哪些优势？

表4-20

技术指标 国家和地区	俄罗斯 进步MS	欧洲 ATV	日本 HTV	美国天鹅座	中国天舟一号
发射质量/t	7.2	20.75	16.5	7.5	13.5
上行能力/t	2.25	7.67	6	3.5	6.5
上行货重比	0.31	0.37	0.36	0.46	0.48

注："t"是计量单位，吨。上行货重比＝上行能力/发射质量，上行货重比越高，货物上行效率越高。

首先审读题干要求，比较中国天舟一号与国外货运飞船的优势，既然是优势，就要找到中国天舟一号数据比大的项目，如货物运送上行能力位居第二，货物运送上行货重比最高等。

阅读 2020 年福建省中考非连续性文本材料二（见图 4-9），简要概括"与 2016 年相比，2019 年公众对志愿者服务项目的需求有什么变化"。审读题干和表头语中的关键词，从横向和纵向、对象之间分析图表中的文字和数据变化；对数据信息进行取舍，求大同去小异，找出数据间变化的内在规律。用"表头语"和题干中的关键词组织语言简要作答。其中分析规律后用准确的词语进行表述是图表题的解题关键。

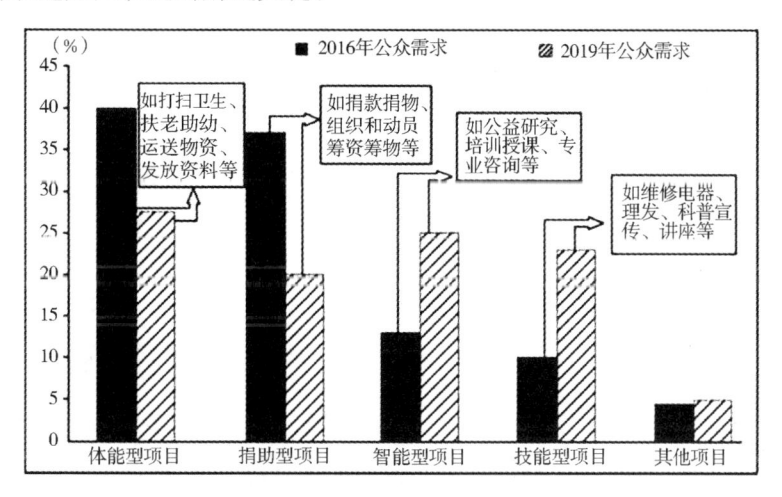

图 4-9

阅读 2022 年福建省中考非连续性文本，综合三则材料简要分析如何发挥"众"的力量，提高防灾减灾工作成效。审读题十，综合三则材料分析提高防灾减灾工作成效的措施。其中材料二是防灾减灾的标志（见图 4-10），通过直观性的图案和形象，增强人们的意识，传导正确的价值观等。根据其他两则材料的内容，归纳提高成效的措施除了增强公众防灾减灾意识，还要提高全社会的

图 4-10

自救自护能力，最后实现徽标倡导的全民携手、共同抗灾的精神。

阅读 2023 年福建省中考非连续性文本，根据某小组提供的两幅齐白石的画作，从命名用意角度拟写一段推介语，代表该小组在班级交流。首先审读题干，明确从命名用意角度拟写一段画作的推介语。这两幅写意画的画作名

187

称都采用谐音的手法，首先要仔细观察画面内容，按一定的顺序进行介绍，然后解释这一名称寄寓作者怎样的思想情感。如《百财聚来》（见图4-11）以白菜、萝卜、蘑菇三种蔬菜入画，三种泛指各种、百种，"百菜"（或"白菜"）谐音"百财"，百财汇聚，寓意财源广进。《事事清白》（见图4-11）以柿子、白菜入画，"柿"谐音"事"，"白菜"叶青茎白，寓意清清白白做事。这两幅画命名寓意美好，雅俗共赏。

百财聚来　　　　事事清白

图 4-11

四、归纳技术

对于连续性思维和零散的点状碎片思维有机结合起来的非连续性文本，以选择方式设题的思维有衍生、遗漏、替换等，经常会筛选繁杂的信息和有一定跨度的信息整合，常见的干扰项类型有张冠李戴、以偏概全、无中生有、因果颠倒等。因此判断信息的真实性与可信度，学生必须具备细心审题的意识和辨识异同的能力，运用批判性思维和信息评估策略，做出正确判断。

第一步，审清题目，抓住问题关键词。

第二步，来源评估，检查信息的来源，通过多个独立来源交叉验证信息，如果多个可信来源都报告了相同的信息，那么该信息的可信度就较高。

第三步，检查证据，对于文本中提到的数据、统计信息和事实，尽量查找原始出处，亲自检查这些信息的准确性。比较选项和对应句，看看选项表达的内容、语义、逻辑是否和原文一致，语法、语言表达上是否一致。比较时特别注意要抓住有效信息中的修饰词或限制词、事物范围的关键词、事物因果关系的关键词以及表范围、程度的词语，如"更加""主要""所有""特别""可能"等，对选项信息与文本信息进行印证，做出相符或不相符的准确判断。

第四步，逻辑推理，评估文本中的论点是否基于逻辑和事实。如果论证过程中存在逻辑谬误或事实错误，那么结论的可信度就会降低。对文本中的隐含假设和偏见保持警惕，分析作者可能的意图和潜在的偏见。

以简答题方式设题，常见提问的方式有阅读材料/请根据材料，简要概括/分析××的影响/特点/意义/作用/原因/方面，阅读材料/请根据材料，提出你对于××的建议。阅读非连续性文本时，解决具体问题需要将文本信息与实际情况相结合，运用分析和批判性思维。

第一步，细审题干，明确你要解决的问题是什么，并明确筛选的范围和要点。

第二步，通读材料，整体把握材料内容，明确材料的主要内容、结构和写作顺序。

第三步，根据题干要求，跳读筛选，搜集与问题相关的非连续性文本信息，包括数据、图表、列表、图片等。

第四步，将不同来源的信息进行连接，分析文本信息之间的关联性，识别信息中的模式、趋势和潜在的因果关系，形成全面的理解。注意关键性的提示词，如"同时""还"等。此外，还要注意标点符号，如分号表并列，每个分号都可能是一个答题要点。

文字类文本内容概括，要看标题，了解文本的阐述方向；快速浏览全文，抓关键句，概括每则材料在内容和观点上的共同点；归纳出文本的主要内容。提取、整合信息要确定答题区域，在文本中画出相关信息的确切位置。在信息区间筛选关键词句，提取有效信息。图画类文本要求介绍画面构图，找齐画面或图标上的图案、文字、数字等，按从主到次或者方位顺序客观地说明其构图要素，准确描述漫画、图标等内容。探究图标含义，要观察漫画或图标的形状、色彩、变形设计，领会其寓意，特别要找准漫画讽刺或颂扬的对象。表格类的文本要求表格数据的筛选与整合，根据表头提示的信息确定答题的方向。分析表格数据，进行横竖多向比较，抓住变化规律，明确作者观点，概括图表反映的主要信息。图示类的文本要根据地图、示意图说明方位和路线，筛选与整合图示信息。

第五步，将分析得出的信息应用到问题的解决中，比如制定计划、做出决策或者提出建议，用动宾句式或主谓句式进行简要概括。

五、实践运用

为了帮助学生树立非连续性文本阅读的信心，提高学生的信息筛选概括能力，可以从七年级开始，分阶段、分梯度地进行渗透训练。

关注教材中的非连续性文本资源，引导学生充分利用语文教科书的插图，挖掘其中隐含的重要信息，得出准确的结论；指导学生依据课文内容的描述，配上与之相关的插图，或对课文已有的插图进行"再加工"。如《昆明的雨》这篇课文，对于其他地方的学生来说，他们对昆明的风俗人情是很陌生的，仅仅通过文字的描述很难想象出昆明雨季的特点。如果先让学生观看一张描绘昆明人家倒挂着的开着黄花的仙人掌的插图，那么昆明雨季湿润，生机勃勃的景象就能生动地呈现在学生眼前，这对提高学生的理解能力和欣赏能力能够起到促进作用。还可以运用教材中的综合性学习资源，用学生感兴趣的方式引领学生参与学习活动。如七年级下册的《天下国家》《孝亲敬老，从我做起》，八年级上册的《人无信不立》《我们的互联网时代》等。通过这样的语文实践，学生的语文综合能力得以提升，语文学习兴趣也得到了激发。

关注课外非连续性文本资源，有意识地培养学生在实际生活中阅读非连续性文本的能力，如读懂旅游地图、景点信息及说明书、电器说明书、衣服品牌标识、药品盒说明书以及校里随处可见的展板、路标等。平时增强学生关注热点新闻的意识，鼓励学生对热点新闻能持有自己的评价态度。指导学生联系生活，用材料里的知识解决生活中的问题。重视培养学生的综合实践能力，注重学科间的整合，对于数学、地理、生物、政治等学科出现的统计图表、漫画等非连续性文本材料，要引导学生筛选信息，概括归纳，发现规律，形成解释，反思评价，迁移运用，培养学生创新思维的能力。

第十节　开展跨学科学习

《义务教育课程方案（2022年版）》指出，"各门课程用不少于10%的课时设计跨学科主题学习"。《义务教育语文课程标准（2022年版）》的课程内容也增设跨学科学习任务群。引导学生在语文实践活动中，联结课堂内外、学校内外，拓宽语文学习和运用领域；围绕语文学习情境和学生生活情境，开展阅读、交流、探究等活动，在综合运用多学科知识解决真实问题的过程中，提升学生的语用能力。语文跨学科学习既是拓展型任务群，又是重要的语言运用情境，对于发展语文核心素养具有独特的优势。在目前教材内容还无法与课程标准相匹配的过渡时期，可以整合现有的教材资源和社会资源，有效开展语文跨学科学习的设计与实践。

一、当前跨学科学习的教学困境

文献研究表明，关于跨学科学习的内涵、特征已达成共识，跨学科学习的实践方向比较明朗，但目前可供参考和借鉴的跨学科教学案例依然比较缺乏。"自上而下"的研究与实践，出现"上热下冷"的现象，这与当前语文跨学科学习的教学存在诸多困难有关。其中最主要的是教材中直接可以运用的跨学科资源比较匮乏。语文跨学科学习虽然以语言运用为主，但需要结合不同学科的素材、案例、实践活动等资源，目前对此类资源的开发较为不足，给跨学科学习造成一定的困扰。此外，一线教师因缺乏整体性的跨学科学习理念，受传统教学的学科边界限制，在跨学科方面的专业知识和整合能力相对不足，无法有效整合资源，设计出符合素养要求的跨学科学习任务。在鲜有的跨学科实践案例中，设计的任务需要学生具备一定的知识、能力水平，大部分的学生，操作起来并不顺畅，学习的效果也不明显。

二、关键概念内涵阐释

"跨学科"这个概念最早由美国学者伍德沃斯明确提出。他认为"跨学科"是突破一个具体学科的界限而同时开展涉及两个及两个以上具体学科的研究活动。① 从静态维度理解,"跨学科"又称之为"交叉学科""融合学科",与哲学、历史学、文学、法学、医学、经济学等具体学科一样,成为一门新兴学科。从动态维度理解,"跨学科"是一种以某个学科为主,关联多门学科的研究活动,如立足文学关联历史学、地理学研究解决问题。

跨学科学习是综合利用两种或两种以上的学科知识、方法,在具体生活情境中解决真实问题的学习活动。其核心要义是"为理解而学、为生活而学、为学科而学"②。语文跨学科学习能让学生认识完整的现实世界,让学生参与真实的社会生活,让学生经历解决复杂问题的过程。③ 跨学科学习蕴含学科融合、问题解决、提高能力三个概念,指向核心素养的正确价值观、必备品格、关键能力。语文跨学科学习,拓宽学习的领域,综合运用多学科知识积累与梳理语言文字,能有效提高学生语言文字运用能力。

语文跨学科主题学习就是立足语文学科,运用跨界融通思维,将语文学科知识与其他相关学科知识有机融合起来,由内而外拓展到其他学科领域,由小而大延伸到校外学习,在具体真实的情境之中解决问题的学习活动。语文跨学科主题学习具有综合性、情境性、实践性等特征。

语文跨学科学习的综合性主要是指多学科知识的融合、学习场域的结合和评价方式的配合。多学科知识的融合关键在于打破学科壁垒或隔阂,交替使用不同学科知识、思想方法去解决问题。如理解古诗词内隐意境,应该先了解诗人所生活的历史背景、所处地理环境等因素,这样解读古诗词才全面、深入。学习场域的结合是指学生的学习由课内到课外、由校内到校外,加强与社会生活的联系,如利用乡土文化资源,参观古建筑,领略古人劳动智慧。评价方式的配合是指采取多元评价方法,不仅关注学生的显性成果,还关注学生的情感投入;不仅关注语文素养水平的提升,还关注共通性素养的生长。

情境有助于学生理解知识、内化知识,将知识转化为素养。语文跨学科学习的情境创设尤为重要,它关系学生学习情感的调动、学习思维的跃动、

---

① 刘仲林. 交叉科学时代的交叉研究 [J]. 科学学研究,1993 (2):11.
② 张华. 跨学科学习:真义辨析与实践路径 [J]. 中小学管理,2017 (11):21—24.
③ 陆志平. 语文跨学科学习要体现其特有价值 [J]. 人民教育,2022 (23):61—64.

学习价值的震动。创设语文跨学科主题学习的情境，应该综合考量语文学习特点、学生生活环境、学生知识"最近发展区"之间的互动关联，应利于整合语文知识与其他学科知识与方法，推动学生发现问题、分析问题和解决问题。如要探究家乡的民俗活动，教师应该在特定时间，引导学生主动融入民俗活动之中，与家人交流，跟朋友互动，和习俗对话，从而感受民俗活动的丰富性和价值性。

实践性是语文跨学科学习的又一显著特征。语文跨学科学习要将具体活动作为学生素养生长的载体，着力建构知识与现实的联系，以学生为活动主体，在学习主题的统领下，在具体学习的情境中，进行自主性、合作性、探究性学习。从实践时空看，不限于课堂、学校；从实践内容看，不囿于教材文本内容；从实践成果看，不止于显性成果，更关注学生活动过程中的素养提升。

三、初中语文跨学科学习的教学路径

语文跨学科学习受到课程资源、教师水平和学生能力等困扰，但这并不意味着语文教师在探索跨学科学习中就无能为力。如何有效破解语文跨学科教学当前的困境，《义务教育语文课程标准（2022年版）》指出解决问题的关键，即"发挥教师自身优势与潜力，积极利用和开发各类课程资源，不断增强课程资源意识，善于筛选、组合课程资源"。[①] 意识要增强，需加深课程理解，转变观念；能力要提高，需加强教学实践，寻求规律。基于学情和地缘优势，选择"身边的文化遗产"阐述初中语文跨学科学习的教学路径，旨在引导学生关注周围环境中的文化遗产，把身边比较熟悉且具有文化价值和历史意义的事物、习俗、建筑、传统技艺等，转化为跨学科学习资源，缩小与跨学科学习的距离感，提高对跨学科学习的理解。

（一）理解跨学科学习的价值

1. 启发横向联系，更新认知结构。

语文跨学科学习与其他任务群最大的区别在于多学科信息综合融入学习

---

① 教育部. 义务教育语文课程标准（2022年版）[S]. 北京：北京师范大学出版社，2022.54.

过程。从人的认知角度来理解语文的跨学科学习，可以发现跨学科学习对人的认知偏向和情绪都能产生积极的影响。人的认知，主要是由信息编码和信息解释等组成。① 跨学科学习过程中，受认知习惯的影响，学生对经常接触的本学科知识，不易引起注意。而偶然渗入的其他学科信息会激发学生的兴趣，产生特定的加工偏好。学生与其他学科信息快速联结后进行信息加工，再依据已有的学习和生活经验，以及获取的证据对信息进行解释。跨学科信息的获取和使用，启发学生对信息的横向联系，更新认知结构，形成丰富的信息储备。

2. 引导纵向深潜，刷新价值观念。

语文跨学科学习强调综合运用多学科知识发现问题、分析问题和解决问题，这与深度学习侧重培养学生高阶思维和问题解决能力的追求是一致的。语文跨学科学习的问题解决强调的是课堂内外、学校内外等真实生活情境下的问题解决。问题是认知的起点，陶行知说："发明千千万，起点是一问。"语文跨学科学习的问题是基于学科融合的问题，超出单一学科的范畴。其问题解决的过程强调应用跨学科的知识和思维，启发学生纵向深潜，探寻概念背后的规律，从而刷新原有的价值观念，激发学生在不同情境中探究学科原理的积极情绪，产生新的价值。

3. 形成立体融通，革新做事习惯。

开展跨学科学习，需要整体规划跨学科学习的活动周期，在前期准备、过程参与和结果展示的历程中培养学生有序做事的意识和习惯。根据问题的深刻性和情境的复杂性，不仅要开展阅读、梳理、探究、交流等语言实践活动，还要开展观察记录、问卷访谈、统计分析、查找筛选等自然学科的理性思维活动以及综合类展示活动。学生需发挥各种潜能，用研究的方式来学习，革新原有内容单一、思维单向的做事习惯，帮助学生养成科学规范、坚持做正确事情的意志品质，逐渐形成一个跨学科思维贯通活动全程的立体结构，对做事方式产生正向的影响。

---

① 沈承春. 基于认知心理学对认知偏向、情绪问题的分析[J]. 产业与科技坛，2022，21（11）：104－105.

(二) 规划跨学科学习的内容

要确保跨学科学习的开展，需要提高教师整合跨学科课程资源的意识和能力。《义务教育语文课程标准（2022年版）》第四学段跨学科学习列出五个方面的内容，但对每个年级、每个学期具体要安排什么主题、运用什么时间来开展、每个主题设计哪些活动和任务，并没有具体的说明，所以有必要对跨学科学习的内容进行整体规划。

1. 统整价值主题。

跨学科学习要聚焦一个主题，运用多门学科知识解决复杂问题，提升综合能力并促进跨学科理解。[①] 缺乏主题性的探究活动，容易让学生的学习浮于浅表，犹如走马观花、蜻蜓点水，学习难以达到知识的意义世界。不仅如此，学生对事物的认知容易滑入盲人摸象的尴尬境地，只知其一而不知其二，知其然而不知其所以然。语文跨学科主题学习的主题作用在于统摄学习活动的目标、任务设计、问题创设、评价实施等环节，使语文跨学科主题学习富有整体感和贯通感。跨学科主题可根据《义务教育语文课程标准（2022年版）》统整，如与自然学科关联的科学活动，心理健康、身体素质的调查活动，对社会热点问题调查后展开的讨论活动，围绕传统美德开展学习与研究后的分享活动，参与文学艺术社团、社区的文化策划与实施活动等。还可根据教材阅读教学单元、活动·探究和综合性学习等，统整"传统文化""前沿科技""语文生活"等主题。也可从区域资源中筛选，根据学校所在区域的自然景观、人文景观、历史遗迹、各类场馆、民俗文化等，统整"家乡的传统文化""生态文化""红色文化"等主题。

2. 建构资源框架。

建构跨学科学习任务群的资源框架，可以借用微信群的"建群"的模式。以《义务教育语文课程标准（2022年版）》提示的五个主题"科学活动、健康成长、社会热点、传统美德、文化活动"和其他活动为"群主"，整合教材中的显性和隐性跨学科资源，还有社会资源、身边资源等，把相关联的资源分别请进群里，建构初中语文跨学科学习任务群资源框架（见图4-12）。

[①] 张玉华. 核心素养视域下跨学科学习的内涵认识与实践路径 [J]. 上海教育科研, 2022（5）：57—63.

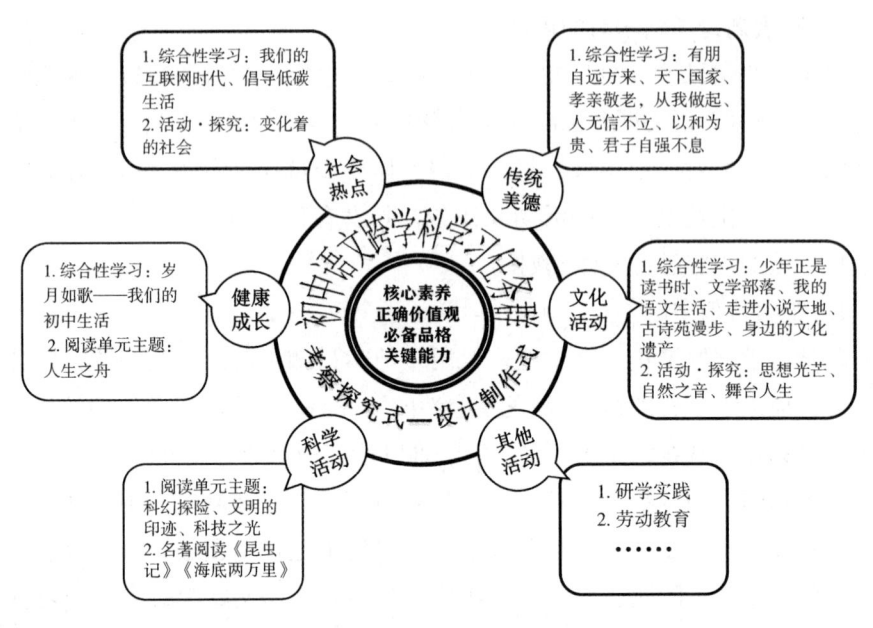

```
               1.综合性学习:                    1.综合性学习:有朋
               我们的                            自远方来、天下国家、
               互联网时代、                      孝亲敬老、从我做起、
               倡导低碳                          人无信不立、以和为
               生活                              贵、君子自强不息
               2.活动·探究:变化着
               的社会
                           社会         传统
                           热点         美德

    1.综合性学习:岁                                          1.综合性学习:少年正是
    月如歌——我们的      健康     核心素养      文化        读书时、文学部落、我的
    初中生活              成长   正确价值观    活动        语文生活、走进小说天地、
    2.阅读单元主题:              必备品格                    古诗苑漫步、身边的文化
    人生之舟                     关键能力                    遗产
                                                              2.活动·探究:思想光芒、
                                                              自然之音、舞台人生
                           科学         其他
                           活动         活动

    1.阅读单元主题:                                1.研学实践
    科幻探险、文明的                                2.劳动教育
    印迹、科技之光                                   ……
    2.名著阅读《昆虫
    记》《海底两万里》
```

图 4-12 初中语文跨学科学习任务群资源框架

3. 设计活动任务。

语文跨学科学习的任务包括撰写并分享实验研究报告,开展调查研究,撰写调查报告;根据热点问题进行文献查找和梳理,罗列发言提纲并参与交流;组建校园社团,参与文化活动;综合运用绘画、表演、创作等形式策划创意活动等。这些活动都表现为多学科知识的综合运用、课堂与课外的紧密结合、听说读写能力的整体发展,体现综合的学习方式。因此,语文跨学科学习任务可分成两类,一类是以问题为导向的考察探究式任务,包含提出问题、做出假设、科学探究、结论印证、反思改进等关键要素。一类是以物化为导向的设计制作式任务,包含创意设计、选择材料、动手制作、展示交流、反思改进等关键要素。不管设计哪类任务,都离不开语言文字的运用,否则将不能体现语文跨学科学习的本质。

(三)开展跨学科学习的设计与实施

根据语文跨学科学习的资源框架图及内容所属的年级、册目开展跨学科学习。如八年级下册的综合性学习"身边的文化遗产",可以充分挖掘学校所在地的资源,有针对性地转化为语文跨学科学习的内容。连城是著名的文化之乡、武术之乡，有丰富的文化遗产，如国家级非物质文化遗产"元宵节庆"，省级非物质文化遗产"连城青狮"等。受语文教师专业水平和学生经验的影响，活动的设计和实施可发挥协同育人的机制，邀请传统技艺传承人和其他学科教师商议，就资源、活动方式、读写任务作如下转换，具体见表4-21。

表4-21 "身边的文化遗产"整合思路

身边的文化遗产	综合性学习			跨学科学习			
	第一项	第二项	第三项	第一项	第二项	第三项	第四项
资源	山东泰山	某古代建筑	世界遗产青少年教育苏州宣言	福建连城青狮			
活动方式	回忆	实地考察	班级召开模拟答辩会	访问	实地考察	观察测量	合作策划
	访问				问卷调查		
	资料搜索	搜集资料		搜集资料	搜集资料	实验探究	分组练习
读写任务	撰写资料卡片	撰写申请报告	撰写答辩规则	撰写宣传文稿	撰写调查报告	撰写实验报告	以"我与文化遗产"为话题写一篇作文
			撰写主持词				
			以"我与文化遗产"为话题写一篇作文				制作图文结合的宣传视频

在确定主题和思路的基础上，从素养目标设定、真实情境创设、读写任务驱动、多维评价应用四个方面开展跨学科学习的设计与实践。

1. 素养目标设定。

准确定位语文跨学科学习目标，要回归语文课程"学习国家通用语言文字"的本质，以语言运用为核心进行设定。"身边的文化遗产——连城青狮"

197

的素养目标如下：

（1）访问、搜集和整理资料，理解连城青狮的文化内涵，撰写宣传文稿，激发对传统文化的热爱之情。

（2）探访连城青狮技艺传习中心，调查连城青狮的来源和技艺传承现状，撰写调查报告，激发保护非物质文化遗产的使命感和责任感。

（3）开展连城青狮科技元素探究活动，探究技艺创新、材料创新，撰写实验报告，培养综合运用不同学科知识解决问题的能力、团队协作能力和创新能力。

（4）合作策划连城青狮进校园活动方案，分组学习青狮表演的鼓乐节奏和动作要领，培养非遗文化在校园传承的意志品质。

2. 真实情境创设。

基于真实情境的跨学科学习，可以激发和保持学生的学习热情，用积极的情绪支撑他们完成学习过程，享受问题解决、自我实现的快乐。① 开展"身边的文化遗产"跨学科学习，有其厚重的时代背景、课程需要和真实的土壤。此主题的情境创设为：我们准备开展"身边的文化遗产——连城青狮"语文跨学科学习活动，请你和组员一起完成四项任务，争做连城青狮技艺小传人。

3. 读写任务驱动。

语文跨学科学习的一个焦点是与其他学科融合的读写任务设计，学生一旦获得这种特殊的读写能力，就能自主学习其他学科的知识、研究方法，并能有效交流其他学科的研究成果。② 学生要撰写宣传文稿，须通过上网搜集资料、查阅书籍、采访连城青狮传承人，了解与连城青狮有关的历史故事和传承、推广情况，才能有条理地归纳连城青狮在文化传承、强身健体、艺术观赏、技艺交流等方面的内涵。

撰写调查报告，要采用科学的调查方法。如根据需要解决的问题拟定采访提纲，文明、得体地采访连城青狮传承人，或制作调查问卷，通过纸质的问卷或问卷星等，礼貌、有序地请求老师、同学、村民、社区居民参与调查，

---

① 戴晓娥. 指向真实问题解决的跨学科学习［J］. 语文建设，2022（19）：15—17.
② 刘华，沈滨. 语文跨学科学习"语文性"的多维探讨［J］. 语文建设，2022（19）：10—14.

了解连城青狮在不同历史时期和不同区域的传承情况。在分析调查数据的基础上撰写调查报告，培养收集、整理信息的能力。

实验探究连城青狮科技元素，撰写实验报告，是语文与数学、物理、化学等自然学科相关联的任务。这对于八年级的学生来说，有一定的难度。首先可以通过范例，让学生了解实验报告的格式要求，如标题、实验目的、实验器材、实验方法、实验分析与讨论、结论、参考文献等部分，帮助学生理解每个部分的作用和要求。青狮外形结构的科技元素探究，以问题为导向，"如果要做数个不同大小的狮头，狮头上各部位的比例是多少？狮布的尺寸对舞狮有什么影响？"等问题近距离观察青狮，合作测量、记录、标注狮头各个部位的尺寸，理解艺术造型与人物的比例息息相关。青狮的制作创新体现在与物理、化学学科关联的读写任务。教师指导学生准备青狮的制作材料和实验器材，实践体验"选材 和泥—制磨—裱纸—上色 装饰"的制作过程。学生在化学老师的指导下开展"青狮内模最佳用泥"的实验。应用控制变量法，从黏性、易干性和硬度、塑形性、腐蚀性、取材难度、脱模难度等项目比较黄泥、金沙泥、水泥的特性。在物理老师的指导下开展"青狮外模裱纸最佳材料"实验研究。应用控制变量法、累积法，借用游标卡尺和实验记录单，从吸水性、柔韧性、厚度、取材难度比较牛皮纸、报纸、宣纸的特性，引导学生记录实验中获得的数据和结果，指导学生在撰写报告时要注意语言的准确性和严密性。鼓励使用科学术语，确保描述准确、明了，鼓励学生通过图片、图表、实物等方式展示实验结果。

策划非物质文化遗产——连城青狮进校园活动方案，是语文与武术、音乐、舞蹈等相关联的任务，是对青狮进行多角度考察探究基础上的延伸项目，旨在帮助学生体验非遗的魅力。首先，要指导学生了解活动方案的基本要素，组织学生围绕非遗进校园的目的和意义撰写活动目标。其次，一起策划具体的活动内容，如邀请传承人进校讲座、表演技艺、现场教授技艺等。连城青狮传承人现场教学时，用实物鼓、锣、镲进行讲解、演示鼓乐的技艺，讲解、演示弓步和虚步的动作要领。学生听讲解后，分组练习，部分学生徒手学习鼓点的敲法、锣和镲的节奏和息音方法。部分有连城拳基础的学生学习基本动作要领。传承人现场指导、纠正。通过开展研究、学习、训练活动，学生获得真实的情境体验。鼓励学生把传承人教授的过程拍成微视频，配上文字，突破时空限制，扩大青狮的技艺传承范围，达到传承与宣传的效果。最后，引导学生回顾活动过程，总结活动的经验与收获，指导撰写"我与文化遗产"的作文，并鼓励他们在班级、学校或社区范围内分享活动的成果和心得，培养学生的文化自觉和创新能力。

4. 多维评价应用。

评价标准是指导学生完成学习任务的表现指南，能够促进学生积极进行自我调控、自我评价。[①] 语文跨学科学习是一个周期性的活动，既要关注过程与成果，又要兼顾态度和方法，还要适时地鼓励和引导，必然形成其评价体系的独特性。根据《义务教育语文课程标准（2022年版）》中学业质量评价要点和跨学科学习的特征以及本主题的任务设置和组员分工，设计语文跨学科学习的评价表，具体见表4-22。

表4-22　　　　　　　语文跨学科学习评价表

小组名称		完成时间			
小组成员		指导老师			
评价内容		个人自评	小组互评	学科教师评价	指导老师评价
参与态度（10分）	对主题活动感兴趣，积极参与（10分）				
活动过程（30分）	按小组计划开展活动，每次活动都有方案和记载。（6分）				
	收集相关研究资料，使用调查、访问、上网、查阅图书等研究方法（6分）				
	获得的相关资料比较丰富，资料来源有价值，有出处记录（6分）				

[①] 熊梅，王艳玲，邓勇，等. 素养导向单元学习评价的意义、特征和策略［J］. 中国教育学刊，2022（12）：81－87.

续表

评价内容		个人自评	小组互评	学科教师评价	指导老师评价
活动成果交流（20分）	能对数据、资料进行科学的统计、归纳、分析，形成活动小结（6分）				
	能用通顺的语言书写总结、论文，形成研究成果（6分）				
	积极参与交流活动，变流汇报语言清晰流畅（6分）				
	在校刊、黑板报上发表或展示成果（6分）				
	利用微信、QQ等对外发布研究成果，产生较好的影响（4分）				
	对活动有继续研究的计划和措施（4分）				
合作能力（20分）	服从并很好地完成小组安排的任务（10分）				
	能和其他组员交换共享信息，共同解决问题（10分）				
创新能力（20分）	善于观察和发现问题，善于思考或实验能力强，能提出创新的观点或建议（20分）				
总分（100分）	等级：80—100 优；70－79 良；50—69 合格；50分以下尚要努力				

　　语文跨学科学习既是基础型、发展型升级而至的拓展型任务群，又是超越了日常生活和文学体验的较为复杂的语言文字运用情境，给文语教师提出了更高的要求。语文教师要加强自身的学习和积累，提高整合跨学科课程资源的能力。不仅在语文跨学科学习领域敢于尝试，借鉴模仿，还要勇于突破学科界限，与其他学科教师组成教研共同体，不断开展跨学科学习主题实践，整体发展学生核心素养。

第五章　语文"联动"课堂的整体架构

第一节　"联动"课堂的设计流程

素养指向的语文"联动"课堂，是以脑动为核心，在脑与手、口、眼、耳、脚等感官的联合行动中，根据语文学习中具体要做的"事"，开展即做即想的语文实践活动，以理解核心概念，把握学科原理，在训练行动力的同时，获得关键技术，培养学生良好"做事"素养的课堂。语文"联动"课程的设计，以教材为工具，教学生学习语言运用的规律，获得美好的体验，提高语文实践能力，培养正确的生活方式。"联动"课堂按照以下几个流程设计。

一、教材解读

正确认识教材的定位和功能，注重教材的示范性和教育性，坚持"用教材教学生学"的原则，引导学生通过教材理解概念，通过思考、实践等方式，将教材中的知识转化为自己的能力和素质，掌握自主学习的方法，提升理解力和应用能力。

"联动"语文课堂以统编版初中语文教材为工具，结合学生的经验和认知特点，落实语文核心素养。统编语文教材采用人文主题和语文要素"双线组元"的方式，构建教读、自读、课外阅读"三位一体"的阅读体系。因此，根据单元教材内容确定关键概念，把探寻关键概念的原理作为教学重点，提炼单元教学主线问题，就成为"联动"课堂的关键。

教材中除了呈现作品的原文外，还有相应的助学系统，包括单元说明、预习（阅读提示）、课下的注释以及课后思考探究、积累拓展等要素。单元说明的第 1 段提示着人文主题，第 2 段的动词大多带有较强的主观性，个性色彩较浓，提示本单元要落实的几个语文能力点，提示本单元教学大致应该采用何种方法。预习（阅读提示）兼有助读和作业双重功能，或激发学生阅读兴趣，或调动阅读期待，或与学生的经验、已学知识勾连，或提供文本解读需要的背景知识，或照应单元重点提示必要的阅读方法，或指出阅读中需要思考的问题等，目的在于引导、铺垫、提高阅读兴趣等。课下的注释内容精简，能帮助学生理解文本内容，又让学生有自己分析和思考的空间。课后习题层次清晰明了，思考探究类与课文之间的联系非常紧密，旨在通过习题对课文有更多的理解，对作者所要表达的情感和文章内涵进行更有深度的感受和思考。积累拓展是在积累知识的同时，向其他内容延伸和拓展。

（一）人文主题结构化，培养正确的价值观

每一个单元的人文主题是一个概念。基于学生的认知水平和情感水平，人文主题可按"真、善、美"这一人类最本质的精神追求进行结构化梳理。

第一类主题个体立足于"己"的思想素养，侧重以"真"为表征的人生观培养，包含真实、求真、创新等思维品质的锤炼。一是启发学生从个体生命出发，学会悦纳真实的自己，珍视生命，思考人生，推动自我成长，对标单元有"人生之舟、哲理之思、情感哲思、青春年少"等。二是从他人真实的生平事迹，或塑造的人物形象中汲取精神营养，从古人的智慧和胸襟中提升精神品格，从他人提出的观点中获得有益的启示，培养良好的个性和健全的人格，对标的单元有"生活的记忆、健全的人格、修身正己、情操与志趣、思想的光芒、世态人情"等。三是引导学生从个体的真实走向外界的真实，养成关注现实、自主思考的习惯，形成求真求实、冷静客观的思维方式，激发对自然、社会、科学探究的探索兴趣和勇于创造的创新精神，对标的单元有"变化着的社会、文明的印迹、科技之光、理想信念、科幻探险"等。

第二类主题个体从"己"到"他"的思想修养，侧重于以"善"为主的价值观的熏陶，包含对他人、自然、社会、国家有利的善言和善行。有唤醒和丰富自己的亲情体验，真诚地与亲人相处的"亲情之爱"单元，不同时代

的仁人志士对于人的生存状态关怀的"情趣理趣"单元，表现平凡人物人性之美的"凡人小事"单元是对他人的爱，"生命之趣"单元是对动物的关爱。体现"热爱祖国、热爱人民、热爱事业"的单元，如祖国之恋、群星闪耀、砥砺思想、选择与坚守、责任与担当。这些单元的作业的思想素养目标是培养家国情怀，激发爱国主义感情，激发对理想的憧憬与追求，体会责任感和担当精神。"善"能让有爱的人更懂爱，形成受助、自助、助物、助人、助国的"善循环"。

第三类主题个体对外界各种"美"的信息感知素养，体会自然、社会、文化、艺术等领域使自己愉悦的美好形象。"四时之景、山川美景、怡情养性、江山多娇"等单元是自然之美，除了让学生亲近自然，热爱祖国的大好河山，还能了解古人思想智慧，培养高尚的审美情趣；"校园之美、想象之翼、民风民俗、自然之音、游目骋怀、人物百态"等单元文体各异，有小说、诗歌、游记散文，是让学生体会文化之美，见识多样多元的民俗文化，了解不同体裁的艺术魅力，加深对中华传统文化的认同感；"读书鉴赏、舞台人生"是高雅的文化和艺术之美，培养审美情趣，提高艺术修养。

上述梳理是为了更直观地对接单元教学，精准定位单元的人文主题目标。这种梳理并不是绝对的，真和善是美的基础，真的和善的也是美的，这三个概念之间既有区别，又有内在的联系，只是单元目标定位时的侧重点不同，其目的都是促进学生的健康成长，对学生产生思想影响。

（二）语文要素问题化，培养关键能力

统编教材每个单元说明除了人文主题，还有序列地安排不同指向的语文要素。每一类语文要素都可以看成是一个一个的概念。语文要素问题化就是把理解一个语文要素概念的完整含义和探究语文要素概念之间的联系作为目标达成的关键。

七年级的语文要素以训练朗读、默读、精读、略读、浏览等一般的阅读能力为核心任务。这些阅读方式的概念清晰，能有效培养学生良好的阅读习惯。八、九年级以不同文体的阅读为核心任务，文体知识是学习的主要概念。八年级以学习实用类文本为主，共安排两个单元的说明文阅读，明确指出要从把握说明对象的特征、了解说明方法及效果、体会说明文语言特点三个方

面建构说明文阅读策略。其他如新闻、演讲、回忆性散文、传记、游记等，主要把握这些文体的要素概念和阅读方法，进行相应文体的创作。散文主要是了解不同散文特点，学习刻画人物方法，品味语言，理解作者感受和思考。九年级以论述类文本为主，安排了三个单元的议论文阅读，指明要从议论性文体的特点、观点、论据、论证思路、论证方法等概念建构议论文阅读策略。具体包括把握观点，理清论证思路，掌握论证方法；分析论证材料，理解材料和观点之间联系；了解观点，学习思辨方法；学会发现问题，独立思考，提出见解。学习并运用文艺欣赏方法。此外，现代和古典小说、诗歌和戏剧等文学样式，都要求从相应的文体特点出发，掌握阅读的方法。如梳理情节，分析人物形象，理解主题和社会意义；欣赏语言，了解多样风格。戏剧阅读策略主要从情节和冲突、人物、台词、舞台说明、主题等方面进行建构，涉及排练和评议等。八、九年级穿插安排七个单元的古诗文，旨在积累、运用文言词汇和句式。现代诗歌主要是欣赏、朗诵，把握意象，体会情感哲理，以及创作诗歌。

（三）学科素养生活化，培养意志品质

通过教材学习，学生能突破认知边界，获得对客观事物新的感觉、知觉和表象，对客观事物产生不同的态度和体验。当认知和情感转化为内在的需求时，人会自觉地确定目的，再根据目的制订计划，适时调节和支配自身的行动，克服困难，努力实现预定目标，培养意志品质。

在生活关系方面，语文学习有助于我们更好地理解和沟通。语文是日常生活中不可或缺的工具，通过学习语文，可以提高自己的阅读理解能力，更好地理解他人的意图和情感，从而增进人际关系，建立和谐的生活关系。在生活力方面，语文学习可以培养思维能力和创造力。语文学习不仅是学习知识，还是一种思维训练。通过阅读文学作品和分析文本，可以培养思维深度和广度，提高解决问题的能力。同时，语文学习也能激发创造力，更好地面对生活中的各种挑战，提升生活力。在生活习惯方面，语文学习可以培养良好的审美情趣和品位。语文学习不仅是一种知识学习，还是一种审美教育。通过学习文学作品，培养自己的审美能力，提升对美的感知和鉴赏能力，从而在日常生活中更好地欣赏和创造美，培养良好的生活习惯。通过学习语文，我们可以在生活关系、生活力和生活习惯等方面培养出良好的意志品质，为未来的美好生活奠定基础。

二、学情分析

关于"学情"的定义，不少专家学者都进行了研究，其中邵燕楠、黄燕宁从语言学的角度将"学情"理解为"学生情况"或者"学生学习情况"的缩略语。[①] 语文教学中的学情就是学生在学习过程中的学习情况。当前语文教学基本不重视学情分析，教学的内容和方法都采用"齐步走"的方式，对不同层次的学生发出统一的要求。当统一的要求过高的时候，接受能力强的优等生可能会得到提升，而学困生却"吃不了"，中等生"吃不好"。当统一的要求过低的时候，学困生和中等生或许能略微提升，对优等生来说却是"吃不饱"。所以不注重学情分析的语文教学效果普遍比较差。树立学情分析的意识，了解学生基于差异的学习起点，在学困生、中等生、优等生的最近发展区开展教学，激发学生新的求知欲，使不同类型的学生都学有所成，有效提高课堂的效率。语文教学应用与不应用学情分析有很大的区别，见图 5-1。

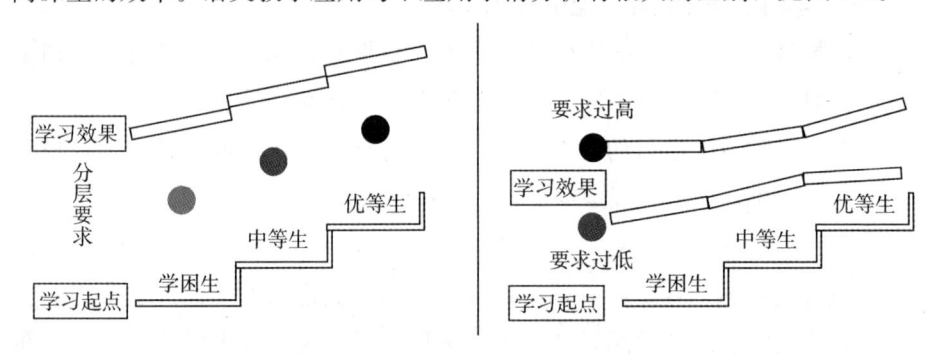

图 5-1　语文教学应用与不应用学情分析的区别

---

① 邵燕楠，黄燕宁. 学情分析：教学研究的重要生长点 [J]. 中国教育学刊，2013(2)：60—63.

语文教学包含课前准备、课堂实施、课后巩固三个步骤。"联动"语文课堂的学情分析需要聚焦学生课前的学习起点、课堂的学习过程和课后的学习效果三个方面。语文教学的学情分析需要用科学的方法作指导,学术界主要采用的学情分析方法有类化研究、差异变量分析、经验分析、问卷法和访谈法等。[1] 语文教学可以以类化研究法为主,再辅以不同的方法开展学情分析。语文学习中的学情情况包括三个方面的内容:第一是学生自身的心理特点、心智水平和发展规律,如对待周围人、景、事、物的情感态度、价值观、兴趣程度等方面的分析;第二是学生在完成具体事项中的学习经验,包含学习习惯分析、学习方法应用分析、学习兴趣分析、学业水平分析;第三是学生在完成具体事项中的生活经验,不仅包含了学生对教材中描述的场景的溯源能力,还包含与学生真实生活阅历的链接,以完成具体任务的经验。

(一)经验分析与问卷调查结合,分析课前学习起点

学情分析最主要的任务是分析学习起点,即学生的"已知"水平,而"已知"水平包含了学生的知识经验和学生对知识的吸收能力及加工速度。[2] 真实的学习起点是实现有效教学的前提。经验分析是指教师根据自身教学实践和学生的实际表现,如观察学生的课堂表现、作业完成情况、与学生的交流和家访等,对学生的学习习惯、知识基础、兴趣和需求等方面进行总结和反思的过程,有助于教师了解学生的个体差异,发现教学中的问题和不足,从而调整教学策略,使之更符合学生的实际情况。

问卷调查是一种常用的数据收集方法,可以系统地收集学生关于学习习惯、知识基础、学习兴趣等方面的信息。问卷调查可以设计成量表形式,包括选择题、判断题和开放性问题,有助于了解学生的整体状况,发现共性和个性问题,为教学提供依据。为了更全面地了解学生的学习起点,教师可以先通过经验分析对学生进行初步了解,然后设计针对性强的问卷调查,将两者结合起来,得出学生的学习起点状况。

---

[1] 庞玉崑. 常见的"学情分析"错误与解决方法 [J]. 基础教育论坛,2012(29):27—29.

[2] 史孟玲,郭少榕. 基于差异教学理念的学情测评分析工具设计与应用——以山西某校的实践为例 [J]. 教育学术月刊,2017(1):36—43.

（二）依据内容借鉴跨学科的思维方法，分析课堂学习过程

学情分析不仅要因人而异，分类施策，还要根据不同的学习内容，采用跨学科的思维方法进行不同的设计。其中，自然学科所培养的理性思维能力和科学方法，如归谬法、统计法、归纳法、图表法、实验法等都值得借鉴。[①]

文体知识与阅读技巧可采用导图法和统计法进行学情分析。如文学性文本阅读的学习，先指导学生把所有的能力点分成"概括类"和"鉴赏类"，"鉴赏类"又可分成"手法"和"表述"两个方面。以"手法"角度的赏析重点句子为例，先请学生用思维导图或心理图示方式呈现"赏"的角度和"析"的要点。学生独立完成导图后，教师出示品味重点词句的思维模型图，要求同桌互换笔记，对照范图用红笔评改导图内的内容表述是否正确和完整。表述错误的画"\"，遗漏的画"○"。最后请导图有误的学生举手，教师快速统计举手的人数是多少人。计数反馈后，学生对有遗漏和错误的进行补充和订正。导图不仅帮助学生化繁为简、化难为易，牢记品味词句的规律"抓角度＋扣内容＋析作用"，还清晰反馈学生对知识和技巧的掌握情况。文学作品阅读的概括类学习也可以指导学生构建相应的思维导图，以点带面，有序推进文学作品阅读的深入展开。

借鉴跨学科思维方法，开展各种显现形式的学情分析，提高学生自我认知的水平，让教师获得各种有价值的信息，并根据学生的薄弱项进行针对性的弥补和加强，使不同层次的学生经过学习后，都能获得高于学习起点的知识和能力。

（三）补关测试与分类交谈结合，分析课后效果

初中语文学习的目标是让学生明确记住什么，理解什么，掌握什么。[②] 针对文学类文本阅读的所有能力点训练，对学生反馈出来的没有理解和掌握的共性薄弱点要进行二次学习，既可进行额外的分类辅导，又可精选习题进行专项补关训练。例如鉴赏类中的句子赏析作业设计，学困生可布置课内教材

[①] 张晨. "大语文教育"背景下的跨学科语文教学［J］. 语文教学与研究，2016（5）：14.

[②] 杨西妙. 目标教学法在中考语文复习课中的运用［J］. 现代语文（教学研究版），2013（2）：153—154.

《春》《济南的冬天》的习题，中等学生可选用课外人物情节较为鲜明的作品进行训练，优秀生可选择课外比较有深度的作品进行阅读训练。三类学生的补关训练是为了反馈他们对赏析句子解题方法的理解程度及运用情况。

除了专项补关训练，教师还可通过与不同类型的学生交谈来反馈学情。这种交谈可以是面对面的语言交谈，也可以是用文字的书面交谈，让学生谈自己在学习过程中的收获，谈自己在测试中的真实状态等。例如就文学类文本学习后与学生交谈，有的学生反馈，训练时虽按照平时课堂上学的方法做，但写的要点经常不全；有的学生反馈，文章内容大体上看得懂，但是一看见问题，脑袋一片空白，无从下笔，只能从文本中选几句话，硬凑上去，硬着头皮写，不知所云；还有的学生反馈，文章看不懂，不知道在讲什么，题目读了几遍也没有解题思路，凭感觉写；等等。通过交谈反馈，教师真正实现与学生平等对话，了解学生的思维过程，更全面地了解学情。

三、围绕核心概念确定目标

初中教材的执行主编王本华在谈到教材编写时说："语文要素这条线索与人文主题配合，不仅能发挥语文课程的育人功能，还能使学生减少语文学习的盲目性，切实掌握一些学习方法、策略，循序渐进地培养必备的语文能力、语文素养，促使其整体素质协调发展。"[①]

从学科本质把握教材特点，围绕核心概念确立教学目标。以语文教材的自然单元为一个整体，每一个单元的助读系统都蕴含着丰富的知识概念和能力概念。单元导语的人文主题和语文要素阐述中，聚集了本单元涉及的核心概念。教读课中的预习要求、思考探究、积累拓展，自读课的旁白、阅读提示，及课下注释，处处都有核心概念的影子。因此，把握了单元导语的核心概念，就能拎起整个单元的教学主线。那如何提取概念，并把概念转化为问题，就成为备课过程中的关键。

如七年级下册的第五单元"生命之趣"，选编了一组关于动物的文章。《猫》《动物笑谈》和《狼》几篇课文，内容不同，体裁各异。单元导语中明

---

① 王本华. 从八大关键词看"部编本"语文教材的编写理念［J］. 课程教学研究，2017（5）：31—35.

确指出本单元继续学习默读，边读边思考，勾画出重要语句和段落并写作摘录，还要在把握段落大意、理清思路的基础上学会概括文章的中心思想。概括文章的中心思想就是本单元的能力概念。那中心思想是什么？为什么概括中心思想要在把握大意和理清思路的基础上进行？因此，单元素养目标就紧扣中心思想这个能力要求设定：默读，摘录表明大意的关键句，理清思路并学会概括文章的中心思想。

九年级下册第四单元"读书鉴赏"，安排五篇文艺论文，有谈论读书求知方法的《谈读书》《不求甚解》，介绍艺术作品欣赏方法的《山水画的意境》《无言之美》《驱遣我们的想象》，文章蕴含艺术美。单元导语中指出学习文中介绍的文艺欣赏方法，迁移运用到自己的欣赏实践中。迁移应用、发展审美理应成为文艺论文的终极要旨。[①] 因此单元素养目标，紧扣读书求知、艺术鉴赏的"美"的追求和议论文阅读能力概念设定为：积累优美的词语和富有表现力的句子、段落，建构言语经验；理解文艺论文的核心概念，把握概念之间的逻辑关系。应用美学理论方法，鉴赏课内外文学作品和山水画作，培养正确的审美意识、健康的审美情趣与高端的鉴赏品位。

第二节 "做案"的模板

明晰"联动"课堂的设计流程后，就可以运用"做案"设计模板进行整体设计。这个阶段，要根据模板的提示，了解单元人文主题，确定课时的教学课题和内容，综合分析教材，结合学情分析，明确单元教学目标，确定课时教学目标。最关键的是，要关注课堂组织的形式和流程、感官参与的方式，力争学生的身体能有效复位于课堂。

教材分析要基于整合的思想，可以是单元内部的整合、单元与单元之间的整合、教材内容与其他资源的整合。在借用其他资源时，要注意资源的适

[①] 魏炜峰. 调准文艺论文的教学焦距——以《山水画的意境》教学为例 [J]. 中学语文教学参考，2021（26）：48—50+2.

切性。教材分析过程中,关注教材的单元说明、文本内容、助读系统等,从中提取出核心概念。这个核心概念源于人文主题和语文要素。寻找概念之间的联系,把概念转化为可以统领单元整体教学和课时教学的主线问题,让概念问题化,以问题为导向,探索语言文字的运用规律。

学情分析是一个比较系统化的问题。要想构建有效的"联动"课堂,获得准确的学习起点是关键。要获得准确的学习起点,要基于日常课堂学习的观察和科学的测评。如果是模糊的学情分析,势必影响"联动"的组织及实施的有效性。因此,学情分析要尽可能关注学生已有的学习经验、真实的生活经验,尤其要关注学生思想状态与教材内容之间的联系。

做的目标指向核心素养,关注正确价值观的形成、关键能力的培养及必备品格的形成。教材的核心概念往往也能统领这三个方面的内容。如托物言志散文学习中,托物言志是一种表现手法,指向阅读理解、写作表达等关键能力。所言之志的"志"往往指向正确的价值观,包含对语言、文学和文化的正确认识和评价以及对人类社会、自然环境和人际关系的正面态度,对真善美的追求,对假丑恶的辨识,对社会主义核心价值观的认同和践行。学生在学习这一手法的过程中形成的如诚信、勤奋、自律、责任感等良好性格和道德品质,即必备品格。做的方法就是不同形式的联合行动:感官"联动"、生生互动、师生"联动"、主体与资源的"联动"等。

做的准备一栏主要是课堂需要的各类资源,除了借用并灵活运用人体的感官外,还要借用工具。不同的物都可以变成活的工具,如教材、课前预习单、课堂行知单、课件等,这些都是助力学生达成目标的辅助手段。

做的过程的纵向安排是操作程序,最后是"联动"后的反思。"联动"过程的横向划分根据"事怎么做就怎么学,怎么学就怎么教"的原则,分成教师做事、学生做事、"联动"方式及意图三个板块。"联动"事项的分解,主要围绕问题、概念、原理、技术、产品五个维度展开,学生从感性经验出发,通过探寻概念原理上升到理性思维,这个过程也是认识正确价值观和必备品格的过程。"联动"事项的完成依赖于对象感官的参与,因此要综合考虑完成每一件事的参与主体及数量、参与的感官类型、感官组合方式等。完成以上几个思维过程,也就完成了"做案"的设计(见表5-1)。

表 5-1　"联动"做案设计模板

课题			课型	
教材分析				
学情分析				
做的目标				
做的方法			做的准备	
做的过程	教师做事		学生做事	联动方式及意图
感性行动 明事接知				
理性思考 解析概念				
理实相生 探究原理				
新境联动 迁移技术				
优化创新 展示产品				
做后反思				

第三节　"做案"设计的理念和特点

传统的教学理念认为教师是传道授业、解惑者。以教师视角编制的教案，教师主导，以教为中心，通过教师的精心备课、授课和辅导，使学生掌握知识和技能，树立正确的价值观。其关键环节有教案的编制、课堂教学的实施、学生的辅导和评价。这种教师高控制的教学，虽教学内容系统、完整，但学生是被动的接受者。

以学为中心的学案，以学生的视角为主导，借助学案开展自主学习、合作学习，提高学生的知识、技能和素养。这种方法主要以教师为学生提供学习资源和支持，引导学生自主学习为主。其关键环节有学习目标的设定、学习资源的提供、学习过程的指导和评价。由于过分强调学生的自主学习能力的培养，弱化了教师有针对性的指导。这种高估计、同步调的学案，导致部分能力水平一般的学生难以完成学习任务。

"联动"课堂汲取教案和学案的优点，对两者的不足之处加以修正，设计以贯穿"行、知、创"三个主要环节的"做案"，避免传统教案中提出问题后直接用"明确"一词来连接答案的"简单粗暴"状态，修正传统学案中提出问题后就用横线或空格等待答案的"一厢情愿"状态，立体呈现学生做事的过程和解决问题的方法。

一、"做案"设计的理念

陶行知先生说，世界上的先生可以分成三种：第一种先生只会教书，只会拿一本书让学生来读、来记，把那活泼的小孩子做个书架子、纸篓子。第二种先生不是教书，乃是教学生。他所注意的中心点从书本上转移到学生身上来，专拿现成的材料来教学生。第三种先生不是教书，不是教学生，乃是教学生学。他把教和学联系起来，一方面要先生负指导的责任，一方面要学生负学习的责任，对于一个问题不需要先生拿现成的解决方法来传授学生，需要把这解决方法如何找来的手续程序，安排停当，指导他，使他以最短的时间，经过相类的经验，发生相类的理想，自己将这个方法找出来，并且能够利用这种经验理想来找别的方法，解决别的问题。得了这种经验理想，学生才能看到知识的本源，追求知识的真谛，对于世间的一切真理，皆可取之不尽，用之不竭，这就是孟子所说的"自得"，也就是现今教育家所主张的"自动"。所以要想学生自得自动，必先有教学生学的先生。

陶行知先生眼中的第一种先生只是一味地让学生自己读书，或者读教材内容，这类情况目前已比较少见。第二种先生是用现有的教材或者资料来教学生，凡是学生需要的，都拿来给他们，但学生还是处在被动的地位，事事由老师教授，用教材和其他资料教学生的情况还普遍存在。第三种先生把教材和资料作为一种工具，以教学生学习某一种方法，掌握某一项技术。

教材不仅是学习的工具，还是范例。教育家叶圣陶先生说"教材无非就是例子",在他看来,教材的本质不仅是传授知识的工具,还是学生学习方法和思维方式的引导。教材的作用在于提供具体的例子,将抽象的理论具体化,使学生能够更加直观地理解和接受。同时,教材也是学生学习的方法和途径,通过教材,学生可以学会如何学习,如何思考,如何将教材内容应用于实际学习中。他提倡"以例说法",即通过教材中的例子,让学生理解和掌握知识的本质,即"教是为了不教"。

《义务教育课程方案(2022年版)》强调变革育人方式,突出实践,突出学科思想方法和探究方式的学习,加强知行合一,学思结合,倡导做中学、用中学、创中学,优化实践活动的实施方式与路径。《义务教育语文课程标准(2022年版)》强调增强课程实施的情境和实践性,激发学生的好奇心、想象力,促进学生自主、合作、探究学习。"做案"根据"教学做合一"的内涵进行设计,遵循教和学的底层逻辑,即教法要根据学法,学法要根据做法,事怎么样做就怎样学,怎样学就怎样教,教和学要落实在"做"上。

二、"做案"设计的特点

"做案"是以做事为中心的方案简称,是在汲取以教师视角编写的教案和以学生视角编写的学案的优势基础上发展起来的。做案与教案、学案最大的区别在于体现教师和学生双主体在做事过程中的表现特征,即个体感官的"联动"、生生和师生之间的"联动"、主体与资源的"联动"等。这样教师在做上教,学生在做上学,较好地修正以教为中心的传统灌输式的教学和过分强调以学生的"学"为中心而导致大部分能力一般的学生无法完成相关任务的超前式教学。"做案"有以下几个特点。

(一)基于差异的学习起点

"差异"既是问题的起点,又是主导教学活动的内因,教学活动要根据教学对象的差异来设计。遵循学生个体差异的学习起点,认识到每个学生都有独特的学习特点、兴趣、能力和学习风格,在设计和实施教学时,要考虑到这些个体差异产生的不同问题,并据此调整教学策略,适应不同学生的学习需求。

教师需要通过观察、评估和与学生的互动,了解每个学生的学习背景、认知水平、学习动机、情感状态和特长等，以便更好地理解他们的学习起点。并根据学生的个体差异，设定不同层次的教学目标。根据学生的兴趣和需求，选择合适的教学内容，采用多样化的教学方法，如小组合作、探究式学习等，激发学生的学习兴趣，提高学习效果。设计不同难度的问题，鼓励所有学生参与课堂讨论，给予基础较弱的学生更多的支持，给予基础较好的学生更大的挑战。布置不同难度的作业，适应不同学生的学习能力和进度，同时提供及时反馈，帮助学生调整学习策略，教师相应调整教学计划和策略，满足学生的实时需求。

（二）趋于均衡的资源配置

"做案"设计趋于均衡的资源配置，"均衡"的"均"不是字面意义的平均，而是应当确保所有学生都能够获得平等的学习机会和资源，无论他们的背景、能力和兴趣如何。首先，着眼于学习过程中资源的合理配置，"联动"课堂的资源配置较为丰富，有结合单元要求及"预习""思考探究"提示而设计的《课堂行知单》，有助力内容理解的图片资料等，不仅为学生提供学习的支架，还设法为听、说、读、写等语文实践活动提供强有力的支撑，让每个学生获得参与课堂的权利和机会。其次，关注学习过程中学习思考时间和表达时间的合理分配，从学生立场出发，预留学生学习和完成任务的时间。对未能在课堂时间内完成学习任务的学生，提供额外的学习机会，如课后辅导或预留更多的练习时间。

均衡还表现在学习空间的不同区域都能得到教师关注。将学生分成小组，让他们在小组合作中完成任务，使每个学生都有机会参与和贡献。课堂上学生拥有一定的自主选择权，参与课堂的机会趋于平衡，确保每个学生都能够在一个公平的环境中学习和成长。

（三）至于活力的任务设置

"活力"包含两个层面，外显于学生在学习过程中的有序回应和行动表征，内隐于师生之间在互相接纳基础上的深度思维状态。"做案"设计充满思维活力的原理探究活动任务，能够激发学生的思考，鼓励他们积极运用语文知识和技能，提升分析问题、解决问题的能力。这样的任务具有一定的挑战性，能够引导学生深入文本，促进批判性思维和创新思维的发展。

设计开放式问题驱动学习，如"作者是如何用意境来表现情感的？"或"这个情节对整个故事有什么意义？"引导学生质疑和探究。设计悬疑式任务，让学生通过阅读和分析文本，解开谜团；设计比较式任务，让学生比较不同文本之间的异同，如比较两篇现代文或古文的观点、表达方式等，这样的任务能够促进学生深入理解文本；设计讨论式任务，让他们就某个问题进行讨论；开展角色式任务，在讨论历史题材或文学作品时，学生可以扮演文本中的角色，进行角色扮演讨论，增强学生的同理心和理解力；设计学科融合式任务，将语文与历史、美术等学科结合，如让学生策划一个文化活动、制作一份展板或编写一个剧本，激发学生的创新思维和实践能力。

（四）臻于优质的目标追求

"优质"不仅包含教学内容的优质，还指向核心素养，即始于优质资源，终于优质实现。"做案"的教学目标追求不仅要提高学生的学习成绩，还要致力于实现一系列高质量的教学成果。优质教学目标的实现需要教师深入理解统编教材的编写理念，掌握教学内容的精髓，以学生为主体，教师为辅助，创设有利于学生思考和探索的学习环境，让学生在解决实际问题的过程中，理解概念，掌握原理，培养学生的实践能力和综合素质。其关注的关键环节是做事项目的选择、做事过程的指导、做事成果的评估。这样的目标追求有利于提升学生的语文素养，包括阅读理解能力、文学鉴赏能力、文字表达能力和批判性思维能力等，培养学生的动手能力、理性思维、创新精神和团队合作精神，使学生真正学会"做事"，养成科学、正确做事的素养。

三、"做案"的优化设计

构建"联动"课堂不是一蹴而就的，需要教师在真实的课堂中不断优化。以经典散文《背影》为例，阐述"做案"对常规教学设计的优化过程。

（一）《背影》常规教学设计

1. 缺乏学情把握，内容方法无差异。

教师的概念意识不强，对教材内容的解读和学情的预判都停留在教学经验的层面。《背影》原先安排在人教版八年级上册以"爱"为主题的第二单元，现安排在统编版以"情感哲思"为主题的第四单元。很多教师忽视统编版教材是"人文主题"和"语文要素"的双线结构,忽略八年级学生已经接触过不少写人记事的散文。"教什么"没有变化,"怎么教"也没有区别,以前怎么教,现在还是怎么教,凭经验开展教学活动。

2. 缺乏合理导入,趣味活力不充足。

课堂的导入是开启教学活动重要环节。《背影》导入:

师:请大家朗读《游子吟》。

(学生集体朗诵)

师:国内外歌颂母爱的文学作品层出不穷,但是讴歌父亲的作品却屈指可数。难道父亲就不爱自己的子女吗?不是的。今天就让我们走进《背影》,感受父亲的爱。

导入选用诗歌,与新授的体裁不同,主题不同,导入内容与新课联系性不强。诗歌表现的是游子远行前母亲的爱和游子的感恩回报,充满深情甚至感伤之情,趣味性不够浓厚。过渡语句衔接不够自然,从"歌颂母爱"转到"讴歌父亲",学生诵读中生发的"母爱"情感被强行转移到"父爱"的话题,最后用一个设问的句式,导入句不合理,没有达到顺势迁移的效果,学生的心理接纳不够顺畅,课堂学习的活力激发不足。

3. 缺乏主体意识,课堂参与不均衡。

"联动"课堂的过程要体现均衡性,要面向全体。但很多教师经常在课堂中"自问自答",忽视学生是参与课堂的主体。如理清文章思路的环节设计:

师:请大家速读课文,并说说背影分别是在什么情况下出现的。

(2分钟后指名一位学生回答)

师:文章一共四处提到了"背影",让我们用简要的词语概括一下。

(教师讲解,根据学生齐答或零星回答板书:难忘、刻画、惜别、再现)

上述的环节设计,问题指向不明,提供给学生阅读和思考的时间不足。阅读能力较强和预习比较充分的学生能比较快找到文中出现的四次背影,阅读能力较弱的学生在没有读完、找全的情况下要被迫中断阅读和思考。梳理文章的思路,教师的讲解代替学生的思考。有效参与课堂的学生少,参与的方式比较单一,参与程度比较浅层,课堂不够均衡。

4. 缺乏思维深度,课堂教学品质低。

在众多的阅读条件中，文本是第一要素。脱离了文本，学生就无法开展真正的阅读。如：

师：给你留下印象最深的是哪一次背影？

（学生回答"刻画背影"）

师：下面请观看视频朗读。

（学生观看视频"望父买橘"）

师：你们体会到了作者的什么情感？

生：体会到了父爱的无私与伟大。

师：下面请观看视频"父亲的味道"。

上述的环节设计，教师考虑到教学资源的多样性，运用剪辑的电影片段和赏心悦目的沙画视频，给学生带来全新的视觉体验，但没有思考教学资源的合理性，使阅读教学脱离了文本。现代信息技术手段固然可以为语文课堂教学增加活力，但这种以"听"和"观"为主、弱化"思考"和"表达"的教学，缺少了思维的深度，降低了课堂教学的品质。

（二）《背景》"做案"优化设计

教师作为教学活动的主导者，要根据教材体系确定"教什么"，根据学生的经验和兴趣差异确定"怎么教""有没有比这么教更有效的方法"。

1. 精准分析目标学情，立足课堂差异。

教师对学生差异性和文本教学价值的把握，是实现"联动"课堂的前提。首先，要根据统编版的双线结构确定教学目标。《背影》是写人记事的经典散文，其人文主题是体会父子之间的深厚情感，其语文要素主要是掌握写人记事散文的阅读方法。其次，要根据八年级学生的学习经验选择教学方法。学生已接触不少写人记事的散文，掌握一些阅读此类散文的方法，也有学生对于散文的分类没有形成清晰的概念。立足学情差异，要先指导学生辨析不同的散文类型，重新建构写人记事散文的特点。教学中，引导学生从"这一篇"的"人、事、情、言"的角度切入，掌握赏析"这一类"写人记事散文的方法，将阅读散文的经验深化、方法内化，真正达到"教读课"学文识类的效果。

2. 精心选择导入资源，激发课堂活力。

导入的方式有很多，用哪一种方式能让全部学生较快地从课间的散漫状态，快速投入学习的状态呢？优化后的导入设计如下：

师：（幻灯片出示自己或熟悉的男教师的背影图片）你们猜猜他是谁？

生：（全部学生大笑）这不是××老师吗？

师：（再并排出示《朱自清散文全集》中父亲背影的插图）请仔细观察，这两幅背影有哪些不同？

（学生回答）

师：老师的背影让你们很开心，可旁边这个父亲的背影，却让无数人感动、流泪。这是为什么呢？今天让我们一起走进朱自清的《背影》去寻找答案。

优化后的课堂导入，教师巧妙地将自身和他人变成教学资源，让学生根据图片猜猜他是谁。生活中真实的"背影"迅速抓住学生的好奇心，激发学生的兴趣。随后出示符合文意的父亲的背影，让学生进行观察比较，培养观察能力和概括能力。导入资源与新课的内容紧密相关，学生顺其自然地接纳。教师顺势而导，设置悬念，启发学生的思考和阅读欲望。优化后的课堂导入，迅速开启活力课堂的序幕，为文本的阅读奠定良好的基础。

3. 开展深度思维训练，提高课堂品质。

阅读教学是学生、教师、文本之间的对话过程。有效的阅读教学，需遵循阅读教学的规律，具备必要的阅读条件，才能完成阅读。《背影》作为散文单元的教读课，重点要以题目为切入点，通过朗读，捋出人、事、情，品味语言风格，把握情感。优化后的理清思路设计如下：

师：文中几次出现"背影"，"背影"在文中起了什么作用？

（学生自由朗读课文，圈画批注）

师：（3分钟后）没有圈完的同学继续圈画，先完成的同学用四个字概括小标题，并用思维导图呈现。

（学生自主学习）

师：可以交流圈画的结果了吗？

（学生先交流，然后展示文章结构图，教师引导补充、提炼"难忘、刻画、惜别、再现"等关键词，明确"背影"起线索作用）

师：文章以"背影"为线索串起"我"和父亲之间的事和情。请再读课文，小组合作，从父亲的角度（或"我"的角度）出发，用导图梳理文章围绕"背影"叙何事？表何情？

（小组分工合作后，小组代表展示思维导图并进行说明，其他组的代表补充、评价）

阅读教学的首要方法是"学生阅读"，给予学生充裕的阅读时间和思考时间，让学生置身于真实的文本阅读活动。教师耐心地等待阅读速度慢的学生，同时对阅读速度较快的学生提出更高的要求，力求教学的多样性。学生在理解文本内容的基础上，或摘录，或概括，拟写出符合文意小标题，并用思维导图呈现，使知识清晰化、结构化，提高学生的思维能力、绘画能力和表达能力。阅读教学还要遵循学生的学习逻辑，思维训练要逐层深入。从父亲和"我"的角度梳理叙何事、表何情的问题具有挑战性，需要小组成员讨论合作，找准切入点，借助"事"和"情"这两个关键理清结构层次。学生在深度的语言建构与运用中促进思维的发展与提升。

4. 拓宽主动学习方式，促进课堂均衡。

在课堂教学中，教师要根据课程内容拓宽学生主动学习的方式，让每个学生在课堂中享有课堂空间和资源的机会，主动参与任务驱动学习。优化后的重点语段品读设计如下：

（请学生自由朗读父亲爬过月台为儿子买橘子的场景，然后指名读）

师：大家能不能联系自己的生活经验，说说这个场景中最令你感动的细节？

生：父亲是个胖子，他爬月台的动作让我感动。

师：据资料，1918年南京浦口火车站的月台是1.8米，朱自清的父亲朱鸿钧身高1.68米。

（组织学生原地起立，伸手模拟"攀"高于自己头部高度的动作）

师：我们一起玩填字游戏，体会文章精彩的细节刻画。

（学生限时完成填字游戏并朗读）

优化后的教学，教师先开展不同形式的朗读，让学生沉浸在文本中，反复诵读，用心品味，获得自己独特的体验。然后创设真实的情境，介绍当时月台的高度和父亲的身高，指导全体学生结合生活经验，现场模拟"攀"的动作，深切体会父亲爬月台的艰难。最后设计"填字"游戏及诵读，学生对语言文字反复咀嚼后，父子情深的深切感受油然而生。多样的"联动"方式，提高了学生的课堂参与度，实现内容反复但方式不重复，有效地促进学生的均衡发展。

第四节　"做案"设计例举

"联动"语文教学聚焦语文综合性和实践性的特点，不仅关注传统的单篇语文教学"做案"设计，还开展"单元整体教学"探索，并对跨学科学习进行有益的尝试。

【单篇教学】

"联动"语文在单元备课的基础上进行单篇教学，需要教师对整个单元的教学目标有清晰的认识，同时对单篇课文的教学目标、内容、方法和评价进行详细的设计。

第一步，将人文主题和要素转化为主问题。备课阶段，教师深入理解单元的人文主题和语文要素，思考语文要素和人文主题涉及的概念，把概念转化为联结正确的价值观、必备品格和关键能力的主线问题，以此确定单元教学目标。

第二步，整体制订单元教学计划。单元教学计划基于差异的原则，包括细化教学目标、明确教学内容和方法、梳理教学思路和时间分配等。教学方法应多样，包括讲授、讨论、小组合作、角色扮演等，以适应不同学生的学习需求和风格。

第三步，基于差异分析单篇课文和学情。教师需要对单篇课文进行深入分析，包括课文的内容、结构、语言特色、写作手法、表达的情感和价值观等。根据文章的内容，链接并分析学生的学习经验和生活经验，以帮助教师确定本课的教学重点和难点。

第四步，整合趋于均衡的教学资源。教师可以利用教材、教辅、多媒体资源等，为学生提供丰富而均衡的学习材料，帮助学生更好地理解课文。

第五步，设计体现思维活力的教学任务。教师围绕概念及原理探究，设计具有思维活力的教学任务，以帮助学生深入理解课文。如问题引导式教学，思考解决课文中的关键问题；讨论式分析，理解课文中的写作手法和表达技巧；体验式活动，理解课文中的情感，形成正确的价值观。

第六步，指向优质目标的评价与反馈。教学过程中，教师需要对学生的学习情况进行持续的关注和评价，通过评价了解学生对课文的理解程度，对教学方法进行调整，以确保优质目标的实现。

通过上述策略，统编初中语文教学可以在单元备课的基础上进行单篇教学，使学生在理解单元主题的同时，深入理解每篇课文，提高语文素养。

案例1　统编初中语文七年级上册第五单元

统编版语文七年级上册第五单元围绕"生命之趣"选编了一组与动物有关的文章。几篇课文内容不同，体裁各异，但都描绘了人与动物相处的种种情形，反映了人对动物的了解和认识，展现了作者对人与自然关系的思考。本单元的语文要素是默读，边读边思考，勾画出重要语句或段落，并学做摘录。还要在把握段落大意、理清思路的基础上，学会概括文章的中心思想。主线问题是如何在把握段落大意、理清思路的基础上概括文章中心思想？本单元的教学目标可以确定为关爱动物，善待生命，学会与动物和谐相处。继续学习默读，学会做摘录，在把握段落大意、理清思路的基础上，学会概括文章的中心思想。

单元教学计划围绕教读课、自读课和文言文阅读、写作，细化单元教学目标，梳理教学思路。《猫》是教读课文，重点指导学生按一定速度默读，勾画重点语句，熟知课文内容，理清文章思路，并学习摘录，通过品析关键词句体会作者情感。要教给学生概括文章中心的方法，为后两篇文章的学习奠定基础。《动物笑谈》是自读课文，引导学生默读课文，圈点勾画，摘录文中关键语句；概括文章内容，理清写作思路；赏析语句，把握作者情感态度，最终较熟练地概括文章中心思想。《狼》是本单元的一篇文言小说，主要通过齐读、自由读、分角色朗读等多种形式地读，概述故事情节，理清文章思路；再通过品读词句，分析狼的形象和屠户的心理变化；最后结合文中的议论句，体会文章主旨。课时分配上，三篇文章的阅读与写作分别安排两个课时。

以《猫》为例分析单篇课文的教学。这是一篇教读课文，以第一人称的口吻记述了自己家养了三只猫的经历。作者以人道主义的情怀，关注身边的小生命，对三只猫得而复失的过程进行了细腻的描写，表达了"我"与家人悲痛、遗憾的心情，尤其是对第三只猫的歉疚之情，体现了作者对生命的尊重和善于自我反省的精神。三只猫特点不同，命运各异，恰好能反映"联动"的差异维度。作者虽说爱猫，但对待三只猫有着三种不同的情感态度。这样看来，他对待猫是不公平的。文章内容与微观公平理念非常契合，对于学情分析有重要的启示。

从生活经验分析，七年级大部分学生比较喜欢小动物，并具备与动物相处的一些常识，对人类与动物的关系能做出正确的判断，理解关爱生命、善待动物的重要性。但学生对猫的反应不同，大部分学生对猫有极大的兴趣，喜欢猫且养过猫，具有与猫相处的生活经验；有的同学对猫的反应较为平淡，谈不上喜欢不喜欢；也有的同学觉得猫叫声烦人，对猫有厌恶的情绪。从学习经验的角度分析，学生经过前面四个单元的学习，已掌握默读的基本技巧，在保证一定速度的前提下整体感知内容，勾画重点语句，为本单元的默读摘录、概括大意、理清思路奠定良好的基础。但学生对于"文章中心"的概念理解比较粗浅，概括中心的方法和步骤也是一知半解。

"联动"课堂的构建则确保教学过程中每个学生都能享有同等的资源、关注和机会，让每个学生的潜能都能得到充分的发挥。根据单元教学要求及教材的文本特点，需达成以下学习目标：第一，继续学习默读的技巧，养成圈点勾画和做摘录的习惯。第二，概括并比较三只猫的不同特点和命运，揣摩文中生动的细节描写。第三，了解作者及家人三次养猫经历中的情感波澜，厘清文章的结构。第四，体会作者对第三只猫之死的悔恨之情，思考其中蕴含的人生哲理。教读课的目的是学"法"——授人以"渔"，为后两篇文章的学习奠定基础。为了便于教学整体推进，凝练以下实践活动：默读课文，勾画重要语句，学做摘录；把握课文内容，理清文章思路，学会概括文章的中心思想；赏析精美语句的表达效果及关键语句的含义和作用。

充满思维活力的"联动"任务设置，学生能自由选择任务，如用自己的语言解释"摘录"与"概括"的不同含义。从默读的速度、方法、要求等方面开展默读进阶训练。最重要的是从内容、情感、道理等方面解析"文章中心思想"的内涵，了解中心思想的呈现规律，整理归纳中心思想的表述句式。学生从感性经验上升到理性思考，探究概念背后蕴含的原理，真正掌握概括文章中心思想的基本策略。同时能根据要求自由选择精彩的语句进行赏析，选择关键语句，理解其中的含义和作用，分析其背后的思想情感内涵。这些充满思维活力的语文实践活动，能有效落实语文要素。

第一课时　联动任务及评价

（一）链接经验，初识概念

"概括"是透过文字或现象，把最主要的、本质的属性归纳出来的思维过程。"分析"是将复杂的话题或事物（一件事物、一种现象、一个概念）逐渐拆分的过程，以此来达到更好的理解。"中心思想"是文章中传达出来的作者的基本观点、态度、情感和意图，包括叙事、写人、状物等内容，引起感觉、看法、意识等情感态度，蕴含事理、情理、物理等道理或体现真、善、美等精神品质。

（二）任务驱动，探寻规律

任务一：默读课文，根据思考探究一的变式表格圈点勾画概括。

1. 用"//"标注三只猫的起止段落。

2. 用"＿＿"或"～～"画出表明三只猫"来历、外形、性情、在家中的地位、结局"的词句。

3. 用一句话简单地概括课文的内容。

任务二：画出失猫后的心理描写句，用简要语言概括作者要表达的主要情感："我"因自己的过错导致第三只猫含冤而死的悔恨之情。

任务三：文章中"我"的情感是否蕴含什么道理（事理、情理、物理）

或体现什么精神品质呢？

1. 要尊重动物、善待生命。

2. 凡事要实事求是，不能凭个人好恶主观武断。……猫的不幸命运都是由它们的弱小地位造成的。

任务四：请你用一些词语把三个要素连成一段话。

本文通过记叙"我"家三次养猫的经历，表达"我"因自己的过错而导致第三只猫含冤而死的悔恨之情，蕴含尊重动物、善待生命的人生道理。

概括文章的中心思想可用如下句式组织：本文通过记叙（某人、某事、某物）表达人物怎样的思想感情，体现（蕴含）什么道理（或赞扬什么精神品质）。

概括文章的中心思想的四个步骤是读文章，概括内容；抓描写，体会情感；找角度，感悟道理；用句式，完整表达。

（三）联动评价，反思改进

差异维度的评价包括对学习"猫"有积极的情绪，每分钟阅读 400 字的默读速度。均衡维度的评价项目有发挥脑、眼、口、手、耳的物理属性，参与语言实践活动，课堂上获得单独展示的机会。课堂做事注意力专注。活力维度评价围绕是否能与同学互动交流，对老师的指令能有序做出回应，能完成阅读、筛选信息、摘录填表的任务等。优质维度主要针对目标达成度进行评价，如能给"中心"一词下定义，能说出文章中心思想包含的要素、位置规律、表述规律。

第二课时　联动任务和评价

（一）明确事项，链接旧知

复习概括中心思想的基本规律，检验学生对规律的理解和掌握情况。

（二）新境联动，迁移技术

任务一：学生根据自己的阅读情况概括中心，填写在表格内。

通过希沃上传填写图片，反馈填写结果后进行交流、评议，从内容、情感、哲理三个角度修改、完善，力求完整深刻。运用掌握的技术进行同主题文本的迁移，检验学生对中心思想概念的理解和规律的运用，培养关键能力。

体会人与动物的情感关系，引发人对自身地位、行为的反思，树立正确的价值观。

表5-2 课文对比阅读任务单

篇目	内容	情感	哲理
夏丏尊《猫》			
靳以《猫》			
王鲁彦《父亲的玳瑁》			

任务二：品析语句，读写结合。

1. 自由选择关键句，分析其在内容和结构上的作用。体会关键语句的含义和作用，品味语句的表达效果，都是为体会作者的思想感情服务。同时，有助于指导学生习作训练中的框架构建和语言的锤炼。

表5-3 品析关键语句的作用

关键语句	内容	结构
当时只得安慰着三妹……要一只来给你。		
自此，我家好久不养猫。		
自此，我家永不养猫。		

2. 自由选择精彩句，分析比喻、拟人修辞手法的表达效果。

(三) 联动评价，反思改进

反思改进审问本节课的行动过程，评价行动的效果。差异维度的评价是能说出概括中心思想的基本规律，能阅读夏丏尊《猫》、靳以《猫》、王鲁彦《父亲的玳瑁》三篇文章。均衡维度的评价是发挥脑、眼、口、手、耳的物理属性，参与语言实践活动，课堂上获得单独展示的机会，课堂上做事注意力专注。活力维度的评价是能完成阅读、筛选信息、概括填表的任务，能对同学的填表结果进行评价，能对老师的指令有序做出回应。优质维度的评价是能概括出夏丏尊《猫》、靳以《猫》、王鲁彦《父亲的玳瑁》的中心思想，能说出课后练习题三中的三句关键句在内容和结构上的作用，能分析课后练习题四中的四句话所用的修辞手法及表达效果。

案例2　统编初中语文八年级下册第五单元

统编初中语文教材八年级下册第五单元集中安排游记文体，不仅是编排的创新，对教师的教学提出新的要求，还为教师的教学创新提供了比较广阔的空间。不论采用何种形式的教学，教师都要把握游记文体和学情这两个关键要素，才能实现游记类课文的深度阅读教学。

游记是人们在游览后记录的见闻、情思，是一种比较常见的文学体裁，内容广泛、写法自由、风格多样。但在初中语文教材中，游记的数量非常少，且都是文言文，如《小石潭记》《满井游记》。本单元四篇风格各异的游记，有助于学生了解游记文体，学习阅读游记的方法。单元说明指出："阅读这类文章，随着作品去想象和遨游世界，可以让我们丰富见闻，增长知识，开阔眼界。"学习本单元，要了解游记的特点，把握作者的游踪、写景的角度和方法，并揣摩和品味语言，欣赏、积累精彩语句。单元说明的核心概念是游记，主线问题作者是如何通过所至和所见来体现所感？本单元的教学目标确定为了解游记的特点，把握游记的基本要素，熟悉游记的写法与多样的风格；感知文章所写的景物的特点，体会作者寄寓在景物中的情感，理解作者对景、人、事的感悟与思考；揣摩品味课文的语言，欣赏、积累精妙的语句，领会游记多样化的语言风格。

单元教学计划围绕教读课、自读课和写作，细化单元教学目标，梳理教学思路。《壶口瀑布》是教读课，指导学生通过圈画时间推移、地点转换的词语等方法明确游记三要素之"所至""所见"，学习移步换景、定点观察等独到的观察角度，体会"所感"。《在长江源头各拉丹东》是教读课文，在把握游记三要素的基础上学习游记的多样风格。揣摩品味语言，理解关键词句的含义。《登勃朗峰》是自读课文，采用教读课学到的方法，即圈画时间推移、地点转换的词语，完成表格，巩固游记的三个要素和写景的角度和方法。品味精彩词句，体会作者的情怀。体会游记写景、叙事相结合的写法。《一滴水经过丽江》是自读课文，巩固教读课学到的方法，把握课文独特的视角，理解写法的妙处并体会作者情感。在课时分配上，《壶口瀑布》和《在长江源头各拉丹东》安排2课时，《登勃朗峰》和《一滴水经过丽江》安排1课时，《写作：学写游记》2课时。

以《壶口瀑布》为例，对游记类课文联动教学策略进行探讨，让学生通过这一篇游记的学习，学会阅读游记这一类体裁的文章。《壶口瀑布》是一篇文质兼美的游记散文。作者用形象生动的语言，细致地描绘了壶口瀑布磅礴雄壮的气势。作者运用了多种描写方法调动了读者的声觉和视觉感受，同时采用大量动词，运用比喻和心理描写，使结构上首尾呼应，视野上远近结合，内容上详略结合，景色上浓淡结合，行文上亦文亦画，描绘出壶口瀑布的雄浑壮美、大气磅礴。基于差异分析学生与游记的联系，发现学生对"游"都有着极大的兴趣和向往，具备与"游"有关的生活和学习经验。从力求均衡的角度选择共享的资源，设置学生可自由选择的任务，预设学生能掌握游记阅读的策略。教师将课堂上要做的事凝练为理清所至、感知所见、体会所感，以统领本单元的教读、自读和课外阅读教学活动。具体目标是理清文章的思路，明确"所至""所见"；把握游踪，学习移步换景、定点观察等独到的观察角度；把握所写景物的特点，理解作者的所感所思；揣摩和品味语言，欣赏、积累精彩语句。

第一课时　联动任务和评价

（一）链接经验，初识概念

观察壶口瀑布的地理版图，欣赏壶口瀑布的航拍视频，思考该如何设计到此地旅游的攻略，学生自由交流后，链接古代游记散文和游览经历，初识游记特点，理解"所至""所见""所感"三个概念。

（二）任务驱动，探寻规律

任务一：理清所至。

1. 阅读描写枯水季节的段落，根据表格提示在文中圈画词语并填表。

表 5-4　理清壶口瀑布枯水季节"所至"

观景时间	观景地点	观察角度	所观之景	观察方法
枯水季节（详）	沟底	俯视	石床	移步换景
	河心	俯视	龙槽	
	（河心的）一块大石头上	仰视	上游河面	定点换景
		由上至下俯视	洪流跌入龙槽	
		由下而上仰视远望	龙槽雾霭青山	
		平视	龙槽两边的河水	
		细观	脚下的石	

2. 逐项交流，修正补充，完成表格的填写。

3. 集体起立，动作演示不同的观察视角。

4. 归纳理清所至的规律：抓住表明时间推移、地点转换、观察角度变化的词句。

任务二：感知所见。

1. 齐读任务：假如你是一名导游，你会从文中选择哪些语句作为导游词向游客介绍壶口瀑布？并说明选择的理由。

2. 阅读圈画，自由选择句子并写出理由。

3. 小组内仿照下列句式进行交流：

各位游客，人家好！我们现在所处的位置是河心，请大家朝××方向看……

我选择这句话是因为作者运用××手法　让人们感受到××景物的××特征。

4. 小先生示范，启发大家从不同的角度进行解析。

5. 根据语境进行朗读训练，感受景物的奇、雄、险、柔。

6. 归纳品味景物描写语句的规律：可以从用词、句式、修辞手法、感官结合等角度思考，景物特征词可直接摘录或者概括。

任务三：体会所感。

1. 画出文中表达作者感受的句子，读一读。

2. 分小组朗读。

3. 选择句子，说说作者的情感有什么不同。

4. 归纳景和情融合的一般规律：观景时产生的直接体验、由景物引发的感想、基于景物的带有较多理性色彩的思考。

5. 朗读句子，体会作者对黄河伟大性格的赞美。

（三）联动评价，反思改进

1. 从游记"所至、所见、所感"三要素中任选一个，表达概念及规律。

2. 从 AB 两类作业中任选一项或两项完成。

A. 片段练习：运用定点换景的手法，描写校园的一角。

B. 游记阅读：用习得的方法阅读《登勃朗峰》。

第二课时　联动任务和评价

（一）链接学习经验

1. 学：交流上节课已实践的联动学习方式。

2. 习：口头复习《壶口瀑布》习得的"理清所至、感知所见、体会所感"的游记阅读方法。

3. 乐：展示内化的思维成果。

（二）新境联动，应用规律

任务一：理清所至。

1. 自读课文，圈画时空关键词，用自己喜欢的方式画出作者登勃朗峰的路线图。

2. 用投影展示不同的作品。

3. 欣赏点评，明确作者行踪。

任务二：感知所见，体会所感。

1. 品读第 1－6 段，结合"阅读提示"和课文"旁批"，根据提示圈画词语。

2. 小组逐段逐项交流，组员互评互补。

3. 小组成员集体展示合作的结果，概括所感"奇"在何处。

4. 思考文章的前四处旁批与游记的哪个要素相关，有什么作用。

5. 对话交流，理解四处旁批的作用。

任务三：感奇人奇事。

1. 阅读第 7—11 段思考：第五处旁批中的"奇"表现在哪里，是如何体现的？第六处"意外之喜"指什么？

2. 筛选信息，画出关键语句。

3. 交流明确这两处旁批的作用。

（三）**联动评价，反思改进**

1. 比较：《登勃朗峰》与《壶口瀑布》有什么异同？

2. 从 AB 两类作业中任意选择一项完成。

A. 片段写作：用两种以上的修辞和感官结合的方法，描写家乡的一处风景。

B. 游记阅读：围绕三个要素阅读《一滴水经过丽江》，比较异同。

【单元整体教学】

单元整体教学以单元为基本教学单位，围绕特定主题或内容进行整合、拓展和深化教学。它强调教学目标的整体性、教学内容的关联性、教学结构的合理性、教学方法的科学性和教学评估的系统性。与传统教学方法相比，单元整体教学更加注重学生的综合素质培养、批判性思维发展、语言表达准确性提高、团队协作和跨文化交流能力。

"联动"语文单元整体教学同样聚焦核心概念，转化单元主线问题，更加注重教学内容的关联性、教学结构的合理性、教学方法的多样性、教学评价的系统性。

统编初中语文八年级下册第五单元"江山多娇"，由教读课《壶口瀑布》《在长江源头各拉丹东》、自读课《登勃朗峰》《一滴水经过丽江》、三篇课外阅读《西溪的晴雨》《黄山记》《读三峡》及写作《学写游记》组成。这几篇游记所写的区域不同，景物各有特点，写法各具特色，风格多样，能增长知识，丰富见闻，产生共鸣，获得美的享受。这些文章都是作者真实游览后记录的内容，在体例和要素上有许多相通之处。通过对教材人文主题和语文要素的梳理，综合考虑教学价值、教学课时、学生已有学习生活经验，确定游记大单元的核心教学要点：时空定位，理清"所至"；定点考察，感知"所见"；展开想象，品味"所言"；洞察真情，体会"所感"。

真实、富有意义的语文实践活动情境是学生语文学科核心素养形成、发展和表现的载体。与游记内容相契合的生活情境非常丰富，包括学生个人游、同伴游、亲情游、班级集体游，为游记提供学习经验和生活经验。在以上几种游览形式中，根据《中小学综合实践活动课程指导纲要》要求，和教育部等11部门颁发的《关于推进中小学生研学旅行的意见》，中小学生要有专门的课时参加"自然生态考察、中华文化寻根、红色足迹寻访"等主题研学活动。研学活动与游览有许多相通之处，都需要规划路线，在游的过程对所在地的风景名胜、风土人情产生兴趣，并引发所思所想。链接学生的研学体验，可拉近学生与游记之间的距离，对学习游记产生向往和期待，深层探究游记的基本要素，培养学生深度阅读能力，并为学习写游记奠定良好的基础，满足语文生活的真实需要。

（一）结合研学经历，深入理解游记特点

学生研学经历为游记学习提供学习经验和生活经验。研学的主要学习方式是研究性学习，具有开放性、综合性、创新性的特点。语文教师要进行跨领域研究，学生在研学前要收集研学目的地资料，寻找自己感兴趣的问题作为研究主题；研学过程中，要展开看、听、思、悟、体验等多种方式的考察探究；研学后进行总结，如游记撰写、主题展、简报制作等。结合以上经历，在学习本单元时，教师可从游记的基本要素"所至、所见、所感"切入，指导学生分析研学与游记内容的联结点（见表5-5）。

表5-5 研学经历与游记内容的联结点

游记基本要素	研学经历	游记内容
所至	学生研学的路线	作者的游踪
所见	学生带着感兴趣的问题去实地参观、考察探究，如：	作者在游程中目睹的风貌，如：
	山水景物、名胜古迹、风土人情、历史掌故、传统文化等主题	

续表

游记基本要素	研学经历	游记内容
所感	学生在研学过程中的所思所悟所感，如： 热爱自然、爱国热情、民族精神、保护生态等情感	作者在游览中引发的所思所想，如：

通过比较，拉近学生与游记之间的距离，对学习游记产生向往和期待。

（二）创设学习情境

连北中学研学中心决定组织一场跟着书本去旅行的实践活动。此次活动的主题是"跟着游记去研学"。欢迎全体同学踊跃参加，一起调动感官，跟着游记作品开启心灵旅行，尽情想象和遨游世界。请大家阅读单元文本，从壶口瀑布、各拉丹东、丽江、勃朗峰四个地点中任意选择一个，小组合作完成所在学校的"_____之旅"主题任务。

（三）任务驱动，探寻规律

任务一：做一个专业的研学导师。

【核心知识】

整体感知，了解游记特点。

【活动过程】

1. 屏显学习情境和具体任务：学校的研学导师要策划研学活动，请以小组为单位，阅读游记作品，选择其中一篇文章作为文献，帮助导师拟写研学主题学习单（见表5-6）。

表5-6 "_____之旅"主题学习单

组长		小组成员	
研学地点简介			
最佳研学季节和路线			
小组感兴趣的主题		主题选择的理由	
预设成果	☐简报　☐美篇　☐调查报告　☐演讲 ☐推介名片　☐游记　☐图片展　☐其他		

233

2. 教师指导学生做简介时要充分应用文本内容和助读系统，围绕"在哪里、是什么、有什么、怎么样"等问题进行概括。

3. 学生阅读游记，小组合作填写主题学习单。

4. 成果展示：小组代表展示主题学习单，每篇游记作品选择一份。引导学生了解游记的文体特点及三大基本要素的概念。

【设计意图】

阅读游记，了解游记特点和基本要素是最基本的要求。采用帮助研学导师拟写研学主题学习单的形式，创设游记阅读的情境和任务，激发学生强烈的阅读兴趣和长效的阅读动机。学生以"学习单"为导向，整体感知全文，研学地点简介需从游记作品中筛选地域、景点等关键信息，最佳研学季节和研学路线与作者的游踪密切联系，小组最感兴趣的主题需要学生在感知作者见闻的基础上进行提炼，主题选择的理由必然受作者情感的影响。主题学习单设置的项目内隐着游记"游踪、所见、所感"三大基本要素，与生活经验联系，让概念理解变得浅显易懂。如小组填写《壶口瀑布》之旅研学主题学习单，简介壶口瀑布的地理位置和形成原因；枯水季节的路线是从沟底走河心；研究的主题有雨季的瀑布特点、枯水季节不同水域的水态、河心石头的样态等，根据文章内容和作者感受做出选择；结合自己的兴趣和特长进行成果预设，启发学生注重学习过程的积累，学习物化成果的技巧。拟写研学主题学习单，是以"研"为核心，还原作者"行"的过程和体验，了解游记的文体信息，为深度阅读奠定基础。

任务二：做一个专注的研学者。

【核心知识】

理清"所至"，感知"所见"，体会"所感"。

【探究过程】

1. 屏显情境任务：在研学的过程中，合格的研学者要身心合一。请你追寻作者的足迹和视角开展考察探究，完成研学手记的填写（见表5-7）。

表 5-7　"_____之旅"研学手记

所至		所见		所感		
观察地点	观察角度	景物	特点	直观体验	引发感想

2. 教师补充"所见"的概念，提醒观景应该包括视觉、听觉、触觉等多感官的结合。

3. 学生阅读文本，圈画关键词，填写手记。

4. 成果展示：出示不同作品的研学手记，引导学生归纳并游踪的方法和游踪的类型、概括景物的特点的方法以及作者情感的类型。

【设计意图】

阅读能力除阅读整体感知力外，还应逐层深入，培养学生的阅读理解力、概括力、鉴赏力等。[①] 游记在结构上的重要特点是有一条鲜明的时空线。学生填写不同作品的研学手记，如《壶口瀑布》是作者立于河心，俯视龙槽，看到河中有河的"奇"，仰观河面，是浊浪排空的"雄"，随河水由上至下，是河水跌入龙槽的"险"，平视龙槽两边的河水"美"的姿态。此文的游踪是经过作者提炼和剪接的"定点换景"。《在长江源头各拉丹冬》《登勃朗峰》《一滴水经过丽江》的作者观察的地点不停转换，是常见的移步换景，视角转换也非常频繁，有远眺、四顾、近看、细看。引导学生归纳理清游踪的方法是定位时空，即圈画表明时间推移、地点转换、视角变化的关键词，并追踪目之所及，开展看、听、思、悟等多种方式体验活动，多角度审美，概括景物的特点，辨析作者"所感"的类型，是观景时的直接体验，或是由景物引发的感想，抑或是由景物引发的理性思考。

任务三：做一个优秀的研学导游。

---

① 林忠港. 游记教学内容开发的路径——以《一滴水经过丽江》为例 [J]. 语文建设，2019（3）：28—30.

【核心知识】

展开想象，品味"所言"。

【探究过程】

1. 出示情境任务：假如你是一名研学导游，请你选取精彩的句子，展开想象，改写成导游词，并说明选择的理由（见表5-8）。

表5-8 "_____之旅"导游词

所选句段	选择的理由	改写导游词
	美点赏析	

2. 教师指导学生导游词的编写技巧，自然景观用描述型，人文景观用讲解型，注意语言表达要准确、生动。

3. 成果展示：学生先介绍所选句段的选择理由，再模拟导游解说。

【设计意图】

游记除"所至、所见、所感"外，还包括表达出这三个要素的"所言"，即记录游览见闻和情思的表现手法。"所言"不仅是"所至""所见""所感"的载体，而且居于"所至""所见""所感"的核心。[①] 本单元的导语提示、教读课文的预习提示和积累拓展多处强调语言品析的要求。游记作者用丰富的言语形式呈现游览时的见闻和感受。学生在选择、赏析、改写的过程中感受不同语言风格，品味语言技巧，提高审美能力。如"壶口瀑布"之旅，学生选择描写河面之水、瀑布之水、龙槽附近的水的句子，从用词、句式、修辞、感官角度、写作手法等角度说明选择的理由，达到赏析和品味语言的目的。"丽江之旅"的导游词，学生选择讲述丽江的历史渊源、文化传统、民俗风情，用讲解式的语言撰写，品味语言的修辞之美，感受其富有节奏感的特点。

任务四：做一个家乡的代言人。

请学生模仿壶口瀑布的文本特点，为家乡的某一个景点代言，可（如图5-2）制作家乡景点研学推荐名片，也可自行设计名片的版式，培养动手操作的能力、审美能力。

---

① 郭跃辉. 基于言语形式的《壶口瀑布》解读［J］. 语文月刊，2019（3）：64—67.

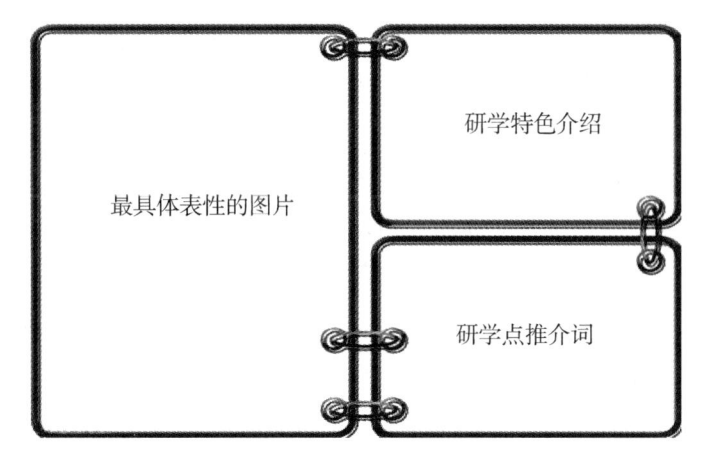

图 5-2 ××推荐名片

【设计意图】

学生在深度阅读文本的基础上，筛选、整合最具感染力的语言，实现与文本和作者的深层对话。为家乡代言，擦亮、创作、宣传家乡的文化名片，需要学生深入了解自己的家乡。图片筛选和研学点特色介绍和推介词的撰写，需要全面把握家乡自然景物、人文景观特点，理解家乡文化的内涵，感受家乡文化的魅力，坚定文化自信。在搜集材料的过程中，培养学生的阅读理解和概括能力，提高思维的敏捷性与灵活性。名片制作是一个综合性的研究成果，能综合发挥学生的专长，培养学生的创造力。

（四）开展游记阅读评价与反思

单元整体教学要关注学生的学习过程，学习结束后，开展基于任务完成的过程性评价（见表5-9）。

表 5-9 ____组____"跟着游记去研学"评价单

评价项目	参与方式	收获与体会	自评	组评	师评
拟写研学主题学习单					
填写研学手记					
改写导游词					
制作家乡名片					
反思与建议					

组员根据填写参与每个项目的方式、收获与体会，根据参与的态度和学习成果做出自评。组长根据组员的表现和成果做出评价，从小组分工的合理性、方法的科学性、活动的有效性、成果的多样性等方面进行反思。教师从优秀、良好、一般、需要改进等进行质性评价。多元评价反思，让学生明白语文学习是实践性的活动，要积极行动，运用各种方法解决问题，养成及时反思的习惯，分享交流成功的做法，培养学生的创新意识和物化成果的能力。

单元整体教学还要注重"教学评"的一致性，开展游记阅读能力测评，从课内阅读延伸到课外阅读。学生用课内学习获得的方法，阅读郁达夫的《西溪的晴雨》、徐迟的《黄山记》、王充闾的《读三峡》等，了解他们的游踪，感知所在地景物的特点及文章的语言特点，体会作者的独特感受。聚焦把握游踪的语用能力点，补充《丫山赏瀑》文本，学生概括文章主体部分行文思路，明确作者立足于瀑布落潭处，定点听瀑、观瀑、悟瀑。聚焦品味语言能力点，补充《夜游周庄》文本，赏析写景的精彩段落，把握感官结合、顺序分明、特征明显的写景技艺。课外阅读选用同类文本，聚焦语用能力的迁移训练，为阅读教学和阅读测试架设一座桥梁，提高阅读策略的实践运用能力。[①]

【专题教学】

概括要点是初中语文阅读教学精读要求之一。通过概括要点，学生能够快速捕捉文章的中心思想，理解作者的写作意图，加深对文章内容的理解和记忆。学生在概括过程中，需要进行分析、比较、归纳等思维活动，这有助于培养他们的逻辑思维和批判性思维。"联动"语文实用类文本"概括要点"的复习教学程序如下：

（一）分析比较，"行"中感知

学生快速浏览行知单上的三类文本和分别设置的题目。通过小组合作，用简要的词语完成表格的填写。小组代表进行交流，明确异同。

---

① 陈建源. 语用型1+1+X：统编教材阅读教学的愿景[J]. 福建基础教育研究，2021（2）：37—41.

第五章　语文"联动"课堂的整体架构

表 5-10　分析比较文本的不同点

文本内容	《大自然的语言》选段	《蚊子为什么叮你》	"归国潮"
选材范围	课内教材	课外科普文章	课外新闻
文本体裁	说明文	说明文	新闻
涉及的学科	物候学、生态学、气象学等	生物学和化学等	社会学、物理学等
文意理解难易度	难度低	难度较大	难度大

表 5-11　分析比较题目的相同点

文本内容	《大自然的语言》选段	《蚊子为什么叮你》
命制的题目	阅读《大自然的语言》第 11 段，请简要概括研究物候学有何意义。（5 分）	1. 从第 3 段看，挥动胳膊却达不到驱蚊效果的原因是什么？（4 分） 2. 文章从哪三个方面介绍"蚊子"？请简要概括。（6 分）
题目中相同的关键词	简要概括	
题型表述方式	"阅读全文（文段）归纳概括××事物的意义（原因、影响、特点）。" "文章从哪几个方面介绍××？请简要概括。"	

（二）分层展示，"知"中梳理

用幻灯片显示《大自然的语言》的问题，学生根据已有的学习经验写出解题步骤后，请一名学优生和学困生板书各自的内容，并结合板书讲解自己具体是怎么"做"概括要点这件事的。其他学生对板书内容进行横向比较，分析异同。小组内从纵向分析讨论，寻找更有效的做法。

第一步：细读题目两三遍比看题有效，题目字数越读越少，题意越读越精准，画出题目中的关键词即审清问什么、读的范围、设定的分值等。

第二步：在文本中迅速而准确地定位阅读范围，并仔细阅读范围内的文本。

第三步：根据题意指向，思考、判断、圈画出关键词句，筛选出准确信息。能体现研究物候学意义的关键词有顺序词"首先""此外"，关联词"还""也"，提示词"为了""可以"等。关键句有过渡句"此外还有多方面的意义"。

第四步：从关键句中进行摘录表述，实现答案要点化、要点序号化，强调用序号代替顺序词和关联词，避免重复啰唆。

最后师生用精练的词语梳理并板书"做"概括要点这件事的四个步骤，分别是读题画眼、定位读文、筛选圈画、摘录表述。

（三）概括整合，"创"中巩固

用幻灯片显示《蚊子为什么叮你》的两个问题，学生思考交流：第一个问题与课内"研究物候学的意义"相比，关键词句的类型及要点整合方法发生的变化。如题目句式可转换，问题转换为："挥动胳膊为什么能吸引蚊子？"关键词句有增加，不仅有关联词"但是"，还有过渡句"但是气味的增加还不是吸引蚊子的唯一方式"，总结句"你发出的气味会吸引蚊子，你的动作会吸引它的目光"。要点表述要整合，根据过渡句和总结句的提示，结合具体的原因，整合表述为"挥舞胳膊时会增加二氧化碳的呼出和乳酸的排放，吸引蚊子；挥舞胳膊有助于刺激蚊子复眼的视觉接收器"。

学生比较文本内两个问题的不同，首先定位范围扩大到篇，要着眼于全篇进行要点概括。其次关键句包括总起句和总结句，如"常言道：最毒不过秋蚊子。""那么，蚊子喜欢叮怎样的你呢？""你发出的气味会吸引蚊子，你的动作会吸引它的目光。""蚊子在叮了你后会有什么表现呢？"最后要进行多重整合才能准确，如段意整合，第2、3段都介绍蚊子喜欢叮哪种类型的人，内容相同要整合；俗语转换，"最毒不过秋蚊子"可转换为秋天的蚊子最毒；句式要转换，疑问句"那么，蚊子喜欢叮怎样的你呢？""蚊子在叮了你后会有什么表现呢？"可转换改为陈述句；第二人称"你"也要进行转换。通过四个方面的整合与转换，概括出文章是从"蚊子在秋天活动最猖獗""蚊子喜欢叮怎样的人""蚊子叮人后的表现"这三个方面来介绍蚊子的。

最后，请学生绘画"概括要点的思路及筛选关键信息"的思维导图（见图 5-3）。这样"阅读—思维—语言—文字"逐渐外显的"言语思维"过程，有助于提高学生语言运用的能力和思维的灵活性、深刻性等。

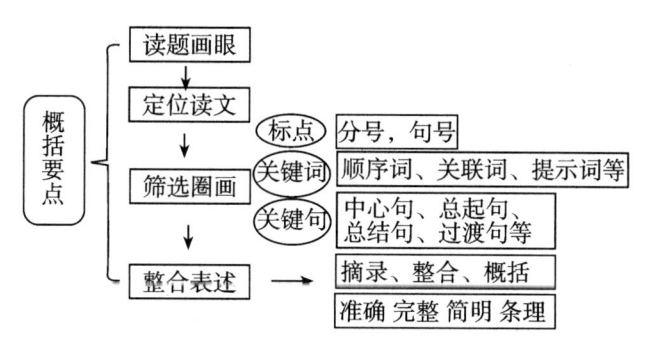

图 5-3　概括要点的思路及筛选关键信息

第六章　实用性阅读与交流"做案"设计

案例一　《梦回繁华》"做案"设计

课题	八年级上册第21课《梦回繁华》	课型	实用性阅读自读课
教材分析	《梦回繁华》是统编初中语文八年级上册第五单元的自读课文。文章介绍了《清明上河图》这一国宝级名画，画作描绘了北宋时期都城汴京繁华热闹的市井风情和汴京近郊清明时节美丽的自然风光。画卷人物繁多，场景复杂，作者综合运用逻辑顺序和空间顺序，采用多种说明方法和严谨准确且颇具文学的语言，介绍画作的内涵、内容、价值，丰富了人们对当时社会风貌的了解，激发了人们对古代生活的想象，增进学生对中华传统文化特别是建筑艺术和绘画艺术的了解，增强自豪感。		
学情分析	本单元是初中阶段第一个说明文学习单元，安排的都是事物说明文。学生在小学阶段已学习过说明文，对说明文文体知识有一定了解。学习本文时，已学习本单元的前面四篇课文，能运用教读课总结的方法，即通过抓关键词句信息，反复阅读、品析，理清各段的主要内容，把握文章的说明顺序，感悟文章的思想内涵，巩固说明文阅读的方法。本文条理清楚，再加上《清明上河图》的插图，比较容易调动学生的学习积极性。由于大部分学生不具备美术专业知识，对于本文中涉及的美术专业概念和如何欣赏画作存在一定的障碍。		

第六章 实用性阅读与交流"做案"设计

续表

做的目标	1. 浏览全文，把握画作"繁华"的特征，理清文章思路。 2. 细读语段，辨析说明方法，品味既有科学性又有文学性的语言特点。 3. 培养审美能力，激发对中华优秀传统文化的热爱。		
做的重点	根据设计宣传册的任务，浏览全文、细读语段，全面认识画作"繁华"的特点。		
做的难点	细读语段，辨识说明方法，品味既有科学性又有文学性的语言特点。		
做的方法	学科融合的情境任务驱动。	教学准备	课件、课堂行知单。

做的过程	教师做事	学生做事	设计意图
创设情境 激发兴趣	1. 用教材中的两幅名画：北宋张择端的《清明上河图》和元代黄公望的《富春山居图》，引入并解题。 2. 屏显学习活动的背景和任务。简要说明宣传册设计的视觉要素。 • 图形：注目性 • 文字：可读性 • 编排：条理性 • 色彩：协调性	1. 理解题意及文章主要内容。 2. 明确学习任务：元旦将至，学校准备举行"美育花开"宣传册设计比赛。请大家阅读并利用《梦回繁华》这篇文章，与同桌合作设计《清明上河图》宣传册参加比赛。	创设与学校文化活动相关的情境，以学习活动为载体，推进说明文的学习。
活动一： 补写简介 找繁华	1. 屏显学习任务，强调以段为单位，用跳读的方式浏览关键信息，简要把握主要内容。 2. 引导归纳。	1. 浏览全文，找出并圈画各段最能概括画作特征的关键词句，准备为配好图的宣传册封面补写简介。 2. 展示交流。	学生用跳读的方式浏览全文，快速筛选关键词句，把握文章的主要内容。

243

续表

做的过程	教师做事	学生做事	设计意图
活动二：设计板块析繁华	1. 屏显学习任务。浏览段落内容，同桌讨论： （1）确定手册的板块数量。 （2）拟写板块的小标题。 （3）根据篇幅折叠板块的界限。 2. 引导、归纳说明顺序（逻辑顺序与空间顺序）。	1. 听讲、观察，明确要求。 2. 合作确定展板或宣传册的板块数。 3. 拟写小标题，按照版板折叠。 4. 展示样例，说明设计意图。 5. 明确写作思路和说明顺序。	借助手册板块设计理清文章的思路，了解全文和重点段落的说明顺序。
活动三：编辑文字品繁华	1. 屏显编辑的样例。 • A编辑——创作背景 （1）张择端的《清明上河图》便是北宋风俗画作品中很有代表性的一幅。 （2）据后代文人考订，《清明上河图》作于政和至宣和年间。 • B编辑——画作内容 2. 引导、归纳本文的语言特点并板书。	1. 细读文本，比较AB两位编辑的文字与文章语句的异同。 2. 展示交流：理解本文的语言特点。 （1）严谨性与条理性。 （2）运用列数字、打比方、摹状貌等说明方法，大量的四字短语，语言准确、生动、典雅、精练。	编辑文字关注不同层次学生的水平，引导学生细读语段，体会本文既有科学性又有文学性的语言特点，增强思维的条理性与严密性。
活动四：学科融合赞繁华	出示统编版《中国历史》和美术教材里关于《清明上河图》的描写。	1. 同桌两人分工，分别圈画与美术和历史有关的词句。 2. 结合文本，以向导的身份，从历史和艺术两个视角向游客介绍这幅鸿篇巨制。	从不同学科的视角查找、归纳画作特征，提高审美鉴赏的能力，激发热爱优秀传统文化的情感。

续表

做的过程	教师做事	学生做事	设计意图
活动总结拓展阅读	出示推荐阅读的篇目《〈清明上河图〉的故事》《解读〈清明上河图〉》《谜一样的〈清明上河图〉》。	朗读《清明上河图》未解之谜，思考：张择端到底是何身份，为什么生卒不详？作画的具体时间是何时？"清明"是季节，地名，还是清明太平？"上河"是汴河上游，还是"赶河"？《清明上河图》是完本，还是残本？是真迹还是赝品？	激发学生拓展阅读的积极性，架起自读与课外阅读的桥梁。
板书设计	找 析 品 赞　梦回繁华　内容 思路 语言 价值			
做后反思	跨学科学习的一个重要意义在于以其他学科的内容来丰富语文课程的内涵和外延，增强学生学习的兴趣，帮助学生更好地理解相关内容。《梦回繁华》介绍《清明上河图》这幅传世名画的主要内容和艺术特点。在七年级下册《中国历史》第9课《宋代经济的发展》中，对画作所折射出的社会历史也有详细的介绍。九年级上册美术第1课《独树一帜的中国画》也对画作进行解说。鉴于三种教材都同时应用到《清明上河图》这件传世之作的事实，创设社会生活情境，以宣传册设计比赛为任务，让学生在真实的情境中全面了解画作"繁华"的特征，并运用文中插图，从历史和美术的视角赏析画作，提高审美鉴赏的能力，激发热爱优秀传统文化的情感。			

《梦回繁华》课堂行知单

课题： 八年级上册第 21 课《梦回繁华》

课时： 一课时

做的目标：

1. 浏览全文，把握画作"繁华"的特征，理清文章思路。
2. 细读语段，辨析说明方法，品味既有科学性又有文学性的语言特点。
3. 培养审美能力，激发对中华优秀传统文化的热爱。

元旦将至，学校准备举行"美育花开"宣传册设计比赛。请大家阅读并利用《梦回繁华》这篇文章，与同桌合作设计《清明上河图》宣传册参加比赛。

《清明上河图》局部

活动一：补写简介找繁华

浏览全文，找出并圈画各段最能概括画作特征的关键词句，准备为配好图的宣传册封面补写简介。（宣传册设计的视觉要素：图形的注目性、文字的可读性、编排的条理性、色彩的协调性）

活动二：设计板块析繁华

浏览段落内容，同桌讨论：

1. 确定手册的板块数量。
2. 拟写板块的小标题。
3. 根据篇幅折叠板块的界限。

《清明上河图》宣传手册板块设计稿

活动三：编辑文字品繁华

细读文本，比较 AB 两位编辑的文字与文章语句的异同。

A 编辑——创作背景

1. 张择端的《清明上河图》便是北宋风俗画作品中很有代表性的一幅。

2. 据后代文人考订，《清明上河图》作于政和至宣和年间。

B 编辑——画作内容

张择端画的《清明上河图》，画卷长 5 米多。作品描绘了都城汴京从城内街市、城郊到汴河的繁华景象。

画面开卷处的进城大道上有赶集乡人的毛驴团队。岔道上，有众多仆从和踏青归来的权贵。在近处的小路上是长途跋涉的行旅。

画面中段漕船相连，船工卸粮，纤夫拖船。汴河上的集合点"虹桥"作为全画的高潮表现。

画面后段的街道上有许多摊位，有卖饮食、药材、古玩、字画的，还有剃头、相面、算卦的，十分热闹。《清明上河图》给我们留下了中国古代形象生动的社会风情画面。

活动四：学科融合赞繁华

1. 同桌两人分工，分别圈画与美术和历史有关的词句。

2. 结合文本（也可用自己的语言），以向导的身份，从历史和艺术两个视角向游客介绍这幅鸿篇巨制。

案例二 《大自然的语言》"做案"设计

课题	八年级下册第5课《大自然的语言》	课型	教读课
教材分析	《大自然的语言》是八年级下册第三单元事理说明文的开篇之作，有举足轻重的作用。本单元以科学为专题，选编的都是介绍科学知识的文章。作者是我国著名的气象和地理学家竺可桢，他把一门科学——物候学介绍得浅显易懂，饶有趣味。为了使青少年读者产生浓厚的兴趣和易于接受本文所介绍的科学知识，作者在语言方面下了很大功夫，运用比喻和拟人等修辞方法，把抽象的事物具体化、人格化，使语言生动、形象、传神，真正做到了专业知识通俗化，达到了雅俗共赏的境界。		
学情分析	八年级学生经过上期事物说明文的学习，已经基本掌握了说明文的文体知识。从认知特点看，形象思维已逐步转向抽象思维，特别是具备了有关经度、纬度、高下差异等地理学科的知识。基于这样的学习经验，为本课事理说明文的学习奠定了良好的基础。从生活经验看，大部分同学能感知、分辨、解说自然现象的变化。但受语言积累和表达等方面的影响，品味语言还是存在一定的难度。		
做的目标	1. 学习用符号圈点勾画提取信息，准确概括内容，理解概念。 2. 视频、图片欣赏，品析说明文语言的准确生动，理清说明的条理和说明方法的作用。 3. 发现并欣赏大自然中的物候现象，提高科学思维能力。		
做的重点	学习筛选信息，准确概括内容，品析说明语言的特点。		
做的难点	理解逻辑顺序的概念，辨别逻辑顺序的类型。		
做的方法	跨学科知识解决问题。	做的准备	音乐、图片、地球仪。

第六章 实用性阅读与交流"做案"设计

做的过程	教师做事	学生做事	设计意图
一、情境导入	多媒体展示当地"水木清华"园艺场的春、夏、秋、冬四幅美丽的图画。其中春天是色彩斑斓的观赏性桃花林、夏天是如红色海洋一般的红叶石楠林、秋天是姹紫嫣红的菊花丛、冬天是形态各异的园艺盆景。	大家能不能用几个词语来形容所看到的大自然美景呢?学生可能会回答:春暖花开、鸟语花香、世外桃源、草长莺飞……	审美渗透,感受大自然的美景。
二、阅读筛选理解概念	多媒体显示阅读要求: 快速阅读课文,用圈点勾画的方法找出课文中介绍的物候知识。 1. 什么叫物候?什么叫物候学? 2. 物候观测对农业有什么重要意义? 3. 决定物候现象来临的因素有哪些? 4. 研究物候学有什么意义?	1. 学生自由朗读课文,然后根据要求,快速准确地筛选信息,整体把握文意。 2. 交流展示。 3. 概括内容的方法。 (1) 准确区分结构层次。 (2) 找出关键句、词语。 (3) 提取主干,去除枝叶。 (4) 用自己的话归纳。 4. 判断文章的说明顺序。	数理化学科的定义定理的表述以及逻辑推理过程的渗透,讲清物候这一概念。
三、任务驱动探寻规律	1. 理解因素。 (1) 朗读白居易的《大林寺桃花》和庾信的《梅花》,让学生判断其中蕴含的物候现象是因为哪个因素造成的。 (2) 屏显任务:小组合作,用填表的形式探究文章中涉及的其他学科知识,根据小组填表情况给予小组加分。	1. 理解第三个因素——高下的差异和纬度,小组合作填写表格。 	学科	地理学	生物学	气象学
举例	纬度	经度	高下	植物生育……动	农业气象学 | 						| 	巩固知识,促进学生对知识的理解掌握,跨学科资源引用,激发学生学习的兴趣,解决关键问题。

249

续表

做的过程	教师做事	学生做事	设计意图
	2. 提出问题：将课文对物候的定义与百度搜索中物候的解释加以比较，看看区别在哪里，重点体会语言生动形象的特点。 3. 范例引导，赏析语言，如"杏花开了……"	2. 比较品味法，将文中对物候的定义与百度搜索中物候的解释加以比较，看看区别在哪里。 3. 自主品味领悟，学生从文中找出那些具有生动形象特点的词语句子，集体展示。 说明方法及效果： 修辞方法及效果：	范例引导，自主赏析，品味课文语言生动形象的特点。
四、总结提高拓展延伸	1. 给下面的科学哲理诗续写句子，做一做仿写。 2. 布置作业：请用准确生动的语言写一篇观察日记。	1. 七嘴八舌：说说你在大自然中发现了哪些物候现象，这些物候现象预兆了怎样的气候、天气，告诉了我们怎样的道理。 2. 仿写：你看那_____，如_____。	把课堂教学向生活延伸。让学生在生活中学习语文，培养仔细观察、勤于思考的意识和能力，同时培养他们热爱自然和探索科学奥秘的兴趣。
板书设计	大自然的语言 ┤ 物候、物候学 物候观测与农业的关系 影响物候差异的四个因素 ┤ 纬度差异 / 经度差异 / 高下差异 / 古今差异 研究物候的重要意义		

续表

做的过程	教师做事	学生做事	设计意图
做后反思	本节课我们根据教材内容特点和八年级学生的心理发展水平和认知规律，采用小组合作的方式，遵循"教师为主导，学生为主体"的原则，借用跨学科的资源，让学生在轻松愉快的氛围中理解科学概念，探寻自然规律。		

《大自然的语言》课堂行知单

课题：大自然的语言

课时：一课时

做的目标：

1. 学习用符号圈点勾画提取信息，准确概括内容，理解概念。

2. 视频、图片欣赏，品析说明文语言的准确生动，理清说明的条理和说明方法的作用。

3. 发现并欣赏大自然中的物候现象，提高科学思维能力。

情境任务

欣赏春、夏、秋、冬四幅图画，写出能表现画面内容的成语：

_____ _____ _____ _____

活动一：阅读筛选，理解概念

1. 什么叫物候？什么叫物候学？_____

2. 物候观测对农业有什么重要意义？_____

3. 决定物候现象来临的因素有哪些？_____

4. 研究物候学有什么意义？_____

活动二：任务驱动，探寻规律

1. 理解因素。

大林寺桃花
（唐）白居易

人间四月芳菲尽，山寺桃花始盛开。

长恨春归无觅处，不知转入此中来。

梅花
（南北朝）庾信

当年腊月半，已觉梅花阑。

不信今春晚，俱来雪里看。

树动悬冰落，枝高出手寒。

早知觅不见，真悔著衣单。

联系课文中所学知识，说说这两首诗体现了哪些物候因素。为什么？

_____

_____

_____

2. 跨学科学习。

学科	地理学			生物学	气象学
举例	纬度	经度	高下	植物生长、动物养育……	农业气象学

3. 品味语言。

例句	说明方法或修辞手法	表达效果

活动三：总结提高，拓展延伸

1. 仿写句子。

别以为只有人才会说话，大自然也有语言。这语言到处都有，睁开眼就能发现。

你看那天上的白云，这就是大自然的语言。如白云轻盈飘得高高，明天准是个晴。

你看那树上的叶儿，这也是大自然的语言。如叶儿纷纷飘落，出门就要带好雨伞。

你看＿＿＿＿＿＿，＿＿＿＿＿＿＿＿。如＿＿＿＿＿＿＿＿＿＿。

2. 布置作业：请用准确生动的语言写一篇观察日记。

案例三　《善于抓关键　要点巧概括》"做案"设计

精读专题	善于抓关键　要点巧概括
教学设想	要点概括是思考与探究及各类学业水平测试中的高频问题。大部分学生信息筛选、整合的能力较弱，解决问题的情况并不理想。本节课通过整合课内外及跨学科资源，结合具体的例题分析及练习实践，指导学生明确"精读引领之要点概括"的解题技术，掌握筛选及整合信息的方法，让学生能够更准确、更完整地概括出要点，培养学生细读文本的良好习惯，提升和发展学生的思维能力。
做的目标	1. 通过从易到难的"精读引领之要点概括"专题训练，明确其解题步骤。 2. 能够根据题目要求展开对文本信息的筛选与整合，掌握抓关键词句筛选、整合信息的方法。 3. 培养认真审题、以文解文、精准表述的阅读能力。
做的重点	1. 掌握解决要点概括类问题的一般步骤。 2. 掌握抓关键词句筛选、整合信息的方法。
做的难点	掌握抓关键词句筛选、整合信息的方法，提高筛选信息的准确率和完整度。
做的准备	课件及行知单。
做的方法	资源联动、自动与互动。

做的过程	教师做事	学生做事	设计意图
一、 试题链接 引出概念	屏显中考试题中要点概括题及所占分值，并介绍选自不同的阅读板块。	根据题目中的关键词做出判断，了解要点概括题型的表述特点。	通过一组题引出要点概括题型，了解其重要性，由此集中学生注意力，引导学生快速进入学习状态。

续表

做的过程	教师做事	学生做事	设计意图
二、教材为例探寻规律	1. 屏显教材例子：阅读《大自然的语言》第11段，请简要概括研究物候学有何意义。 2. 请学生交流，用关键词概括自己的解题步骤。 3. 指名学生板书步骤和关键词。 4. 根据学生回答，指导、归纳并板书。	1. 回忆并思考解题步骤。 2. 同桌交流，用简要的词语概括解题步骤。 3. 板书步骤和关键词。 4. 学生根据板书讲解。 5. 合作归纳。 （1）解题步骤： 读题画眼—定位读文—筛选圈画—整合表述。 （2）筛选信息的方法是抓关键。 关键词：顺序词 关联词 提示词。 关键句：过渡句。 （3）摘录表述：答案要点化、要点序号化。	回顾已学课文知识，唤醒知识储备，在享受成功的轻松氛围中初步感知并掌握要点概括的步骤和筛选信息方法。
三、牛刀小试归纳技术	1. 教师巡查学生答题。 2. 指导解决第一个问题。 （1）引导学生以小组的形式交流答题步骤。 （2）指导审读题干并理解题意。 （3）板书关联词、总结句。 3. 展示错例，引导学生归纳问题所在，明确整合表述的要求和方法。 4. 用同样的方法完成第二个问题。 5. 通过错例，强调整合的注意点。	1. 学生完成说明文阅读《蚊子为什么喜欢叮你》 2. 解决第一个问题。 从第3段看，挥动胳膊却达不到驱蚊效果的原因是什么？ （1）小组成员分别介绍四个步骤及自己做了什么事。 （2）明确理解题意是解题的基础。 （3）筛选关键词句。 （4）明确需要整合表述。 3. 分析错例原因，明确得分关键。 （1）要求：准确、完整、简明、条理。 （2）方法：摘录、概括、整合。 4. 展示第二个问题的解题过程。	改变小组"合"而不"作"的无效局面。解放学生的时间和空间，通过组员分工、合作，牢记每一步骤的重要性，克服非智力因素的影响。 通过错例展示，让学生自己发现问题，并用所学的方法解决问题。

续表

做的过程	教师做事	学生做事	设计意图
	(1) 段意的整合。 (2) 句式转换：疑问句——陈述句。 (3) 人称的转换。	文章从哪三个方面介绍蚊子？请简要概括。	
四、学以致用提升能力	1. 指导分析题目特点。 2. 归纳题目难度体现及得分率。 3. 错例展示，点拨整合表述：用假设法、比较法进行分析，选用词语精准概括要点。	1. 自主完成"归国潮"要点概括题。 2. 分析题目的难度体现。筛选信息：抓关键词句、关键标点。结合错例，整合表述。	由浅入深，激发学生学习的信心，逐步提升学生筛选信息及整合信息的能力，力求完整表述，精准答题。
五、自主小结布置作业	1. 引导学生总结所得。 2. 完成行知单的练习。	学生回忆并书写解题步骤及筛选整合信息的方法。	总结归纳，形成思维能力，为提高学生阅读素养奠定良好的基础。
板书设计	要点概括 1. 读题画眼 2. 定位读文　关键标点——句号、分号 3. 筛选圈画关键词——顺序词、关联词、提示词等 　　　　　关键句——中心句、总起句、总结句、过渡句等 4. 整合表述准确、完整、简明、条理 　　摘录、概括、整合		
做后反思	培养思维能力是语文教学的本质追求。语文教学中，可用"教学做合一"思想为指导，以问题、概念、原理、技术为主线，循序渐进地开展思维训练。教师在劳力上劳心，精选素材、精心设计语言实践活动。学生在劳力上劳心，通过分析比较、分层展示、概括整合、归纳推理等思维训练，促进思维品质的提升，培养思维能力。		

《善于抓关键　要点巧概括》课堂行知单

课题：善于抓关键　要点巧概括

课时：一课时

做的目标：

1. 通过从易到难的"精读引领之要点概括"专题训练，明确其解题步骤。

2. 能够根据要求展开对文本信息的筛选与整合，掌握抓关键词句筛选、整合信息的方法。

3. 培养认真审题、以文解文、精准表述的阅读能力。

活动一：分析比较，"行"中感知概念

分析比较文本的不同点

文本内容	《大自然的语言》选段	《蚊子为什么叮你》	"归国潮"
选材范围			
文本体裁			
涉及的学科			
文意理解难易度			

分析比较题目的相同点

文本内容	《大自然的语言》选段	《蚊子为什么叮你》	"归国潮"
命制的题目	阅读《大自然的语言》第11段，请简要概括研究物候学有何意义。	1. 从第3段看，挥动胳膊却达不到驱蚊效果的原因是什么？ 2. 文章从哪三个方面介绍蚊子？请简要概括。	阅读【材料三】，请简要概括"归国潮"为我国带来哪些积极影响。
题目中相同的关键词			
题型表述方式			

活动二：分层展示，"知"中梳理规律

（一）阅读《大自然的语言》第11段，请简要概括研究物候学有何意义。（5分）

物候学这门科学接近生物学中的生态学和气象学中的农业气象学。物候学的研究首先是为了预报农时，选择播种日期。此外还有多方面的意义。物候资料对于安排农作物区划、确定造林和采集树木种子的日期，很有参考价值，还可以利用来引种植物到物候条件相同的地区，也可以利用来避免或减轻害虫的侵害。我国有很大面积的山区土地可以耕种，而山区的气候、土壤对农作物的适应情况，有很多地方还有待调查。为了便利山区的农业发展，开展山区物候观测是必要的。

_____

_____

（二）阅读《蚊子为什么喜欢叮你》，完成练习。

常言道："最毒不过秋蚊子。"蚊子在秋天活动最猖獗，因为夏天温度太高，蚊子活动的能力会下降，15℃以下蚊子也基本不活动，反而是20℃左右的秋天，最适合蚊子活动。另外，九、十月份是蚊子一年中最后的繁殖高峰，它们产卵需要更多的能量，也要为后代提供更多的能量，因而叮人更狠。

那么，蚊子喜欢叮怎样的你呢？据说，穿蓝色、红色等颜色鲜艳的衣服会吸引蚊子；O型血的人比B型血的人更吸引蚊子，A型血排在最后；喝啤酒、过高的体温、二氧化碳、移动也会吸引蚊子。如此说来，在夏夜野餐时，最好邀请两个O型血、说话时爱手舞足蹈、喜欢喝啤酒的胖子。另外，蚊子喜欢香水，不怕大蒜味，但不喜欢油性化妆品。

在蚊子出没的地方一动不动，这听上去很傻，却是符合科学的策略。研究人员指出，假如你站在一座小山上，挥舞着双臂驱赶在你周围嗡嗡作响的蚊子，你的活动增加了你呼出二氧化碳和乳酸的排放，蚊子能够很快感知到这些化学物质。但是气味的增加还不是吸引蚊子的唯一方式。当蚊子飞近时，你挥舞双臂，还有助于刺激蚊子复眼的视觉接收器。在夜里，它们可以固定一个遥远的光源，如月亮甚至星星，飞的时候把这个光源作为固定方位。蚊子在跟踪人时也是一样。所以，当你站在山上挥舞胳膊驱蚊时，你所做的一切都会起相反的作用。你发出的气味会吸引蚊子，你的动作会吸引它的目光。

蚊子在叮了你后会什么表现呢？蚊子叮咬了人之后，在90秒的时间内，它就能吸走几毫克的血——是它体重的两三倍。吃饱后它的身体变重了，飞得很慢，很容易被拍中。如果得以逃脱，它一般会落到最近的垂直表面上，如墙上、树上、走廊里的柱子上，在那里休息、消化。45分钟后，蚊子就会用它的消化系统把血液中的水吸出，以尿液的形式排出体外，然后开始新一轮的攻击。

1. 从第3段看，挥动胳膊却达不到驱蚊效果的原因是什么？（4分）

_____

2. 文章从哪三个方面介绍蚊子？请简要概括。（6分）

_____

_____

活动三：归纳推理，"创"中深入

阅读【材料三】，请简要概括"归国潮"为我国带来哪些积极影响。（4分）

【材料三】国家重点项目学科带头人中，超过七成是有留学背景的"海归"。目前，全国共有留学人员创业园300多个，近8万名留学人才创建了一大批如环保、新能源、生物等领域的高新技术企业，为中国经济注入了新的活力。量子物理学家潘建伟与高徒陈宇翱、陆朝阳先后回国，他们组建了一支令世人倾慕的中国物理界的"梦之队"。"打破体制壁垒，制定优惠政策，诚纳天下英才"，在"归国潮"风起云涌之际，国家有关部门敏锐地把握住中国的发展大势，适时做出了加快人才建设的诸多战略决策。

_____

_____

_____

构建思维导图

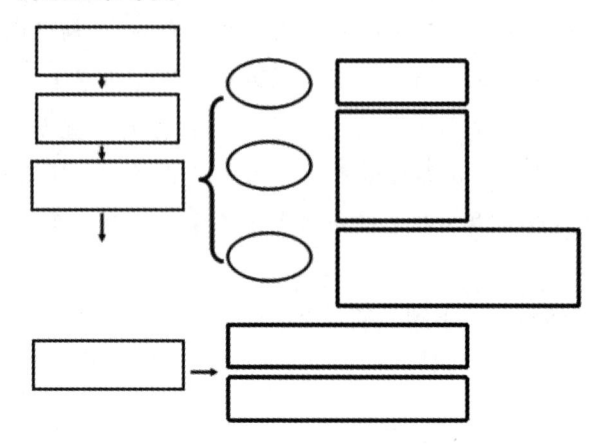

案例四 《非连续性文本阅读：信息印证判断与概括整合》"做案"设计

课题	非连续性文本阅读：信息印证判断与概括整合	课型	专题学习
做的目标	1. 了解非连续性文本阅读的基本特点和常见题型。 2. 学习非连续性文本阅读选择题和简答题的解题思路和方法，并能迁移运用。 3. 关注生活，理解非连续性文本阅读在生活中的重要意义。		
做的重点	掌握非连续性文本阅读选择题和图表类文本的解题思路和方法。		
做的难点	能从多种材料组合成的文本中进行信息印证判断与概括整合。		
做的方法	联动组合，任务驱动。	做的准备	行知单、课件。

做的过程	教师做事	学生做事	设计意图
了解学生应考情状	1. 提前印发学优生、中等生、学困生三类学生在非连续性文本阅读应考时的访谈实录。 2. 课前下发课堂行知单	1. 根据自己在考场上完成非连续性文本阅读时的状态，对照"我懂我"下面的实录，在相符内容后面的方框内打勾。 2. 接完成任务单中的"我要明"部分的非连续性文本阅读。	阅读、分析、判断、标注等，剖析非连续文本阅读的应考情状，让学生明确问题所在，是有关态度、速度，还是解题习惯的原因等，为备考提供方向。

续表

做的过程	教师做事	学生做事	设计意图
一、知非连特征	1. 出示抽签符号，内含下列题组。 （1）非连文本的类型及组合形式。 （2）非连文本的选材特点。 （3）非连文本的命题思维。 （4）非连文本的题型特点。 2. 屏显2021年九地市语文质检题中的非连续性文本话题，引导学生理解非连续性文本阅读的选材和命题特点。	1. 组员代表抽签作答。 2. 组员补充。 3. 集体交流，填写"我应知"。 类型：文字类、图表类、图画类。 选材：综合性、时代性、创新性。 命题思维：题从文中来。 题型特点：选择题与简答题。	选择、思考、发言、倾听、交流、对话、填写等，在有趣的情境中知晓非连续性文本阅读的特征，为思维训练奠定基础，启发学生关注生活。
二、明解题思维 （一）信息印证判断（选择题）	1. 屏显问题。 （1）选择题题干设问。 （2）选项设置的规律。 2. 屏显：2020年福建省中考非连文本阅读"志愿者服务"选择题。 3. 重点强调比异同中，要关注选项的三套路：衍、漏、换（对象、顺序、因果等）。 4. 小结：破解三招。	1. 交流，明确问法和规律。 2. 指名学生板演选择题的解答过程。 3. 集体归纳解题思路：读选项—找出处—画句子—比异同—作判断。 4. 回答破解的方法。 5. 朗读并笔记。 （1）有效信息中的修饰词或限制词。 （2）关于事物范围的关键词。 （3）关于事物因果关系的关键词。	思考、回答、交流、作答、板演、订正、朗读、笔记等，明确信息印证和判断的解题思路是"读、找、画、比、作"，理解信息印证要抓关键词。

续表

做的过程	教师做事	学生做事	设计意图
（二）信息概括整合（图表类简答题）	1. 提问：图表的类型。 2. 屏显简答题："与2016年相比，2019年公众对志愿者服务项目的需求有什么变化？请根据材料二简要概括。（3分）" 3. 提示：数据变化规律词从"大小、多少、走势"进行分析，如"逐年增加、逐年降低、快速与缓慢（上升或下降）"、基本持平等。	1. 结合图片识图表：柱状图、饼状图、曲线图、表格等。 2. 对话、交流图表类的解理思路。 （1）读、画：题干和表头语中的关键词。 （2）比：从横向和纵向、对象之间分析图表中的文字和数据变化。 （3）析：对数据信息进行取舍，求大同去小异，找出数据间变化的内在规律。 （4）答：用"表头语"和题干中的关键词组织语言简要作答。	思考、回答、对话、交流、圈画、板演、笔记等，明确信息概括整合的解题思路是"读、画、比、析、答"。理解信息概括整合的关键是分析规律后用准确的词语进行表述。
三、实际运用	1. 提出任务要求。 2. 巡视指导。 3. 组织交流展示。	1. 学生独立完成"我会用"下面的2021年厦门质检卷的非连续性文本阅读的第一题和第二题。 2. 交流展示 3. 自主评价。	阅读、圈画、思考、作答、交流、展示等，任务驱动，运用思路和方法，进行自主测评，训练思维，提高非连续性文本的阅读能力。

续表

做的过程	教师做事	学生做事	设计意图
做后反思	多渠道了解学生的学习和应考差异,是确定教学目标的起点。根据学生的认知特点,结合非连续性文本的测评要求,设计由浅入深的阅读任务。通过提供不同类型的图片资源,解决不同角度的问题,掌握数据信息筛选和整合的原则和方法,提高复杂文本的阅读能力。养成认真审题、仔细思考、完整表述的好习惯。		

《非连续性文本阅读:信息印证判断与概括整合》课堂行知单

课题名称:非连续性文本阅读:信息印证判断与概括整合

课时:第一课时

做事目标:

1. 了解非连续性文本阅读的基本特点和常见题型。

2. 学习非连续性文本阅读选择题和简答题的解题思路和方法,并能迁移运用。

3. 关注生活,理解非连续性文本阅读在生活中的重要意义。

• 我懂我

以下是对不同学生在非连续性文本阅读应考时的调查实录,如果你有符合下述情况,在后面的方框内打"√"。

1. 日常见的图表少,不知道从哪里开始读图,有点明白图意,不知道如何表达。☐

2. 文字量大,有的内容比较枯燥乏味,也读不明白,没有完整看文本内容就开始作答。☐

3. 考试时间紧,做到非连续性文本阅读时,一般所剩时间不多,就草草看一看材料,匆匆忙忙就开始答题。☐

4. 选择题都是凭感觉选的。☐

5. 材料看不懂,图也看不懂,从材料中找点字写上去。☐

第六章 实用性阅读与交流"做案"设计

• 我应知

1. 非连续性文本的类型及组合形式：_____
2. 非连续性文本的选材特点：_____
3. 非连续性文本的题型特点：_____
4. 非连续性文本的命题思维：_____
5. 非连续性文本的解题思维：_____

• 我要明

阅读下面的材料，完成1—3题。（10分）

【材料一】下面是一则采访片段。

记者：怎样成为注册志愿者？

专家：想要成为注册志愿者，只需要登录全国志愿服务信息系统网站，填写包括姓名、身份证号、居住区域等在内的个人真实信息，就可以在网站中拥有一个一对一的账号。

记者：当前志愿者服务开展情况如何？

专家：截至2019年底，注册志愿者人数已达1.8亿。目前，参与志愿者活动的主要类型是社区服务、帮老助幼、帮残助弱和环境保护等。据统计，60.1%的志愿者参加过社区服务，49.8%的志愿者参加过环境保护志愿服务。随着社会发展，公众对志愿者服务的需求激增，而且需求日趋多元，志愿者服务项目数量和管理已不能满足公众需求。眼下要把志愿者服务做好，关键是志愿者服务团队要更好地设计、执行志愿者服务项目。

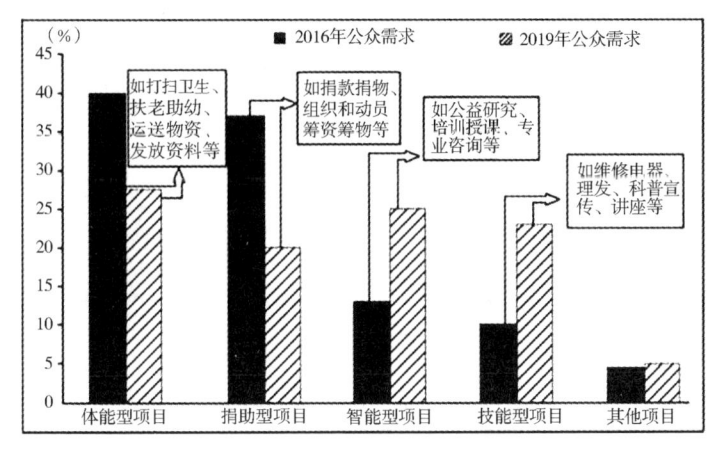

【材料二】下面是2016年与2019年公众对志愿者服务项目需求变化图。

【材料三】下面是某市志愿者服务团队在微信群发起招募的对话。

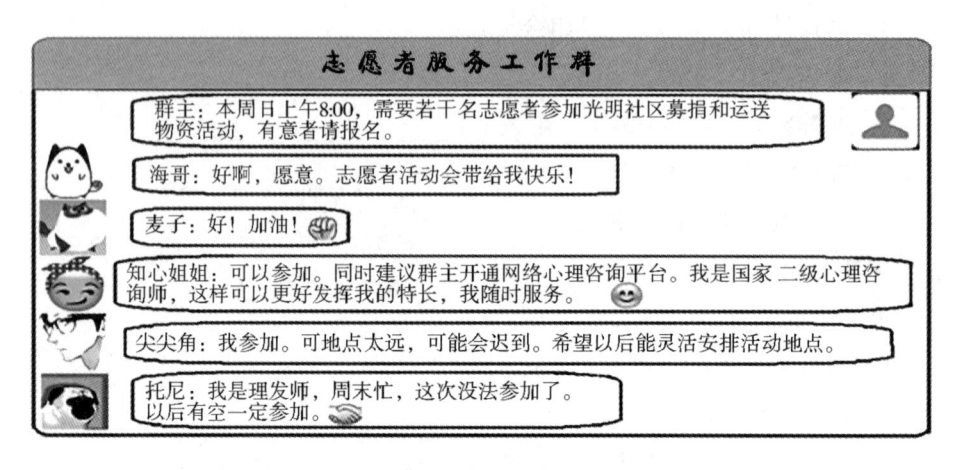

```
志愿者服务工作群

群主：本周日上午8:00，需要若干名志愿者参加光明社区募捐和运送
      物资活动，有意者请报名。

海哥：好啊，愿意。志愿者活动会带给我快乐！

麦子：好！加油！

知心姐姐：可以参加。同时建议群主开通网络心理咨询平台。我是国家二级心理咨
          询师，这样可以更好发挥我的特长，我随时服务。

尖尖角：我参加。可地点太远，可能会迟到。希望以后能灵活安排活动地点。

托尼：我是理发师，周末忙，这次没法参加了。
      以后有空一定参加。
```

1. 下列对材料相关内容的理解，不正确的一项是（3分）（　　）

A. 要成为注册志愿者，需登录全国志愿服务信息系统网填写个人真实信息。

B. 目前，志愿者参加活动的主要类型是社区服务、帮残助弱和环境保护等。

C. 智能型服务项目指的是公益研究、专业咨询、培训授课、发放资料等。

D. 要帮助某网友缓解因压力而产生的焦虑，志愿者"知心姐姐"最适合。

解题思路：

_____ → _____ → _____ → _____ → _____

解题关键

2. 与2016年相比，2019年公众对志愿者服务项目的需求有什么变化？请根据材料二简要概括。(3分)

解题思路：
___→___→___→___→___

解题关键

(1) _____
(2) _____
(3) _____

3. 如何才能把志愿者服务做得更好？请根据上述材料提出你的建议。(4分)

_____
_____
_____

• 我会用

阅读下面材料，完成1—3题。(10分)

【材料一】

2013年习近平总书记提出建设"一带一路"的合作倡议。"一带一路"是"丝绸之路经济带"和"21世纪海上丝绸之路"的简称。

中欧班列（中国—欧洲）是往来于"一带一路"沿线各国的集装箱国际铁路联运班列。2011年3月19日，首列中欧班列成功开行。作为陆路运输的"钢铁驼队"，中欧班列在整个"一带一路"建设中，起到了至关重要的推动作用。

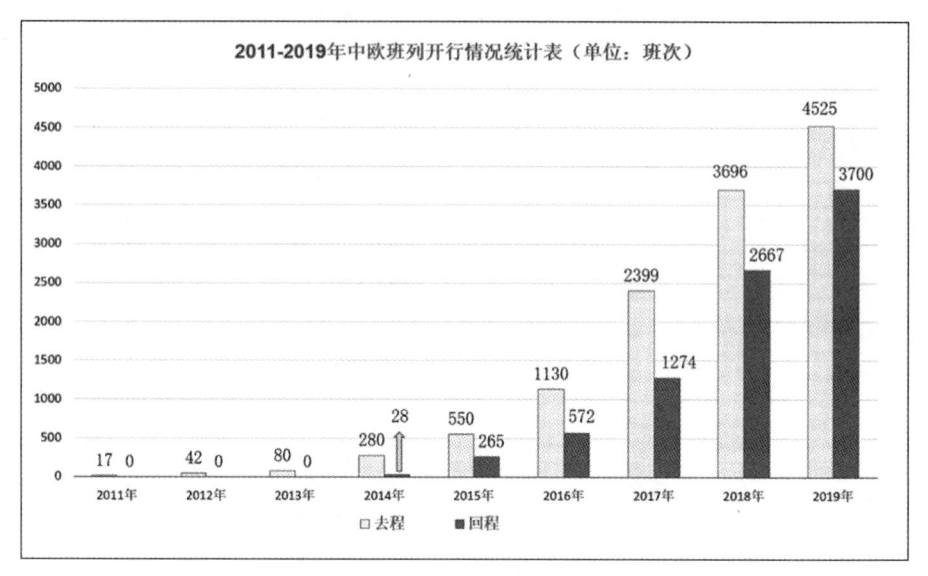

2011-2019年中欧班列开行情况统计表（单位：班次）

年份	去程	回程
2011年	17	0
2012年	42	0
2013年	80	0
2014年	280	28
2015年	550	265
2016年	1130	572
2017年	2399	1274
2018年	3696	2667
2019年	4525	3700

【材料二】

作为"海丝"战略支点城市、国际性综合交通枢纽城市，厦门在"一带一路"中被赋予重要的使命。2015年8月，首列中欧（厦门）班列从厦门出发，经成都从新疆阿拉山口出境，横跨亚欧大陆直抵波兰罗兹，打开了一条国际物流新通道。2017年8月26日，"海丝"与"陆丝"在厦门实现无缝对接，中欧（厦门）班列货运范围辐射至东南亚。2018年7月，厦门又开通了直达布达佩斯的班列，为货物出口欧洲提供又一便捷通道。在2020年疫情期间，中欧（厦门）班列运营量逆势上扬。

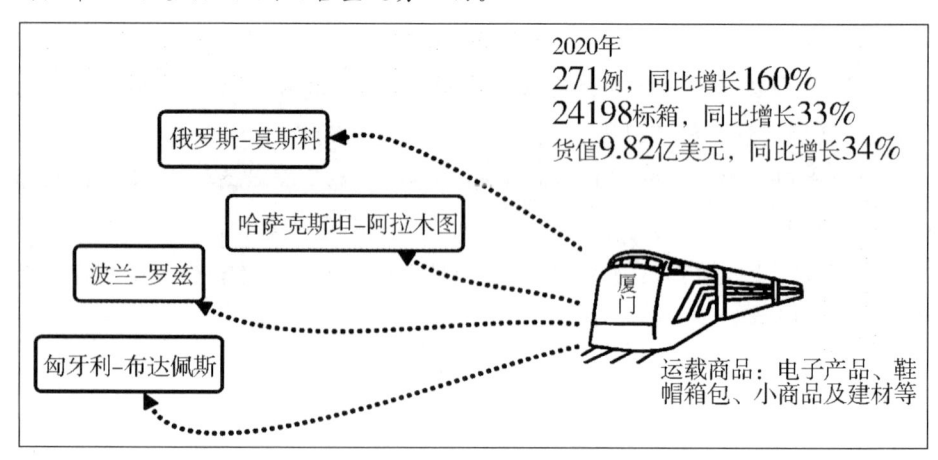

厦门 → 俄罗斯-莫斯科
厦门 → 哈萨克斯坦-阿拉木图
厦门 → 波兰-罗兹
厦门 → 匈牙利-布达佩斯

2020年
271例，同比增长160%
24198标箱，同比增长33%
货值9.82亿美元，同比增长34%

运载商品：电子产品、鞋帽箱包、小商品及建材等

【材料三】在2019年厦门国际贸易洽谈会暨丝路投资大会上，主办方设置了以下展板，展示"一带一路"建设以来取得的成绩。

开展跨境贸易电子商务服务试点。国人海淘版图逐年扩大，**足迹已超100个国家和地区。**

我国已设立**11个"自由贸易试验区"**。进一步推进"一带一路"的投资贸易建设。

教育部先后与**46个国家和地区**签订了学历学位互认协议

我国高校在境外已经举办了**4个机构和98个办学项目**，大部分在"一带一路"沿线地区

1. 下列对材料内容理解分析不正确的一项是（　　）。（3分）

A. 2017年8月26日，中欧（厦门）班列实现了"海丝"与"陆丝"的无缝对接

B. 2011年3月，首列中欧（厦门）班列从厦门出发，横跨亚欧大陆直抵波兰罗兹

C. 从厦门出发的中欧班列，所运货物包含电子产品、鞋帽箱包、小商品及建材等

D. 11个"自由贸易试验区"的设立，进一步推进了"一带一路"的投资贸易建设

2. 阅读材料一，简要介绍2011年至2019年中欧班列开行以来的运行变化情况。（3分）

（1）_____

（2）_____

（3）_____

3. 根据材料二、材料三，简要说说"一带一路"建设能给厦门市民带来哪些好处。（4分）

案例五 《教材插图理解与应用——我在画中游》"做案"设计

课题	教材插图理解与应用——我在画中游	课型	专题学习
教材分析	统编教材中的插图属于视觉艺术之一，呈现的内容丰富多彩，也是跨学科学习重要的助读资源。有展现文章作者和文本人物在内的人物肖像画，有还原文本特定细节或体现人物情节的场景画，还有描绘自然山水和展示动物、植物、建筑物、书籍等各类物品的实物画。图例图示更多在综合性学习和写作板块中出现，这些都可以成为实用性阅读与交流的重要素材，为开展跨媒介阅读提供了便利。		
学情分析	插图作为一种语言学习的辅助资源，如果没有教师的引导，以形象思维为主的学生，可能会随意地看看插图，粗浅地感知插图内容。大部分学生不会自动关注教材中出现的图片、表格、数据等，更不可能按一定的逻辑思维观察插图，从插图中获取价值。也有部分学生受其他学科，如历史、地理、美术学科的影响，具备了一些识图的基本能力，为本节课的学习奠定了良好的基础。		
做的目标	1. 能区分教材中插图类型，了解插图的价值，培养跨媒介阅读能力。 2. 理解和分析教材中插图，能按一定的顺序介绍插图，提高逻辑思维能力和表达能力。 3. 审视和评价教材中的插图，培养学生对媒介的批判性思维。		
做的重点	理解和分析教材中插图，能按一定的顺序介绍插图，提高逻辑思维能力和表达能力。		
做的难点	审视和评价教材中的插图，培养学生对媒介的批判性思维。		
做的方法	学科融合的情境任务驱动。	做的准备	课件、行知单。

做的过程	教师做事	学生做事	设计意图
一、创设情境明确任务	屏显：闽彩之韵——福建省水彩画优秀作品巡展（连城站）于元旦期间展示。陈琳同学去参观了巡展，给其中最喜欢的一幅作品《林中小道》拍了照，她想用一段文字向大家介绍这幅画，但不知道怎样介绍。大家能帮助她吗？	阅读屏显内容，明确所做的事项是学习如何介绍一幅画作。	创设社会文化生活情境，让学生明确具体的事项，培养学生关注文化生活的意识。
活动一：识图	1. 屏显概念：《辞海》对"插图"的解释是："插附在书刊中的图画。有的印在正文中间，有的用插页方式，对正文内容起补充说明或艺术欣赏作用。" 2. 获取信息。 3. 指导观察统计表。 表 统编本教材插图占比情况统计 	插图类型	七上	七下	八上	八下	九上	九下
---	---	---	---	---	---	---
单元背景图	6	6	6	6	6	6
作者肖像图	11	7	6	3	4	5
故事场景图	19	15	20	5	6	5
自然环境图	2	0	4	2	3	4
写作插图	16	4	1	5	1	3
总计	54	32	37	21	20	23
课文数	38	38	36	29	26	35
占比	1.42	0.84	1.03	0.72	0.78	0.67 | 4. 屏显识图的过程，用归纳思维指导理解"逻辑顺序"的概念。 5. 介绍事物的内部联系。	1. 朗读插图概念，概括概念的组成要素：插图含义、插图位置、插图作用。 2. 学生快速翻看八年级上册语文教材中的插图，和同桌交流获取到的信息。 3. 得出结论：阅读统计表，交流获取的信息及得出的结论。 4. 根据识图的思路，理解"逻辑顺序"的概念：按照事物或事理的内部联系及人们认识事物的过程来安排说明顺序。 5. 从内部的五种联系拓展常见的逻辑顺序：因果关系、层递关系、主次关系、总分关系、并列关系。	学生理解并概括插图概念的内涵，通过有意地观察教材中的插图，培养学生的直觉思维，指导学生观察表格，比较分析数据，得出有意义的结论。 结合体验过程理解概念的本质，掌握逻辑顺序的含义和类型。

续表

做的过程	教师做事	学生做事	设计意图
活动二：说图	1. 出示《人民英雄永垂不朽——瞻仰人民英雄纪念碑》中的插图《胜利渡长江，解放全中国》。 《胜利渡长江，解放全中国》刘开渠塑 2. 出示《梦回繁华》的插图《清明上河图》（局部）。 《清明上河图》(局部)(宋)张择端作	1. 从文中筛选信息，归纳介绍画作的顺序。 逻辑顺序 { 画作名称 / 概述事件 / 摹写状貌——空间顺序 / 阐释意义 2. 根据文本信息，归纳介绍画作的顺序。 逻辑顺序 { 画作创作背景 / 作者情况及创作动机 / 画作基本信息 / 画作主体内容——空间顺序 / 画作的艺术和历史价值	结合文本的旁批和文本的内容来归纳文章介绍画作的说明顺序。
活动三：赏图	1. 出示《消息二则》的插图。 人民解放军胜利登上长江南岸 2. 出示第六单元综合性学习"身边的文化遗产"的插图。	1. 用逻辑顺序及空间顺序结合的方法介绍画作"人民解放军胜利登上长江南岸"。 2. 用逻辑顺序及空间顺序结合的方法介绍中国文化遗产的标志图。 逻辑顺序 { 画作名称 / 摹写状貌——空间顺序 / 阐释意义 3. 小组交流展示、评价。 4. 视频介绍，补充背景知识。	运用习得的方法介绍相关联的画作内容，培养学生仔细观察的习惯和筛选、归纳信息的能力。 从不同学科的视角查找、归纳画作特征，提高审美鉴赏的能力，激发热爱中华优秀传统文化的情感。

第六章　实用性阅读与交流"做案"设计

续表

做的过程	教师做事	学生做事	设计意图
活动总结	1. 指导学生谈收获。 2. 指导学生为水彩画展拍的图片配文。	1. 学生小结介绍画作的顺序。 2. 为水彩画展的作品《林中小道》配文。	从实践中获得真知。
板书设计	我在画中游 { 识图 {定义／位置／功能}　说图 {逻辑顺序／空间顺序}　赏图 {画作名称／摹写状貌／阐释意义}	做后反思：《我在画中游》从真实的社会情境出发，充分利用八年级语文上册教材内的插图，开发实用性阅读与交流的课程资源。整堂课以"逻辑顺序"为主线，设计"识图""说图""赏图"三个语文实践活动，让学生在不同类型的插图中穿梭，理解逻辑顺序的概念，阅读统计图、浮雕、影像、标志图等各种形式的图画，多角度探究逻辑顺序的应用效果，交流画作的内容和意义，训练学生的直觉思维能力和抽象思维能力，通过多形式的交流，提高语言表达能力。	

《教材插图理解与应用——我在画中游》课堂行知单

做的内容：教材插图理解与应用：我在画中游

课时：一课时

做的目标：

1. 能区分教材中插图类型，了解插图的价值，培养跨媒介阅读能力。

2. 理解和分析教材中插图，能按一定的顺序介绍插图，提高逻辑思维能力和表达能力。

3. 审视和评价教材中的插图，培养学生对媒介的批判性思维。

情境任务：

闽彩之韵——福建省水彩画优秀作品巡展（连城站）于元旦期间展示。陈琳同学去参观了巡展，给其中最喜欢的一幅作品《林中小道》拍了照，她

273

想用一段文字向大家介绍这幅画，但不知道怎样介绍。大家能帮助她吗？

_____
_____
_____
_____

活动一：识图

1. 理解概念：_____、_____、_____。

2. 获取信息：翻看八年级上册语文教材中的插图，你获取了哪些信息？请你写出两点。

（1）_____
（2）_____

3. 得出结论：阅读下表，请用简洁的语言写出你的结论。（至少两条）

表　统编本教材插图占比情况统计

插图类型	七上	七下	八上	八下	九上	九下
单元背景图	6	6	6	6	6	6
作者肖像图	11	7	6	3	4	5
故事场景图	19	15	20	5	6	5
自然环境图	2	0	4	2	3	4
写作插图	16	4	1	5	1	3
总计	54	32	37	21	20	23
课文数	38	38	36	29	26	35
占比	1.42	0.84	1.03	0.72	0.78	0.67

第六章　实用性阅读与交流"做案"设计

(　　　　)：_____
_____
_____
_____

(1)_____
(2)_____

活动二：说图

《胜利渡长江，解放全中国》刘开渠塑

_____
_____
_____
_____

《清明上河图》（局部）〔宋〕张择端作

_____
_____
_____
_____
_____

活动三：赏图

人民解放军胜利登上长江南岸

范例：《人民解放军胜利登上长江南岸》这幅照片，记录了1949年4月21日，人民解放军第一艘战船登上长江南岸的场景。走在最前面的解放军战士右手提着步枪，弓着身子，快速地通过横木。跟着后面的战士迅速地跨上横木，登上岸边。人民解放军百万雄师强渡长江，锐不可当，突破国民党的长江防线，即将取得解放战争的伟大胜利。

第七章　文学阅读与创意表达"做案"设计

案例一　《雨的四季》"做案"设计

课题	七年级上册第3课《雨的四季》	课型	自读课
教材分析	《雨的四季》是统编版教材七年级上册语文第一单元第三篇课文。这是一篇歌颂自然的美文。课文比较短，内容也比较浅显，但雨的情态在文章中表现得恰到好处，充满诗情画意，具有很强的涵咏性。它优美的语言给人清新深刻的印象，是学生学习语言的典范。本文又是一篇自读课文，需要学生根据已有的知识，在教师的点拨下阅读，培养学生的阅读能力。		
学情分析	《雨的四季》是第一单元第三篇课文，经过前两篇课文《春》和《济南的冬天》的学习，学生对写景散文有了初步的认识，掌握了一些写景的手法。七年级的学生，独立的阅读分析能力不强，对于多角度赏析散文语言的表现手法掌握不到位，还需要教师进一步指导和训练，通过品读体会散文的语言美、意境美、情趣美。		
做的目标	1. 利用阅读提示和旁批感知课文，理解旁批的类型、指向、对应的语文能力概念。 2. 朗读课文，理解课文内容，品味作品的语言，体味作者笔下四季雨的不同特点，体会作者对雨的思想感情。		
做的重点	借助自读课助读系统，理解内容，品味语言，体会情感。		
做的难点	多角度品味作品的语言特点，分析重点句子的含义。		
做的方法	感官联动、师生互动、旁批引领。	做的准备	课件、行知单。

做的过程	教师做事	学生做事	设计意图
一、学而时习之	出示表格。	写出四季雨的特征词。	摘录与概括，感知特点。
二、理解概念明确指向	屏显文章的六处旁批和类型、指向、能力点的表格。	1. 口头交流结构、内容、语言、情感等概念。 2. 同桌讨论，写出对应的能力训练点。 3. 师生对话，明确本课旁批涉及的能力训练项目。	交流、讨论、归纳、对话，理解概念，理清语文能力训练项目。
三、自读品味探寻规律	1. 把握语段的作用。 （1）屏显开篇点题，领起下文（旁批1）。 （2）引导多层面把握语段的作用。	1. 从结构上、内容上、表达效果上补充文章开头段的作用。 2. 往文章结尾段延伸。 3. 补充中间段的作用。 4. 完成语段作用的框架构建。 结构上： 内容上：（人＋事/物＋征） 表达效果上： 语段位置：开头段、前面段落、中间段、结尾段。	运用已有的学习经验，启发对话、填表、记忆，从结构、内容、表达效果三个层面把握不同位置语段的作用。
	2. 多角度品味语言。 （1）修辞手法：比喻、拟人。 （2）描写方法：作者没有直接描写春雨，	1. 找出文中的比喻和拟人句，用教读课的方法进行赏析。 （1）找：找出本体、喻词、喻体。 （2）比/想象：运用比较法（想象法）品析重点词，领悟表达效果。	从通过文本细读、板书讲解、多维对话、情境体验、朗读

续表

做的过程	教师做事	学生做事	设计意图
	而是写万物经雨洗淋后的情态。这样写有什么好处？（旁批2）水珠子从苞……在诱惑着鼻子和嘴唇。（阅读提示） （3）用词特点：春雨"洗淋"万物，夏雨却"浇灌"大地，准确写出雨的不同特点。（旁批4） （4）叙述视角：上文写雨，多用"她"或"它"指称，为何到这一段改称"你"？（旁批6）	（3）表达：这句话运用了比喻/拟人的修辞手法，将××比作××/将××人格化，生动形象地写出了××的（特点），表达××的情感。 2. 侧面描写的作用：衬托春雨的特点。 感官描写的作用：牵动着美妙的联想和想象，感受春雨的清新、娇媚、甜美。 3. 辨析用词的准确。 洗淋：轻柔、绵长。 浇灌：热烈、粗犷。 4. 情境体验三种人称的作用。 第一人称：我。 第二人称：你、你们。 第三人称：他、她、它、他们。	等，品味本文诗一般的语言和作者对雨的情感。
	3. 理解句子的含义。 （1）内容：凄冷的秋雨为什么能"纯净"人们的灵魂呢？（旁批4） （2）情感：这种"特殊的温暖"，是一种怎样的感觉？（旁批5）	1. 圈画语句，还原语境。 2. 朗读句子，理解含义。 （1）秋雨的特点：不太出门、安静、深情、纯净。 表层含义：洁净，形容词作动词用，体现秋天的特点。 深层含义：到处是收获的景象，提醒人们在收获时不要骄傲自满、迷失自我。 （2）冬雨与冷冽的风和干涩而苦的气息对比，突出冬雨的湿润、柔和（表层），让人产生特殊的温暖，充满希望（深层），体现作者对冬雨的喜爱和赞美。	运用朗读和联系上下文语境，从关键词的表层含义、深层含义两个角度体会事物的特点。

续表

做的过程	教师做事	学生做事	设计意图
四、归纳技术创造产品	1. 引导学生归纳。 2. 布置练笔。	1. 学生小结本节课内容：理解概念，探寻规律，掌握技术。 2. 课后完成作业：以"风的四季"为主题，运用比喻、拟人等修辞手法写一个季节的"风"的形象。	学生积极参与、互动交流，渐悟本文写法上的特点，并能在实际的写作中得到运用。
板书设计	旁批——阅读提示 把握语段的作用　　多角度品味语言　　理解句子的含义		
做后反思	七年级学生刚进入初中，学习的内容、学习习惯和学习方法都有一个衔接的过程。本节课试图从小初衔接的角度出发，培养学生阅读过程中读思结合、手脑结合的习惯，特别是教给学生阅读自读课文的方法，即借用旁批读懂文章的内容，体会作者的情感。最重要的是掌握语言品析、体会关键语句的含义和作用的方法。这节课总体容量太多，可分解训练，从基于理解的角度设计教学，有效培养学生的阅读能力。		

《雨的四季》课堂行知单

课题：雨的四季

课时：第二课时

做的目标：

1. 利用阅读提示和旁批感知课文，理解旁批的类型、指向、对应的语文能力概念。

2. 朗读课文，理解课文内容，品味作品的语言，体味作者笔下四季雨的不同特点，体会作者对雨的思想感情。

活动一：概括四季雨的特点

季节	摘录原文句子	特点
春季		
夏季		
秋季		
冬季		

活动二：理解概念，明确指向

旁批	类型	指向	需掌握的能力点
开篇点题，领起下文			
作者没有直接描绘写春雨，而是写万物经雨洗淋后的情态。这样写有什么好处？			
春雨"洗淋"万物，夏雨却"浇灌"大地，准确写出雨的不同特点。			
凄冷的秋雨为什么能"纯净"人们的灵魂呢？			
这种"特殊的温暖"，是一种怎样的感觉？			
上文写雨，多用"她"或"它"指称，为何到这一段改称"你"？			

活动三：任务驱动，探寻规律

1. 把握语段作用。

语段位置	结构上	内容上（人+事/物+征）	表达效果
开头段			
前面段落			
中间段			
结尾段			

2. 多角度品味语言。

例句	法	物+征	情
作者没有直接描春雨，而是写万物经雨洗淋后的情态。这样写有什么好处？（旁批2）			
水珠子从苞……在诱惑着鼻子和嘴唇。（阅读提示）			
春雨"洗淋"万物，夏雨却"浇灌"大地，准确写出雨的不同特点。（旁批3）			
品味比喻句的表达效果。 (1) 找：找出本体、喻词、喻体。 (2) 比：运用比较法品析重点词，领悟表达效果。 (3) 表达：这句话，运用了比喻的修辞手法，将_____比作_____，生动形象地写出_____（特点），表达_____的情感。			
品味拟人句的表达效果。 (1) 找"人"：找出拟人化的重点词； (2) 想象：从"人"的角度想象画面，感受蕴含的情； (3) 表达：这句话，运用了拟人的手法，将_____人格化，_____（拟人化的重点词）生动形象地写出了_____，突出了（表达了）_____特点（情感）。			

叙述视角：上文写雨，多用"她"或"它"指称，为何到这一段改称"你"？（旁批6）

人称	作用
第一人称（我）	
第二人称（你、你们）	
第三人称（他、她、它、他们）	

3. 理解句子的含义。

句子	表层含义	深层含义
内容：凄冷的秋雨为什么能"纯净"人们的灵魂呢？（旁批4）		
情感：这种"特殊的温暖"，是一种怎样的感觉？（旁批5）		

活动四：实践运用

练笔：以"风的四季"为主题，运用比喻、拟人等修辞手法写一个季节的"风"的形象。

案例二 《紫藤萝瀑布》"做案"设计

课题	七年级下册第18课《紫藤萝瀑布》	课型	教读课
教材分析	《紫藤萝瀑布》是作家宗璞的作品。这篇课文写的是作者见到一树盛开的紫藤萝花，睹物释怀，由花儿自衰到盛，感悟到人生的美好和生命的永恒。全文分为三部分，第一部分写赏花，第二部分写忆花，第三部分写悟花。层层推进，结构连贯，多处运用比喻、拟人等修辞手法，表达作者对生命的思考。《紫藤萝瀑布》是教读课，重点是学习描摹景物的具体方法，品赏紫藤萝之美；梳理作者的情感变化，思考情感变化的原因；学习托物言志的写法，深入理解作者寄托在紫藤萝上的"志"。		
学情分析	在学习本文之前，学生已学习了短文两篇《陋室铭》和《爱莲说》。这两篇文言文是典型的托物言志的文章，虽然没有接触和理解托物言志的概念，但是对托物言志的文章特点有些模糊的认识。从生活经验看，文中的描写对象紫藤萝花是日常生活中能见到的实物，虽然谈不上熟悉，但至少不会陌生，这一事物因其灿烂的特点，给人们的生活增添许多美感，能吸引人们的目光。		
做的目标	1. 品味文章生动形象的语言，理解作者寄托在紫藤萝上的情思，学习托物言志的写法。 2. 获得人生感悟：面对生活的不幸要顽强不屈、奋发向上。		
做的关键	概念：托物言志。 主线问题：作者是如何抓住景物特征，运用生动形象的语言（手法），寄寓情思或抒发感悟的？		
联动工具	小视频、多媒体课件、行知单。		

做的过程	教师做事	学生做事	设计意图
一、 明事接知 先行先试	出示小薇同学拍摄的视频，布置任务。	情境任务：帮助小薇同学完成视频的配文。	以真实的情境任务导入，学生行动遇到困难。

续表

做的过程	教师做事	学生做事	设计意图
二、解析概念突破关键	过渡：为写景状物的视频配文需掌握一定的方法。根据学生回答板书。托物言志：生动形象的语言写景状物，寄寓情思，抒发感悟。	1. 学生阅读单元导语中语文要素，画出关键词。 2. 朗读托物言志的概念，明确关键要素。	摘录与概括，明确学习要点，初步感知托物言志的概念。
三、探究原理把握规律	1. 全文是按怎样的顺序写紫藤萝花的？ 2. 课文第2—6段，是按什么顺序来写紫藤萝花的哪些方面内容的？这样写有什么好处？请分析。 3. 屏显完成任务二。文中第几段的哪个句子，运用什么手法，写出景物的什么特征？ 4. 结合本文写作背景和文章内容引导学生理解作者所言之志。 5. 指导学生总结托物言志的方法。	1. 理清全文的思路："赏花—忆花—悟花"。 2. 理清段落顺序及内容：按从整体到局部（花瀑—花穗—花朵）的顺序；从视觉、嗅觉、听觉的角度，写出花的色泽、形态、香气。按这样顺序写的好处是：层层深入，符合人们的认知习惯和规律，也使文章思路清晰、条理分明。 3. 从文中筛选语句进行赏析。口头交流写景状物的典例、方法。 4. 多种形式朗读精美句子。体会作者的情思——作者借紫藤萝的乐观积极、顽强不屈，表达了要像花一样有旺盛的生命力，不向困难屈服，要对生命的美好保持坚定的信念。 5. 小结托物言志方法。 景物、环境、特征 人物、环境、情感	通过文本细读、朗读等方式，学习作者抓住景物特征，运用多种修辞描写景物的方法。借助具体文字和背景材料，感受语言之美，明确所言之志。

续表

做的过程	教师做事	学生做事	设计意图
四、迁移技术新境联动	再次出示学生拍摄的视频，布置配文任务，要求使用相关的手法。	学习运用托物言志四要素法，为小视频再配文，并发布作品。	托物言志手法在真实情境中灵活运用。
五、反馈结果展示产品	展示、点评。	发布作品。	读写结合，培养审美创造能力。
板书设计	紫藤萝瀑布 宗璞 物————————志 紫藤萝　　人生思考 美丽、繁盛　人生会遇到挫折和不幸，生命长河无止境，要振奋向前。			
做后反思	本节课设置真实的生活情境，让学生明确所要做的事是为图配文。这一情境任务把阅读与写作联系起来。学生通过阅读文本，理解托物言志的概念，探寻物与志之间的联系。明白写物要按一定的顺序，还通过物在不同的环境的特征，链接人在相似的环境中所表现出来的情思或意趣，达到借物言志的效果。			

《紫藤萝瀑布》课堂行知单

课题： 紫藤萝瀑布

课时： 一课时

做的目标：

1. 品味文章生动形象的语言，理解作者寄托在紫藤萝上的情思，学习托物言志的写法。

2. 获得人生感悟：面对生活的不幸要顽强不屈、奋发向上。

情境任务：

观赏小薇同学拍摄的视频，帮助小薇同学完成视频配文，并在朋友圈发布。

这一刻的想法...

发表

_____

_____

活动一：解析概念

1. 托物言志：_____

2. 已学过的托物言志类散文。

篇目	所托之物	人的情思、意趣

活动二：探究规律

一、理清思路

1. 全文的思路：_____——_____——_____。

2. 课文第2—6段的写作思路和描写角度。

(1) 顺序：按从（　　　　）到（　　　　）（_____——_____）。

(2) 角度：从_____、_____、_____的角度，写出花的_____、_____、_____。

3. 按这样顺序写的好处是什么？

_____

_____

二、学习描写

句子	角度＋景物＋特征

活动三：归纳技术

景物和作者的情感是如何交融在一起的？找出抒情议论语句，齐读物我交融段：第7、9段，探究物与志的关系。

1. 物与人比较。思考：紫藤萝花和人，有什么相同点？作者借这篇文章跟读者讨论了一个怎样的话题？

2. 物我交融，托物言志。

句子	物＋境＋征	人＋境＋情
例句1		
例句2		

活动四：实践运用

学习运用托物言志方法，为小视频配文，并发布作品。

案例三 《老王》"做案"设计

课题	七年级下册第11课《老王》	课型	教读课（第二课时）
教材分析	《老王》是当代文学家杨绛于1984年创作的一篇回忆性散文。文章以"我"与老王的交往为线索，回忆了老王的几个生活片段，刻画了一个穷苦卑微但心地善良、老实厚道的"老王"形象，表达了作者一家对老王的关心、同情和尊重。		
学情分析	本单元课文都是叙事性作品，写的都是普通人，大多体现的都是关于"爱"的主题。经过《阿长与〈山海经〉》的学习，学生已学习了从结尾处发现关键语句，感受文章意蕴，关注细节描写，揣摩人物心理，把握人物形象特点的阅读方法。本单元的语文要素比较多。为了有效落实学科核心素养，提高学生的思维能力，秉承一课一得的原则，结合单元教学要求中的重点"深入作品细节，赏析人物形象"作为思维训练的载体，让学生在循序渐进的行动中提升思维品质。		
做的目标	1. 通过细节品读，深刻体会老王的不幸、老王和"我"的善良，感受"我"一家与老王之间的珍贵情谊。 2. 通过圈画批注、横纵向分析、情境体验的方法，深入作品细节，欣赏人物形象，提高品味语言的能力。 3. 体会"我"和老王的善良，做一个正直善良、知恩图报的人！		
做的重点	通过文本细读，运用对比品析、情境体验等方法，深入作品细节，把握老王和"我"这两个人物形象。		
做的难点	通过细节品读，探究作者对老王情感的变化和心怀"愧怍"的原因。		
做的方法	诵读、圈画批注、对比品析、情境体验。	做的准备	课件、行知单。

做的过程	教师做事	学生做事	设计意图
一、方法归纳解读概念	1. 方法归纳。 （1）把握文章重点的策略。 （2）理解情感的策略。 2. 指导学生观察人物细节并认知细节含义。	1. 填写行知单。 （1）思考标题内涵，辨析详略安排。 （2）品味反复之处，体会叙述视角，感受开头结尾。 2. 对比观察人物细节，体会"一望而知"到"一无所知"。 细节：凡是能体现人物特点和品质的细枝末节。	运用教读课习得的方法，指导本节课的学习，以巩固方法，达到灵活运用的目的。
二、剖析底层人生	1. 屏显文章第1段。 2. 视频展示第1段的品析过程。 3. 教师根据回答板书。 细节　方法 字　　删除 标点　对比 词　　情境体验 句 4. 屏显阅读要求。 5. 重点点拨。	1. 学生介绍第1段的品读过程。 2. 学生观看视频，交流小先生的细节切入点及赏析的方法。 3. 快速默读第2—4段，画句子、圈细节、写特点。 4. 请三位学生板书自己选择的关键词，并逐一交流。（预设及补充） 　　语句　　　　细节　　　方法 据老王……没用了　语言描写　情境体验 有个哥哥……亲人　标点　　　删除逗号 老王……看不见。　外貌描写　情境体验 也许是得了恶病　　侧面描写　删除"也许" 荒僻……小屋　　　环境描写　替换法"偏僻、塌败"	起用两位小先生，对比展示以教人者教己。 让学生养成不动笔墨不读书的习惯。 从学方法到用方法，学生在劳力上劳心，深度解读文本，提高思维能力。

290

第七章 文学阅读与创意表达"做案"设计

续表

做的过程	教师做事	学生做事	设计意图
三、感悟人性大美	1. 屏显第5、6段阅读要求。 2. 重点点拨。 （1）半费送冰—老实厚道—尊重。 （2）免费送人—善良仁义—感激。 3. 屏显第8—16段阅读要求。 4. 重点指导细读"病中送物"的人物描写。	1. 学生快速阅读第5段、第6段，找细节、用方法、赏人物。 2. 分组交流。 （1）矛盾点深读：车费减半，冰大一倍，冰价相等。 （2）横纵向细读：带送、每天、代放、最老实、从……压根儿。 （3）疑惑点猜读。 （4）情境对话。 3. 学生速读第8—16段。 4. 人物形象细读。 肖像描写："镶嵌"。 神态描写："强笑"。 动作描写："拿""攥"等情境体验。 语言描写：想象体验。 5. 探究作者"愧怍"的原因。 （1）对比分析两人交往的细节及心理活动。 （2）明确"愧怍"的原因：心地善良、设身处地为他人着想，呼吁关怀他人的人性之美。	调动学生的生活经验，给了学生充分展示的空间和时间。 通过文本细读、板书讲解、情境体验，深入作品细节，赏析人物形象。
四、归纳技术拓展延伸	指导学生结合板书，小结方法。	齐声朗读诺贝尔和平奖得主特蕾莎修女的话："我们常常无法做伟大的事，但我们可以用伟大的爱去做些小事。"	拓展延伸，情感升华。

291

续表

做的过程	教师做事	学生做事	设计意图
板书设计		细节 老王　　杨绛 生活不幸　　平易近人 老实厚道　　心地善良 善良仁义　　善解人意 知恩图报　　关爱他人	
做后反思	培养思维能力是语文教学的本质追求。本节课是《老王》的第二课时，结合单元教学要求深入作品细节，赏析人物形象。教学中以"行知创"理念为指导，循序渐进开展思维训练。教师在劳力上劳心，精选文段、精准定标、精心设计。学生在劳力上劳心，通过圈画批注法、删除法、对比法（横向比较、纵向比较）、情境体验法，深入作品的字、语、句、标点等细节，剖析底层人生，感悟人性大美，促进思维品质的提升，培养思维能力。		

《老王》课堂行知单

课题：老王

课时：第二课时

做的目标：

1. 通过细节品读，深刻体会老王的不幸，老王和"我"的善良，感受"我"一家与老王之间的珍贵情谊。

2. 通过圈画批注、横纵向分析、情境体验的方法，深入作品细节，欣赏人物形象，提高品味语言的能力。

3. 体会"我"和老王的善良，做一个正直善良、知恩图报的人！

方法归纳，理解概念：

1. 把握文章重点的策略：

2. 理解情感的策略：

1. 细节：

2. 细节描写：

3. 细节描写的作用：

活动一：剖析底层人生

快速默读第 2—4 段，按要求圈画批注，完成表格填写。

语句	细节	方法
据老王……没用了		
有个哥哥……亲人。		
老王……看不见。		
他也许……恶病		
荒僻……小屋		

活动二：感悟人性大美

1. 矛盾点深读。
2. 横纵向细读。
3. 疑惑点猜读。

4. 交汇点联读。

语句	人物描写	人物情感、性格、品质

活动三：探究"愧怍"原因

那是一个幸运的人对一个不幸者的愧怍。

杨绛把老王当作_____人，对老王是"_____"的回报。

老王把杨绛当作_____人，对杨绛是"_____"的付出。

你的收获和体会：

我们常常无法做伟大的事，但我们可以用伟大的爱去做些小事。

——诺贝尔和平奖得主特雷莎修女

案例四　《曹刿论战》"做案"设计

课题	九年级下册第 20 课《曹刿论战》	课型	教读课（第二课时）
教材分析	《曹刿论战》是九年级下册第六单元的一篇教读课，节选自编年体史书《左传》，是中国古代一篇兼具真实性和文学性双重特性的历史著作。该文通过一臣、一君、一国、一战，史笔、诗笔的转换，史心、诗心的融通，特别是曹刿与鲁庄公的对话以及曹刿在长勺之战中的指挥，展现了一位智者对战争策略和指挥艺术的深刻见解，表达了作者独特的史观以及政治的理想状态。			
学情分析	九年级学生已经接触三十余篇浅易的文言文，养成一些文言文的阅读习惯，并习得一些文言文的学习方法。本篇文言文稍具难度，存在古今异义等词语和省略句等句式。而且情节及内容相较于曾经所学的文章复杂，生僻词汇较多。教师在充分了解学情的基础上，为学生搭建符合他们认知特点的学习支架，帮助学生积累文言文词句，由浅入深地理解文意，体会人物赤诚的心，探究作者的政治理想以及文笔的双重性。			
做的目标	1. 学习文章的精练笔法，掌握材料的详略安排。 2. 分析人物形象，感受古人的政治智慧，体会他们的责任感与担当精神。 3. 朗读文章，理解文意，积累文言词语和特殊句式。			
做的重点	1. 分析人物形象，感受古人的政治智慧，体会他们的责任感与担当精神。 2. 朗读文章，理解文意，积累文言词语和特殊句式。			
做的难点	学习文章的精练笔法，掌握材料的详略安排。			
做的方法	资源整合、深度阅读、合作学习、情境体验。	做的准备	课件、行知单。	

做的过程	教师做事	学生做事	设计意图
一、资料助读学习写法	1. 屏显注释一的部分信息，问：《曹刿论战》这篇文章的编写依据？作者如何编撰？ 2. 屏显材料。《春秋》摘录："十年春，王正月，公败齐师于长勺。"长勺之战示意图。	1. 根据注释以及补充的史料，了解《左传》是《春秋》的注释补充，使记叙的事件更加详细。 2. 结合写作经验交流写作思路。并复习原文思路：请见—问战—参战—释疑，明确原文笔法精练、详略得当（论战是重点：表现人物、突出中心）的特点。 3. 明确日常写作要根据中心进行剪裁、安排详略。	借用史书、战争示意图等历史资料，结合写作经验，学习精练笔法，掌握材料详略安排的作用。
二、朗读标注理解文意	1. 结合行知单布置任务。 2. 指导第1段的情境朗读、概括、快速记忆：一问三答、两否一肯。 3. 重点指导：第2、3段的结合插图，想象对话。文言文字词的积累：古今异义、特殊句式。	1. 合作完成第1段的排序、对话、圈画、概括、分类，理解文意。 2. 展示交流合作学习的成果。 3. 同桌角色扮演，朗读对话。 4. 自主完成第2、第3段的学习，断句、朗读、观察、对话、圈画、概括、分类，并交流展示学习结果。	读思结合、手脑并用，在模拟的情境中学习。 注重学习方法的归纳、迁移运用，积累字词，帮助记忆，深度理解文意。

续表

做的过程	教师做事	学生做事	设计意图
三、任务驱动探寻规律	1. 屏显情境任务：展示名言和图片。长勺之战鲁国大败齐军后，决定举行隆重的表彰大会，拟选"人民英雄"。曹刿和鲁庄公两位，你准备把票投给谁，为什么？请从文中找出依据予以说明。 2. 点拨：人物形象包含情感态度、性格品质、技能专长。 3. 引导归纳人物形象分析的方法，特别是"文眼"的提取。 4. 引导总结鲁国能弱胜强的主要原因。	1. 学生投票情况反馈。 2. 交流投票依据，即人物形象分析。 3. 展示交流曹刿的人物形象：政治上的远见卓识、军事上的卓越才能、责任与担当等。 4. 学生归纳：直接摘录法、事件分析法、描写分析法、对比分析法。 5. 运用方法分析鲁庄公的形象。 表面鄙，实则智（虚心纳谏、礼贤下士、取信于民、知人善任的贤明君主形象）。	社会生活情境与具体的任务（问题）紧密关联，体现学生的思考探究过程。检测学生在具体情境中的分析和评判能力。 注重人物形象分析法的迁移训练。
四、归纳技术迁移运用	1. 背诵全文，枳累文言文词语和特殊句式。 2. 完成配套读本的练习。	学以致用，熟读成诵。	通过反复训练，提高学生阅读文言文的能力。
板书设计	曹刿论战 笔法精练，详略安排——表现人物、突出中心 事件、描写、对比、摘录——责任与担当、取信于民、卓越才能贤明君主		
做后反思	1. 对语文关键概念的解析不够到位，如古今异义、特殊句式的理解。 2. 想解决的问题不够聚焦，有些体验停留在浅层理解。 3. 充分发挥学生真实的认知水平和情感水平，对人物形象的解析比较全面。		

《曹刿论战》课堂行知单

一、读原文，做批注

▢ 填情节，◯ 填详略，（ ） 填序号，【 】填关键词

十年春，齐师伐我。公将战，曹刿请见。其乡人曰："肉食者谋之，又何间焉？"刿曰："肉食者鄙，未能远谋。" ▢ ◯

乃入见。问："何以战？"（　　）【　　】▢ ◯

A. 公曰："牺牲玉帛，弗敢加也，必以信。"

B. 公曰："小大之狱，虽不能察，必以情。"

C. 公曰："衣食所安，弗敢专也，必以分人。"

①对曰："忠之属也。可以一战。战则请从。"

②对曰："小惠未遍，民弗从也。"

③对曰："小信未孚，神弗福也。"

公与之乘，战于长勺。【　　】▢ ◯

公将鼓之。刿曰："未可。"齐人三鼓。刿曰："可矣。"齐师败绩。

公将驰之。刿曰："未可。"下视其辙，登轼而望之，曰："可矣。"遂逐齐师。

既克，公问其故。对曰：【　　】▢ ◯

夫战勇气也一鼓作气再而衰三而竭彼竭我盈故克之

夫大国难测也惧有伏焉吾视其辙乱望其旗靡故逐之

二、读文章，析人物

"中国人总是被他们之中最勇敢的人保护得很好。"——（美国）基辛格

长勺之战取得胜利后，鲁国决定举行隆重的表彰大会，拟选"人民英雄"。曹刿和鲁庄公两位，你准备把票投给谁，为什么？请从文中找出依据予以说明。

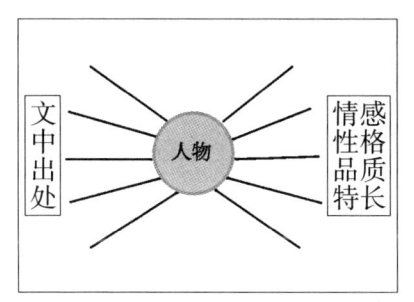

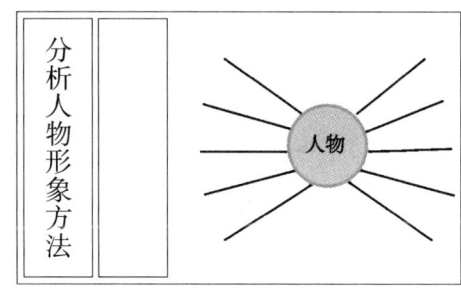

（左图）人物——文中出处、情感性格品质特长

（右图）分析人物形象方法——人物

第八章　思辨性阅读与表达"做案"设计

案例一　《纪念白求恩》"做案"设计

课题	七年级上册第12课《纪念白求恩》	课型	教读课
教材分析	《纪念白求恩》是议论性文章，由于安排在七年级上册第四单元，教学时不能当作典范的议论文来教，更不能直接教授议论文的文体知识。着重引导学生通过有速度、有动笔训练的默读训练，找出文章的关键句来划分段落层次，把白求恩的共产主义精神分析为国际主义、毫不利己专门利人和对技术精益求精三个方面，理清作者"总分总"的写作思路。			
学情分析	第四单元以"人生感悟"为主题编写。在这之前，学生对议论性文章的文体知识不熟悉。作为革命文学作品，文章所涉及的概念，如国际主义、共产主义等，学生并不明白。为了理清文章思路，需要学生理解文中的关键性语句，而相对抽象的评价性话语，也是学习的难点。根据学生的学习和生活经验，教师可通过教材和课外资源，对课文进行有机补充，调动学生的情感体验，掌握理清思路的方法，深刻认识到白求恩的伟大。			
做的目标	1. 继续学习默读，做到默读有速度、有动笔。 2. 整体感知，掌握通过划分段落层次理清作者思路的方法。			
做的重点	学习通过抓关键语句，划分段落层次理清文章思路。			
做的难点	划分段落层次，概括段落大意。			
做的方法	理解概念，在实际的操练中感知规律。	做的准备	课件、课堂行知单。	

做的过程	教师做事	学生做事	设计意图
一、创设情境提出问题	出示本单元的单元要求。 指导归纳问题：体会作者是如何通过关键句来表明文章思路的？	学生阅读说明，明确本单元的要求：默读—赏析式和疑问式批注—把握大意—理清思路。	从单元要求入手，明确本单元的学习目标，关键要素是理清思路。
二、解析概念突破关键	1. 本单元的学习重点是理清作者的思路。什么叫思路？什么叫理清思路？如何理清思路？ 2. 结合教材资源点拨。	1. 同桌合作，结合教材资源讨论概念含义。 2. 集体交流，明确以下内容。 （1）思路：叶圣陶先生说："思路是个比喻的说法，把一番话、一篇文章比作思想走的一条路。思想从什么地方出发，怎样一步一步往前走，最后达到这条路的终点。" （2）理清思路就是要弄清作者先说什么，后说什么，最后说什么，要懂得文章的表达层次。 （3）单元要求中指出理清思路的方法有划分段落层次、抓住关键语句。	通过朗读、讨论、资源助读，理解思路是作者的思维过程。
三、任务驱动探究规律	1. 屏显任务。 （1）默读课文，找出每段的关键句，并用"＿＿＿"画出。 （2）圈出这些关键句的关键词。 2. 小结：关键词都是人物评价性的词。	1. 学生自主圈画。 2. 每一段请一位同学回答关键句。 筛选关键词： 第1段："白求恩同志是……""国际主义精神""学习"。 第2段："毫不利己专门利人""学习"。 第3段："对技术精益求精""医术高明"。 第4段："见面""来信""回信""毫无自私自利之心""学习"。	圈画关键句，筛选关键词，划分段落层次，归纳段落大意，探究文章的结构，理清文章总分总的思路，理解结

续表

做的过程	教师做事	学生做事	设计意图
	3. 划分段落层次。根据以上要点，给课文划分层次，概括每层大意。 4. 参照"本文（写）……，再（写）……，最后（写）……"的句式理清文章的思路。	3. 集体交流。 第一部分：（第1段）——叙、论。 第二部分：（第2、3段）——论。 第三部分：（第4段）——颂。 4. 动笔写出本文思路。 本文先叙述白求恩的事迹，引出对其国际主义精神的阐述；再专门阐述他毫不利己专门利人的精神和对技术精益求精的精神；最后叙述与白求恩的交往，表达悲痛之情，号召向他学习，并颂扬他高尚的品格。	构是思路的外显形式。
四、归纳技术	结合刚才的学习过程，总结理清思路的方法。	一画：画重点语句。 二圈：圈关键字词。 三分：分段落层次。 四概：概各段大意。 五理：理文章思路。	总结归纳，概括理清思路的步骤。
五、实际运用	屏显任务：将第4段划分为两个层次，并说说两个层次之间是如何过渡的。	1. 齐读第4段。 2. 圈画每一句的关键词。 3. 分析前四句"见过一面、来信、回信、悲痛"，记叙自己同白求恩的交往，后四句"纪念他、学习他、变为、一个………人"是第二层，论述学习白求恩精神的意义。 按时间顺序记叙到递进式地抒情，从"我"的心情扩大到大家的心情，思路十分顺当。	通过抓关键句，理清课文局部的写作思路。

续表

做的过程	教师做事	学生做事	设计意图
板书设计		理清思路 全文　　局部 一画：画重点语句 二圈：圈关键字词 三分：分段落层次 四概：概各段大意 五理：理文章结构	
做后反思	本节课紧紧围绕本单元的语文要素"理清文章思路"这一个要点出发，通过理解思路，理清思路的概念，在具体的操作中掌握通过抓关键句，划分段落层次，概括段意，从外昂的结构中归纳理清思路的方法。再用这个方法来指导局部思路的梳理，进行技术迁移运用。		

《纪念白求恩》课堂行知单

课题：纪念白求恩

课时：第一课时

做的目标：

1. 继续学习默读，做到默读有速度、有动笔。
2. 整体感知，掌握通过划分段落层次理清作者思路的方法。

情境任务：

拥有美好而充实的人生，是我们共同的心愿。本单元课文，从不同方面诠释了人生的意义和价值，有对人物美好品行的礼赞，有对人生经验的总结和思考，还有关于修身养德的谆谆教诲。令我们感动的，是其中彰显的理想光辉和人格力量。

本单元继续学习默读。在课本上勾画出关键语句，并在你喜欢的或有疑惑的地方做标注。在整体把握文意的基础上，学会通过划分段落层次、抓关键语句等方法，理清作者思路。

1. 阅读单元要求，明确本单元要做的主要事项。
（　　　　　　）——（　　　　　　　　）——（　　　　　　　　　）——（　　　　　　）

活动一：解析概念

思路：_____

理清思路：_____

理清思路的方法：_____

活动二：探究规律

1. 默读课文，找出每段的关键句，在文中用"＿＿"画出。

2. 写出每一段关键句中的关键词。

第1段：_____

第2段：_____

第3段：_____

第4段：_____

3. 用"本文先（写）……，再（写）……，最后（写）……"的句式理清文章的思路。

本文先（写）_____，

再（写）_____，

最后（写）_____。

活动三：归纳技术

一画：_____

二圈：_____

三分：_____

四概：_____

五理：_____

活动四：实践运用

将第4段划分为两个层次，并说说两个层次之间是如何过渡的。

我和白求恩同志只见过一面。后来他给我来过许多信。可是因为忙，仅回过他一封信，还不知他收到没有。对于他的死，我是很悲痛的。现在大家纪念他，可见他的精神感人之深。我们大家要学习他毫无自私自利之心的精神。从这点出发，就可以变为大有利于人民的人。一个人能力有大小，但只要有这点精神，就是一个高尚的人，一个纯粹的人，一个有道德的人，一个脱离了低级趣味的人，一个有益于人民的人。

第一层：_____

_____

_____

第二层：_____

_____

_____

如何过渡：_____

案例二 《敬业与乐业》"做案"设计

课题	九年级上册第7课《敬业与乐业》	课型	教读课
教材分析	《敬业与乐业》是统编版九年级上册第二单元的一篇演讲词，主旨鲜明，层次清晰，很好地体现了议论性文章"说理"的特点。这篇课文可以很好地引导学生区分观点和材料，理解观点和材料间的关系。从思想意义上看，涉及生命价值观和职业价值观的问题。本文运用大量的名言警句，是大量精彩语言材料的集中呈现。所以可以将此文定位为积淀型文本来授课。这种文本的处理特征在于难文易上，既不着力于鉴赏，更不着力于分析，而着力于积累。		
学情分析	通过七年级上册第四单元《纪念白求恩》的学习，学生已了解思路和理清思路的概念，学习了通过抓住关键语句、划分段落层次来理清思路的方法。本文是一篇极好的范文，采用了引用论证、举例论证、正反对比论证的方法，可以在引导学生理清思路时一起讲解。本单元是初中阶段议论文集中编排的单元，议论文的文体知识要作为其中的一个重点。文中引用了许多文言诗词，在学习时要加以引导，扫清阅读的障碍。		
做的目标	1. 理解文章内容，区分观点和材料，理清文章论证思路。 2. 了解文中运用的论证方法，体会这些论证方法的作用。		
做的重点	理清文章论证思路，学习论证的方法。		
做的难点	区分观点和材料的关系，辨析论证方法。		
做的方法	理解概念，在体验式学习中感知规律。	做的准备	课件、行知单。

第一课时（理清论证思路）

做的过程	教师做事	学生做事	设计意图
一、创设情境提出问题	出示本单元的单元要求，把概念转化为问题：体会作者是如何通过观点和材料来呈现论证思路的。	学生阅读说明，明确本单元的要求：了解议论性文章特点—把握观点—区分观点和材料—理清论证思路—学习论证方法。	从单元要求入手，明确本单元的学习目标，关键要素是理清思路。

续表

做的过程	教师做事	学生做事	设计意图
二、解析概念突破关键	本单元的学习重点是了解特点，把握观点，区分观点和材料，理清论证思路，学习论证方法。这些要求包含哪些概念？	1. 圈画概念。 2. 交流概念。 (1) 观点：文章的论点是能正确、鲜明阐述作者观点的句子，一般是一个完整的判断句，绝不可模棱两可。 (2) 材料。 (3) 论证思路。 (4) 论证方法	通过朗读、讨论，资源助读，理解思路是作者的思维过程。
三、任务驱动探究规律	屏显任务： (1) 根据预习情况，完成下列表格。	1. 填写表格。 |格言| |---| |《礼记》："敬业乐群。"| |《老子》："安其居乐其业。"| |孔子：①"饱食终日，无所用心，难矣哉！"②"群居终日，言不及义，好行小慧，难矣哉！"| |百丈禅师："一日不做事，一日不吃饭。"| |朱子："主一无适便是敬。"| |《庄子》："虽天地之大，万物之多，而唯吾蜩翼之知。"| |曾文正："坐这山，望那山，一事无成。"| |庄子："用志不分，乃凝于神。"| |孔子："素其位而行，不愿乎其外。"| |孔子：①"知之者不如好之者，好之者不如乐之者。"| |②"其为人也，发愤忘食，乐以忘忧，不知老之将至云尔。"|	引用的文言词句中很多都与作者的观点相关，通过理解含义，扫清字词障碍，感知作者观点，在朗读中感受名句，加强记忆和积累。

307

续表

做的过程	教师做事	学生做事	设计意图
	（2）根据观点的定义，说说标题"敬业与乐业"是作者要表达的观点吗。为什么？ （3）边读边圈画出表明作者观点的句子，并概括段意。 （4）探究论证思路。	2. 标题"敬业与乐业"只是提示了文章所要讨论的话题，即文章的论题，与中心论点有着紧密的联系。 3. 快速默读课文，标注自然段，边读边圈画出表明作者观点的句子，并概括段意。 4. 分组讨论：圈画出的表明作者观点的句子中，哪句是文章的中心论点？ 5. 给全文划分层次，分析各部分之间的关系，并概括每层的意思。 第一部分（第1段）提出中心论点——我确信"敬业乐业"四个字，是人类生活的不二法门。（总说） 第二部分（第2—8段）从"有业之必要""要敬业"和"要乐业"三个方面分别论述。（分说） 第三部分（第9段）总结全篇——人类合理的生活就该敬业、乐业。（总说）	默读、标注、圈画、概括，理解关键词句指的是文章标题、段落开头或结尾的词句；重复出现的与论题有关的词语或句子；与论题相关联且句式为判断句的句子；总结性词语等，学习论点的查找顺序是标题—开头—结尾。

续表

做的过程	教师做事	学生做事	设计意图
四、归纳技术	结合刚才的学习过程，总结理清论证思路的方法。	第一步：抓住中心论点。 第二步：概括段意，根据段意划分层次。 第三步：判断层次之间的结构，如并列式、层进式、对比式、总分式等，明晰层次间的逻辑关系。 第四步：整合语言，概括论证思路。表述时加上表达关系的词语，如"首先""然后""最后"等，将内容用关联词连缀即可。	总结归纳，概括理清论证思路的步骤。

第二课时（学习论证方法）

做的过程	教师做事	学生做事	设计意图
一、创设情境提出问题	请学生复述论证思路。	复习论证思路。 作者在开篇提出"'敬业乐业'四个字，是人类生活的不二法门"的中心论点后，从"有业之必要""要敬业""要乐业"三个方面进行阐释和论证。	加深对论证思路的论点。
二、解析概念突破关键	指导理解与论证方法的概念和类型。	解读概念。 论证方法："论"是论点，"证"是证明，是指作者阐述观点后，对观点加以证明的方法。论证方法包括举例论证、道理论证、比喻论证、对比论证。	思考、对话，明白概念的定义和类型。

续表

做的过程	教师做事	学生做事	设计意图
三、任务驱动探究规律	1. 屏显任务：小组合作，完成表格填写。 (1) 文章中引用的大量经典名句有什么作用？请举例说明。 (2) 文中第4段举了唐朝百丈禅师的例子，有力地证明了作者的观点，属于论证方法中的举例论证，文中还有类似的方法吗？请举例说明。	1. 同桌合作，完成行知单的问题。 2. 小组代表上台板演要点。 3. 集体交流、订正。 (1) 道理论证。 示例：第3段中引用孔子的话是运用道理论证的方法，有力地证明了"无业"的危害性，从反面论证了"有业之必要"，增强了文章的说服力。 ①特点：引用名人的言论、公众所承认的道理、古语、谚语、俗语等。 ②作用：引用具有权威性的言论证明论点的方法为道理论证，能对论点起到有力的支持作用，增强了论述的力量。 ③答题格式：通过引用……的内容，充分有力地论证了……的观点，从而进一步论证中心论点，使论证具有权威性，更概括，更深入，更有说服力。 (2) 举例论证。 示例：第6段举当大总统和拉黄包车的事例，具体有力地证明了"凡职业没有不是神圣的，所以凡职业没有不是可敬的"这个观点。 ①特点：列举真实、可靠、确凿、充分、有代表性的事例证明论点。 ②作用：通过列举典型事例，具体有力地证明了中心论点，增强了说服力。 ③答题格式：通过列举……的例子，具体有力地论证了……的观点，进而论证了本文的中心论点，使论证更充分，更有说服力。	问题导向，结合教材例子，理解四种论证方法的特点、作用、答题句式。

续表

做的过程	教师做事	学生做事	设计意图
	（3）第5段说"没有职业的懒人，简直是社会上的蛀米虫，简直是'掠夺别人勤劳结果'的盗贼"一句在文中有什么作用？ （4）作者为了证明"有业之必要"，第3段引用了孔子的话说明无业的害处，第4段又举了唐朝百丈禅师的例子说明有业的重要，这样写有什么好处？	明确： （3）比喻论证。 示例：把"没有职业的懒人"比作"蛀米虫"和"盗贼"，形象生动写出了"懒人"的特点。而且连用了两个"简直"，强调了作者对这种人的厌恶、鄙弃程度之深。 ①特点：用人们熟知的事物作比喻来证明观点。 ②作用：比喻论证使所论述的道理浅显透彻，形象易懂，具有更强的说服力。 ③答题格式：把……比作……，形象生动地论证了……的观点，将抽象的道理具体化。 （4）对比论证。 举例：引用孔子的话（从反面）和举百丈禅师的故事（从正面），得出"百行业为先，万恶懒为首"的结论，强调"有业"是做人之本。 ①特点：用正反两方面的论点或论据作对比，在对比中证明论点。 ②作用：将……和……加以比较，突出强调……的观点，使所论述的道理更加深刻，观点更鲜明。 ③答题格式：运用了对比论证的论证方法，将……和……加以比较，突出强调了……观点。	

续表

做的过程	教师做事	学生做事	设计意图
四、归纳技术	指导辨析论证方法，分析其作用。	归纳辨析论证方法的技术：读句子、抓特点、明方法、析作用。	
五、新境运用	作者在谈到"有业之必要"时，举了孔子和百丈禅师的两个事例；在谈到"凡职业都是有趣味的"时，列出了四个原因。参照这两种写法，试着为"有业之必要"列举几条理由，或为"凡职业都是有趣味的"提供几个事例。	1. 小组讨论 2. 代表交流 3. 指导归纳：生存需求—生活质量（物质—精神）—生命价值 "凡职业都是有趣味的"的例子：居里夫人在成吨的工业废渣中提炼"镭"，几年如一日，非常艰辛与枯燥，但她怀着找到"镭"的梦想，从没有认为这项工作是无聊的，从来没有抱怨叫苦，更别说想放弃。	开展补充道理论据和事实论据的思维训练，区分观点和材料的关系，加强素材的积累与运用。
板书设计	敬业与乐业 敬业与乐业 — 总 — 揭示全篇论述中心 — 分 — 有业 敬业 乐业 — 总 — 总结全篇		
做后反思	教学中紧紧围绕本单元的语文要素"理清论证思路""学习论证方法"这两个要点出发，通过圈画表明观点的句子，结合关键词划分段落，概括段落大意，明确全文的结构，进而理清论证思路。通过列表、举例，对比探究四种论证方法的特点和作用，区别材料和观点的联系，开展补充道理论据和事实论据的思维训练。		

《敬业与乐业》课堂行知单

课题：敬业与乐业

课时：两课时

做的目标：

1. 理解文章内容，区分观点和材料，理清文章论证思路。
2. 了解文中运用的论证方法，体会这些论证方法的作用。

第一课时

情境任务：

本单元所选的都是议论性文章。它们或谈人生，或议社会，或论教养，闪耀着思想的光芒。作者在阐述观点时，有时直接阐释道理，有时运用材料进行论证，论述严密，说服力强。阅读这类文章，可以深化我们对社会、人生的认识，提高思辨能力。

学习这个单元，要了解议论性文章的特点，把握作者的观点，区分观点和材料，理清论证的思路，学习论证的方法。

1. 阅读单元要求，明确本单元要做的主要事项。

 (　　　　)——(　　　　　)——(　　　　　)——(　　　　　)

活动一：解析概念

观点：_____

材料：_____

论证思路：_____

活动二：探究规律

格言	释义
《礼记》："敬业乐群。"	
《老子》："安其居乐其业。"	

313

续表

格言	释义
孔子：①"饱食终日，无所用心，难矣哉！"②"群居终日，言不及义，好行小慧，难矣哉！"	
百丈禅师："一日不做事，一日不吃饭。"	
朱子："主一无适便是敬。" 《庄子》："虽天地之大，万物之多，而唯吾蜩翼之知。" 曾文正："坐这山，望那山，一事无成。" 庄子："用志不分，乃凝于神。" 孔子："素其位而行，不愿乎其外。"	
孔子：①"知之者不如好之者，好之者不如乐之者。" ②"其为人也，发愤忘食，乐以忘忧，不知老之将至云尔。"	

圈画出的表明作者观点的句子中，哪句是文章的中心论点？作者是从哪几个方面进行阐释和论证的？

① _____
② _____
③ _____
④ _____
⑤ _____
⑥ _____
⑦ _____
⑧ _____
⑨ _____
⑩ _____
本文先（写）_____

冉（写）_____

最后（写）_____

活动三：归纳技术

第一步：_____　　第二步：_____

第三步：_____　　第四步：_____

第二课时

活动一：解析概念

论证方法定义：_____

论证方法类型：_____

活动二：探究规律

圈画出的表明作者观点的句子中，哪句是文章的中心论点？作者是从哪几个方面进行阐释和论证的？

论证方法	示例	特点	作用	解题句式
道理论证	孔子：①"饱食终日，无所用心，难矣哉！" ②"群居终日，言不及义，好行小慧，难矣哉！"			
举例论证	第6段举当大总统和拉黄包车的事例。			
比喻论证	"没有职业的懒人，简直是社会上的蛀米虫，简直是'掠夺别人勤劳结果'的盗贼。"			
对比论证	第3段引用了孔子的话说明无业的害处，第4段又举了唐朝百丈禅师的例子说明有业的重要。			

活动三：归纳技术

第一步：＿＿＿＿＿＿＿＿＿＿＿＿＿＿＿＿＿＿＿＿＿＿＿＿＿＿

第二步：＿＿＿＿＿＿＿＿＿＿＿＿＿＿＿＿＿＿＿＿＿＿＿＿＿＿

第三步：＿＿＿＿＿＿＿＿＿＿＿＿＿＿＿＿＿＿＿＿＿＿＿＿＿＿

第四步：＿＿＿＿＿＿＿＿＿＿＿＿＿＿＿＿＿＿＿＿＿＿＿＿＿＿

实践运用：

作者在谈到"有业之必要"时，举了孔子和百丈禅师的两个事例；在谈到"凡职业都是有趣味的"时，列出了四个原因。参照这两种写法，试着为"有业之必要"列举几条理由或为"凡职业都是有趣味的"提供几个事例。

案例三 《论教养》"做案"设计

课题	九年级上册第9课《论教养》	课型	自读课
教材分析	《论教养》是九年级上册议论性单元的一篇自读课文。作者通过对"有教养"和"无教养"表现的讨论，探究了"真正的教养"和"优雅风度"的关系，行文活泼灵动，富有浓厚的生活气息。作为一篇写给青少年的"书简"，此文既有探讨问题的逻辑和推理，又有大量生动的事例，具有较强的说服力，引人深思。		
学情分析	本文所阐述的内容与学生生活联系紧密。对于处于青春期的九年级学生来说，对于教养和风度等表现个人言谈举止的内容有一定的兴趣，再加上前面和本单元已经学习了议论性的文章，已掌握了学习议论性文章的一些方法。本文作为自读课文，观点材料与行文思路都有旁批导引，相对容易理解。在学习过程中，要强化议论文的基础知识，培养学生的阅读议论性文章的兴趣，提高思辨能力。		
做的目标	1. 通读全文，理顺文章的论证思路，能解释教养和优雅的关系，学会做一个真正有教养和优雅风度的人。 2. 理解本文使用的举例论证和对比论证的作用。		
做的重点	通读全文，理顺文章的论证思路。		
做的难点	理解本文使用的举例论证和对比论证的作用。		
做的方法	解释概念，借助旁批探寻规律。	教学准备	课件、行知单。

做的过程	教师做事	学生做事	设计意图
一、创设情境提出问题	请写出理清文章论证思路和辨析论证方法的步骤。	学生写出理清文章论证思路的步骤。 第一步：抓住中心辩论点。 第二步：概括段意分层次。 第三步：判断结构明逻辑。 第四步：整合语言连表述。 复习辨析论证方法的步骤：读句子、抓特点、明方法、析作用。	巩固本单元的学习要点。

续表

做的过程	教师做事	学生做事		设计意图
二、解析概念突破关键	1. 区分观点和材料。 2. 文中七个旁批分别指向议论文的哪个要素。	旁批	指向议论文的哪个要素	通过分析旁批的指向，理解议论文的文体要素，深度把握概念的特征。
		①开门见山，引入论题。	论证思路	
		②作者认为教养首先体现在家里。对此你怎么看？	论点	
		③先谈"无教养"的例子，再谈"有教养"的表现，这样写有什么好处？	论证思路 论证方法	
		④由"教养"转向"风度"，二者之间有什么内在联系？带着问题往下读。	论证思路	
		⑤批驳错误观点。	论点	
		⑥由此可以看出，"优雅风度"与"有教养"是怎样的关系？	论点	
		⑦在日常生活中，你是否做到了这些呢？	论据	

第八章 思辨性阅读与表达"做案"设计

续表

做的过程	教师做事	学生做事	设计意图
三、任务驱动探究规律	1. 屏显任务：根据旁批提示，划分段落层次，概括段意。 2. 参照"本文（写）……，再（写）……，最后（写）……"的句式理清文章的思路。	1. 学生根据提示自主圈画。 2. 集体交流。 第一部分（第1—3段）：开门见山，引入论题。 第二部分（第4—17段）：多角度探究了教养和风度的本质。 第一层（第4—10段）：通过假设、对比，列举了没有教养的事例。 第二层（第11—12段）：从正面论说什么是真正的有教养。 第三层（第13—17段）：通过列举事例和现象，论证什么是"优雅风度"。 第三部分（第18段）：总结全文，得出结论——教养的本质是尊重。 3. 动笔写出本文思路。 先开门见山，引入论题，再多角度探究教养和风度的本质，最后得出结论：教养的本质是尊重。	结合旁批中有关论证思路的提示语来划分段落层次，理清文章总分总的思路，理解教养是风度的基础，风度是教养的外在体现形式。
	论证方法的辨析	自主阅读，填写行知单，并交流。 | 论证方法	示例	作用
---	---	---
道理论证		
举例论证		
对比论证				阅读、填写、交流，理解本文使用的举例论证和对比论证的作用。

319

续表

做的过程	教师做事	学生做事	设计意图
四、归纳技术实践运用	1. 在日常生活中，你是否做了"有教养"呢？今后你打算怎么做呢？ 2. 课后阅读利哈乔夫的《择善而从最重要》，把握作者的观点，分析论证过程。	1. 学生畅所欲言，谈自己的日常生活中有教养的表现和做得不够好的表现。 2. 根据所学确定提高教养的行动方向。	对话交流，通过学习影响生活，能从小事做起，督促自己，做一个有教养的人。
板书设计	**论教养** 开门见山，引出论题。 教养是风度的基础，风度是教养的外在体现形式。 教养的本质是尊重。		
做后反思	本节课紧紧围绕本单元的语文要素"理清文章思路"和"学习论证方法"这两个要点出发，通过辨析旁批的指向，借助旁批提示理清思路。通过工具支架，引导学生自主学习，辨析论证方法的类型和作用，真正理解教养与风度两者之间的关系，培养学生的逻辑思维能力，内化议论性文章的阅读能力。		

《论教养》课堂行知单

课题：论教养

课时：一课时

做的目标：

1. 通读全文，理顺文章的论证思路。理解什么是真正的教养和优雅风度。

2. 理解本文使用的举例论证和对比论证的作用。

情境任务：

请写出理清文章论证思路的步骤。

第一步：_____

第二步：_____

第三步：_____

第四步：_____

请写出辨析论证方法的步骤。

第一步：_____

第二步：_____

第三步：_____

第四步：_____

活动一：复习概念

观点：_____

材料：_____

活动二：理清论证思路

1. 辨析每一个旁批的指向。

旁批	每一处旁批指向议论文的哪个要素（论点、论据、论证方法、论证语言）
①开门见山，引入论题。	
②作者认为教养首先体现在家里。对此你怎么看？	
③先谈"无教养"的例子，再谈"有教养"的表现，这样写有什么好处？	
④由"教养"转向"风度"，二者之间有什么内在联系？带着问题往下读。	
⑤批驳错误观点。	
⑥由此可以看出，"优雅风度"与"有教养"是怎样的关系？	
⑦在日常生活中，你是否做到了这些呢？	

2. 根据旁批的提示，理清文章论证思路。

第一部分（　　）：开门见山，引入论题。

第二部分（第 4—17 段）：多角度探究了教养和风度的内在联系。

第一层（　　　）：先谈没有教养的事例。

第二层（　　　　）：再谈有教养的表现。

第三层（　　　）：_____

第三部分（第 18 段）：_____

3. 参照"本文先（写）……，再（写）……，最后（写）……"的句式理清文章的思路。

本文先（写）_____，

再（写）_____，

最后（写）_____。

活动三：辨析论证方法

论证方法	示例	作用
道理论证		
举例论证		
对比论证		

实践运用：

课后阅读利哈乔夫的《择善而从最重要》，把握作者的观点，分析论证过程。

案例四 《分论点拟定》"做案"设计

课题	分论点拟定	课型	专题训练
做的目标	1. 了解拟定分论点的要求。 2. 学习拟定分论点的方法。 3. 学会在写作中灵活运用。		
做的重点	掌握分论点拟定的方法。		
做的难点	学会从不同角度拟定分论点。		
做的方法	观察、构图归纳。	做的准备	多媒体、行知单。

做的过程	教师做事	学生做事
一、阅读佳作对标赏析	1. 提供优秀作文。 2. 展显中考作文评分标准，了解内容、结构、语言表达三方面的具体要求。	1. 阅读优秀习作。 2. 观察、归纳优秀习作在结构上的特点。 引论 ↓ 本论 → 分论点 → 分析点 / 分析论证 / 小议 本论 → 分论点 → 分析点 / 分析论证 / 小议 本论 → 分论点 → 分析点 / 分析论证 / 小议 ↓ 结论

续表

做的过程	教师做事	学生做事
二、解析概念	1. 什么是分论点？ 2. 提炼分论点的前提。	1. 学生用自己的话解释什么是分论点。 2. 集体补充完善概念。 分论点是对中心论点的展开与说明，是中心论点的具体化。论证某一方面观点、某一事理，从不同角度、不同侧面、不同层次展开，这每一层、每一面就是一个分论点。 提炼分论点的前提是先确定中心论点，并用一个子形式表达出来。
三、探寻规律	1. 教师以"学会宽容"为例，展示三组分论点示例。 ①忍是勾践"卧薪尝胆"的蓄积。 ②忍是蔺相如"引车避匿"的宽容。 ③忍是曹雪芹"披阅十载"的坚持。 ①忍能够体现修养。 ②忍能够化解矛盾。 ③忍能够成就事业。 ①忍需要有远大理想。 ②忍需要有旷达胸襟。 ③忍需要能耐住寂寞。	1. 学一学：学生观察、按照示例归纳分论点拟定的角度。 角度一：是什么，指类别、性质等。（是、就是）分论点可以是中心论点的三个组成部分。 角度二：为什么，指条件、原因等。（能够、可以、将会）分论点可以是支撑中心论点的三个条件或理由。 角度三：怎么样，指方法、途径等。（要、需要、应当、必须）分论点可以是实现中心论点的三个方法和途径。

续表

做的过程	教师做事	学生做事
	2. 展示"学会宽容"的三组分论点，请学生补充完整。 3. 出示一组分论点，让学生评析。 分论点一：宽容是一种宽宏大量的品格。 分论点二：宽容是一种胸怀宽广的气度。 分论点三：因为宽容，所以快乐。	2. 试一试：根据分论点示例补充完整。 3. 评一评：分析存在的问题，明确分论点拟写的要求。 ①扣得住：紧扣中心论点，注意角度。 ②分得开：2—3个为宜，不交叉、重叠、包容。 ③排得顺：合乎逻辑、情理。
四、归纳技术	屏显问题：拟写分论点要注意哪些事项？	议一议：小组讨论，得出结论。 ①分论点一般放在段落的开头。 ②分论点的语言要精练，一般是17字到25字。 ③分论点的句式结构要一致，中间几段构成排比段。 ④分论点的表述要紧扣话题的关键字眼，以保证每一段都扣题。
五、迁移运用	1. 教师让学生以"我们要学会面对挫折"为中心论点，选择从不同的角度拟写一组分论点。 2. 展示《直面挫折》一文。	练一练： 1. 选择从不同角度拟写一组分论点。 2. 为《直面挫折》一文补写几个分论点。
六、课堂总结	教师归纳总结本节课重点。	学生谈收获。
板书设计	分论点拟定： 角度一：是什么，指类别、性质等。（是、就是） 角度二：为什么，指条件、原因等。（能够、可以、将会） 角度三：怎么样，指方法、途径等。（要、需要、应当、必须）	

续表

做的过程	教师做事	学生做事
做后反思	用优秀习作触发学生学习的情绪,阅读感知后,以"是什么""为什么""怎么样"问题导向,指导学生拟定议论文分论点,并在课堂活动"试一试""评一评"中总结归纳拟定分论点的要求和注意事项,最后通过"练一练"实践并巩固拟定分论点技术,学生在实践体验与情境应用中学习议论文的阅读和写作。	

《分论点拟定》课堂行知单

课题：分论点拟定

课时：一课时

做的目标：

1. 了解拟定分论点的要求。

2. 学习拟定分论点的方法。

3. 学会在写作中灵活运用。

情境任务：

阅读优秀习作,观察、归纳优秀习作在结构上的特点。

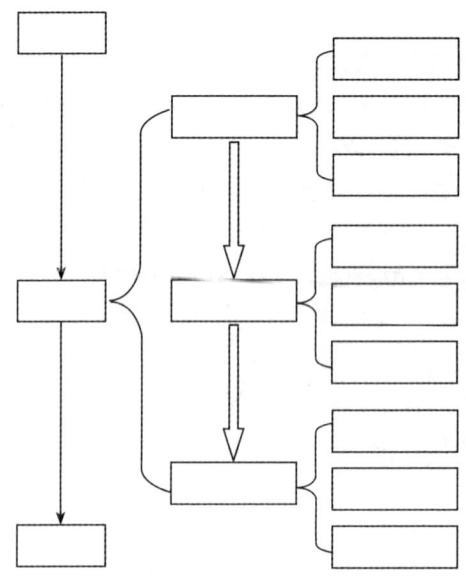

活动一：解析概念

分观点：＿＿＿＿＿＿＿＿＿＿＿＿＿＿＿＿＿

＿＿＿＿＿＿＿＿＿＿＿＿＿＿＿＿＿＿＿＿＿＿＿＿＿＿＿＿＿＿＿＿＿＿＿＿＿＿＿

提炼分论点的前提：＿＿＿＿＿＿＿＿＿＿＿＿＿＿＿＿＿＿

活动二：探寻规律

1. 学一学：观察、按照示例归纳分论点拟定的角度。

①忍是勾践"卧薪尝胆"的蓄积。
②忍是蔺相如"引车避匿"的宽容。 ⟶
③忍是曹雪芹"披阅十载"的坚持。

①忍能够体现修养。
②忍能够化解矛盾。 ⟶
③忍能够成就事业。

①忍需要有远大理想。
②忍需要有旷达胸襟。 ⟶
③忍需要能耐住寂寞。

2. 试一试：围绕中心论点根据分论点示例补充完整。

中心论点：<u>我们要学会宽容。</u>

分论点一：宽容能化解恩怨。
分论点二：宽容能使事业发达。
分论点三：＿＿＿＿＿＿＿＿＿＿

分论点一：宽容是一种博大的胸怀。
分论点二：宽容是一种高远的境界。
分论点三：＿＿＿＿＿＿＿＿＿＿

分论点一：宽容需要沟通。
分论点二：宽容需要思考。

分论点三：_____

3. 评一评：分析存在的问题，明确分论点拟写的要求。

分论点一：宽容是一种宽宏大量的品格。

分论点二：宽容是一种胸怀宽广的气度。

分论点三：因为宽容，所以快乐。

① _____

② _____

③ _____

活动三：归纳技术

4. 议一议：小组讨论拟写分论点要注意哪些事项。

① _____

② _____

③ _____

④ _____

活动四：实践运用

5. 练一练：

(1) 中心论点"我们要学会面对挫折"，请任选角度拟定分论点。

① _____

② _____

③ _____

④ _____

(2) 为《直面挫折》一文补写几个分论点。

直面挫折

法国伏尔泰说："人生布满了荆棘，我们想的唯一办法是从那些荆棘上迅速跨过。"天有不测之风云，人有旦夕祸福。生活是风雨与阳光的协奏曲，既然要生活，就必会遭受到风雨的洗礼。面对挫折，我们怎样才能弹奏好生活的乐章？

_____。会稽一战，越王勾践沦为吴王夫差的俘虏，他要做夫差的马夫，为夫差牵马，干牛马般的粗重活，堂堂国君，竟要饱受此等耻辱！然而他没有沉沦，而是忍辱负重，卧薪尝胆，不断激励自己。经过"十年生聚，十年教训"，终于"苦心人天不负，三千越甲可吞吴"，成为一代霸主。如果勾践在直面挫折时，没有那种坚毅的人生态度，终身都可能沦为夫差的俘虏。直面挫折，勾践的坚毅不屈让他名垂千古。

_____。因"乌台诗案"，苏轼被贬，他失意落魄，流落四方，辗转难安，虽没能"了却君王天下事，赢得生前身后名"，但他仍高歌"月有阴晴圆缺，人有悲欢离合，此事古难全"，屡遭贬谪，仍能笑谈人生。如果苏轼在直面挫折时，没有那种乐观豁达的心态，那么他也无法在官场失意的人生中，寻找到人生中的乐趣。直面挫折，苏轼的乐观豁达让他名随史留。

_____。面对凶猛的鲨鱼，桑提亚哥硬是拖着疲惫的身体与之进行不懈的抗争，整整八十一天！虽然大鱼只剩了一副骨架，可是在我们心中，他胜了，胜得坦荡！他像一面旌旗，立在海岸上，立在世界人民的心中，面对着浩瀚的大海和汹涌的波涛，他挺着胸脯，以撼人的气魄迎着猎猎作响的海风！"一个人可以被战胜，却不可以被打败。"铿锵有力的话语从桑提亚哥的嘴里，不，是从心里发出。他面对挫折的硬汉精神震撼着我们的心灵，也指引着我们如何面对磨难。

轻轻翻开史册，你会看到，仲尼厄而作《春秋》；屈原放逐，乃赋《离骚》；左丘失明，厥有《国语》。因为他们都能直面挫折，故成就了不凡业绩，成为历史的天空中最闪耀的星。如果直面挫折，能与坚毅同行，我们会多一份顽强不屈；如果直面挫折，能与乐观豁达同行，我们会多一分坚定沉着；如果直面挫折，能与不屈的抗争精神同行，我们会多一份生命的坚强和胜利的把握。

在风雨兼程时，如果我们能直面挫折，学会坚毅，学会乐观豁达，学会坚强不屈，那么，生活处处有阳光！

第九章　整本书阅读和跨学科学习"做案"设计

案例一　整本书阅读《〈西游记〉人物形象分析》"做案"设计

课题	《西游记》人物形象分析	课型	整本书阅读
名著分析	《西游记》是中国古典四大名著之一，由明朝作家吴承恩创作。这部小说是一部富有想象力和创造力的神魔小说，以唐僧师徒四人取经为主线，串联起一系列富有奇幻色彩的故事。作品运用了幽默、讽刺、拟人等手法，塑造了鲜明生动的人物形象，展现了丰富的情感和深刻的思想。在文学表现手法上，它继承了古代神话传说和民间故事的优良传统，同时开创了小说新样式，对后世文学产生了深远影响。作品受到了道教、佛教、儒家思想等多重文化的影响，体现了我国古代宗教信仰和哲学思想的丰富性。《西游记》中的许多元素，如神话传说、民间故事、方言土语等，都体现了地域文化的特色，是当时中国文化背景的缩影。		
学情分析	大部分学生对这部作品感兴趣。对于一些较长的篇章，如果学生没有耐心，可以引导学生分章节阅读，逐步掌握故事情节。同时，鼓励学生进行自主阅读，培养良好的阅读习惯。多组织学生进行小组讨论，让他们分享自己对人物、情节和主题的看法，促进学生之间的交流和思考。还可以组织学生进行角色扮演、故事续写、漫画创作等创意活动，让学生从不同角度理解和感受《西游记》的魅力，更直观地感受小说的情节和人物形象，同时了解一些文化背景。		

续表

做的目标	1. 用精读或跳读的方法，进行《西游记》整本书阅读。 2. 梳理《西游记》中孙悟空不同时期的称谓，学会筛选关键信息。 3. 从称谓变化看孙悟空人物形象变化。		
做的重点	根据自己的实际情况，制订阅读计划。		
做的难点	梳理称谓变化，分析孙悟空人物形象的变化。		
做的方法	感官联动、师生互动、任务驱动	联动准备	音频、行知单

做的过程	教师做事	学生做事	设计意图
一、激趣导入	1. 播放童年歌曲《猴哥》。 2. 要求学生注意歌曲中关于孙悟空人物形象的主题词。	学生欣赏歌曲。 提炼歌曲中的主题词。	欣赏、筛选主题词。在梳理孙悟空有关故事情节基础上形成对孙悟空这一人物形象的初步感知。
二、复述故事	请学生根据自己找出来的歌曲主题词，讲述关于孙悟空的故事。 1. 组织交流展示。 2. 帮助学生简单梳理关于孙悟空的故事。	学生根据自己的阅读体验，结合歌曲的关键词，讲述孙悟空的故事。	给予学生选择讲述故事的自由，考查学生对《西游记》内容的熟悉程度。
三、梳理称谓变化	1. 补充学习支架：跳读的阅读方法以及作用。 2. 问题出示，组织学生阅读交流，要求角度不重复。 (1) 孙悟空的师傅给他起了什么名字？ (2) 孙悟空最后的封号是什么？ (3) 除了这些称谓，孙悟空还有哪些称呼？	1. 学生跳读名著，圈出关键词。写在任务单上。（本任务为基础项目，考查学生筛选信息，梳理信息能力） 2. 小组推荐发言。 • 孙悟空 • 孙行者 • 斗战胜佛 • 石猴、美猴、妖猴、泼猴	思考、圈画、回答、朗读、对话、交流、归纳等，帮助学生掌握跳读的阅读方法，给予学生充分的表达平台，培养学生梳理表达的能力。小组合作学习并推选代表展示，培养合作意识。

续表

做的过程	教师做事	学生做事	设计意图
四、深入探讨称谓变化后的人物形象变化	1. 探究主问题：梳理这些称谓，我们能看到一个什么样的孙悟空？（以下问题的选择由小组自主进行，每个小组挑选 2 个进行探讨。） （1）"石猴"这个称呼是怎么来的？ （2）美猴王的"美"是通过什么故事来刻画？ （3）称孙悟空是妖猴、泼猴的是谁？为什么称孙悟空是妖猴、泼猴？ （4）师傅们为什么要给他起名孙悟空、孙行者？ （5）封号为什么是斗战胜佛？ 这些称谓代表了孙悟空在哪些人眼中的形象？ 2. 小结：（1）不同层次的人群对于孙悟空的称谓不同，源于他们对孙悟空的态度和立场。 （2）不同的称谓其实也能体现孙悟空的人物形象，从不同角度折射他的性格特征。 3. 重点探究：孙悟空到底是一个什么样的形象？	1. 自主合作探究，选择问题，进行梳理。交流：石猴称呼的由来—美猴王的美—妖猴、泼猴的缘由—孙悟空、孙行者的含义—斗战圣佛的形象 2. 个人深入思考探讨这些称谓代表了孙悟空在哪些人眼中的形象。 3. 小组讨论交流：孙悟空到底是一个什么形象？人格化的猴子，妖格化的神佛。 4. 师生共同梳理孙悟空形象变化：猴—人—神。无论从艺术形象，还是作者个人再创造中的心路历程，都证明孙悟空在《西游记》中的形象乃是一个自然猿向社会人的演变过程。因此，孙悟空在《西游记》中的艺术形象演变是一段成长的经历。	自主思考、合作探究。交流、对话、精读孙悟空的故事，体会其形象演变历程，归纳孙悟空人物形象特征。

续表

做的过程	教师做事	学生做事	设计意图
五、总结归纳	总结本课人物品析的方法。	学生回顾课堂,总结收获。孙悟空这一英雄的成长历程:本能的兽性、感化的人性、升华的神性。	思考、回答、对话、交流等,培养学生概括能力,一课一得,举一反三。
六、布置作业	1. 给孙悟空写颁奖词。 2. 再品猪八戒或作品中其他自己喜欢的人物。	学生根据自己的能力与兴趣二选一,完成作业。	给予学生选择的自由,关注学生的个体差异与兴趣差异,尽量鼓励每个学生都能运用所学的品析方法,积极参与并完成作业。
做后反思	通过人物描写方法、故事情节梳理,选取一点进行定点观察分析人物的形象变化。筛选关键词,讲述故事情节,让学生选择熟悉的故事进行讲述,既面向群体,又关注差异,训练学生梳理归纳、口头表达能力。尝试从人物称谓的改变来观察人物形象的演变,激发学生的阅读兴趣。			

《〈西游记〉人物形象品析之孙悟空》课堂行知单

课题:《西游记》人物形象品析之孙悟空

课时:一课时

做的目标:

1. 激发学生阅读兴趣,对《西游记》故事情节进行整体感知。
2. 帮助学生使用精读和跳读的方法,对文本进行深度阅读。
3. 学习人物品析的方法——从人物称谓看人物形象演变。

理解概念:

读书方法——精读。

精读是指深入细致地研读，要细腻地感受、透彻地理解和广泛地联想。

精读方法：细读、精思、鉴赏。

精读角度：赏析人物的形象。品味精妙的语言。体会名著的启示。

读书方法——跳读。

跳读指快速、跳跃式地阅读，是主动舍弃、有意忽略、选择阅读。

跳读方法：跳过与阅读目的无关或自己不感兴趣的内容、某些不甚精彩的章节、外貌描写、环境描写、诗词引用、雷同情节等。

活动一：拟订阅读计划

阶段一：了解背景和人物（第 — 回）	目的：对《西游记》的背景和主要人物有一个初步的了解。建议阅读时间：每天（　）分钟，大约需要（　）天。
阶段二：深入理解故事情节（第 — 回）	目的：阅读故事情节，更深入地了解故事的发展和人物的性格特点。建议阅读时间：每天（　）分钟，大约需要（　）天。
阶段三：欣赏经典章节（第 — 回）	目的：阅读经典章节，更好地欣赏《西游记》的魅力。建议阅读时间：每天（　）分钟，大约需要（　）天。
阶段四：总结与思考（第 — 回）	目的：阅读最后的章节，对整个故事有一个总结和思考。建议阅读时间：每天（　）分钟，大约需要（　）天。

活动二：跳读、批注

称谓	什么人使用	孙悟空此时的身份	此时的性格特征	有什么重大事件经历

续表

称谓	什么人使用	孙悟空 此时的身份	此时的 性格特征	有什么重大 事件经历

活动三：思考探究

1. 这些称谓代表了"孙悟空"在哪些人眼中的形象？

2. 孙悟空到底是一个什么样的形象？

活动四：情境运用

阅读《西游记》，请你为"孙悟空"写一段颁奖词。（200字以内）

案例二 跨学科学习《学习金字塔的揭秘与应用》"做案"设计

一、活动背景

课堂是实施素质教育、提高教育教学质量的主阵地。现阶段课堂学习最为普遍和突出的问题是学生学习方式单一,"听老师讲"成为学生常用的学习方式。学生在纯听讲的过程中没有切身的体验,学习的结果停留在知识的表层,学习效率较低。把问题转化为"学习金字塔的揭秘与应用"活动主题,让学生在全身心参与的活动中,发现学习金字塔的奥秘,采用实践性学习方式去分析和解决问题,建构高效学习的模式,培养适应社会发展要求的关键能力和必备品格。

二、活动目标

1. 通过识图和模型建构等方式,充分认识"学习金字塔"的奥秘。
2. 用"学习金字塔"理论指导学生进行技能训练和知识建构,体会学习金字塔对于高效学习的重要性。
3. 培养学生的识图能力、绘画能力、动手操作能力,发挥小组合作精神,增强实践创新能力。
4. 激发学生的学习兴趣,培养良好的学习习惯,为个人有效获取知识技能奠定良好的基础。

三、活动准备

1. 教师准备:有关"学习金字塔"图片、写真画、模型。
2. 学生用具准备:彩笔、图画纸。

四、活动过程

(一) 情境导入

1. 学生仔细观察两幅图片,发现学生上课状态的共同点。

双手放在桌子上，双眼专注看老师，双耳认真听老师讲——上课专心听讲。

2. 解读"听讲"的方式及知识保持率。

（二）活动过程

活动一："学习金字塔"揭秘

1. 小组归纳课堂学习中还有哪些常用的学习方式，不同的方式中有哪些主要感官参与活动？（屏显表格）

2. 选一个小组代表板书上课常用的学习方式。

3. 学生试判断几种学习方式的知识保持率，并从高到低排列。

4. 出示"学习金字塔"图片，简要介绍"学习金字塔"的基本情况。学习金字塔由美国学者埃德加·戴尔在1946年率先提出，美国缅因州的国家训练实验室也在进行类似的研究后，把阅读和听讲交换了次序，并提出了"学习金字塔理论"。如下图所示：

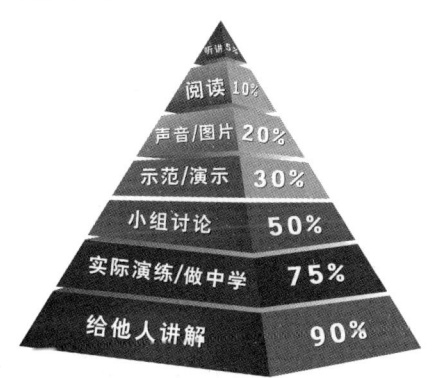

听讲 5%
阅读 10%
声音/图片 20%
示范/演示 30%
小组讨论 50%
实际演练/做中学 75%
给他人讲解 90%

5. 学生结合平时的学习方式，解读每一层级的具体表现，明确不同的学习方式产生学习内容保持率的变化。

（1）听讲：老师讲，学生用耳听，学习内容保留5%。

（2）阅读：用眼去阅读，学习内容保留10%。

（3）声音、图片：看图片、听声音、观看视频等，学习内容保留20%。

（4）示范、演示：调动多种感官，观察各种用具的演示，学习内容保留30%。

（5）小组讨论：大家发表意见，用集体的智慧解决问题，学习内容保留 50%。

（6）做中学或实际演练：亲身体验，手脑并用，将知识内化，学习内容保留 75%。

（7）向他人讲解：将个人所得进行传授，达到理解和转化，学习内容保留 90%。

6. 学生思考如何速记每一层级的名称和知识保持率。

（1）塔上四层：接受式学习，以理解、记忆为主。

（2）塔下三层：实践性学习，以模仿、探究为主，在动手的基础上动脑。

活动二：建构"学习金字塔"

1. 个人建构：出示打乱的"学习金字塔"模型，请两位学生进行介绍和建构，记录其所用时间，评价其熟练度和默契度。

2. 分组建构：利用教室里现有的资源进行"学习金字塔"的平面或立体建构，集体评价。

活动三：应用——绘画"学习金字塔"

1. 出示"学习金字塔"写真画，学生自己思考如何绘画"学习金字塔"。

2. 请一名学生介绍并演示绘画步骤。

3. 学生重复绘画步骤，教师点拨关键点。

（1）选择你的金字塔的范围，例如 5 cm×5 cm。

（2）用数学作图法作出一个等腰三角形。

（3）在三角形的右侧，画出一条与其边夹角等于此内角，长度等于底边长度的一半的线段，再与顶端端点连接。

（4）把三条棱边分成七等份并连起来，涂上自己喜欢的颜色，写上学习方式和学习内容保持率即可。

4. 动手实践：用自己认为最好的方式绘画，并标注学习内容保持率。

活动四：应用——折叠"金字塔"

1. 出示折叠好的"金字塔"。

2. 教师一边演示，一边指导学生折叠，用幻灯片展示最关键的步骤。

（1）将正方形的纸片对角对边对折出痕迹，共折四次。

（2）展开后把两边中线对齐对角线按压出一条斜边。

（3）把四个三角向下折叠后展开。

（4）展开一个角，顺着对角线折痕向上折，再按反方向下压，两条折痕要对齐后按压，最后把小三角向上折叠起来。其他三个角同样折法。

（5）最后把四条棱边线按压好。

3. 每个学生独立完成一个金字塔的折叠。

4. 在讲台上展示折叠好的金字塔并评价。

活动五：应用——知识积累

1. 屏显有关学生说出的关于"实践出真知"的名言警句。

2. 小组讨论，解读屏显的名言、古诗。

（1）纸上得来终觉浅，绝知此事要躬行。——宋·陆游《冬夜读书示子聿》

（2）行是知之始，知是行之成。——陶行知

3. 指导情境识记。

4. 学生诵读、演绎陶行知先生的《手脑相长歌》。

人生两个宝，双手与大脑。

用脑不用手，快要被打倒。

用手不用脑，饭也吃不饱。

手脑都会用，才算是开天辟地的大好佬。

（三）活动总结、评价

1. 小组评价：选出表现最佳的组员。

2. 教师引导学生总结。

案例三　跨学科学习《身边的文化遗产——连城拳》"做案"设计

一、活动背景

发源于连城县隔川乡隔田村的连城拳，至今已有 700 多年的历史了。连城拳是福建省七大拳种之一，是客家人不可多得的文化瑰宝，是连城文化的"活化石"。2001 年，连城县被国家体育总局命名为"全国武术之乡"。2009 年，连城拳入选福建省非物质文化遗产。为了继承和发扬福建省非物质文化遗产，学校就地取材，把连城拳引入校园，开展《身边的文化遗产——连城拳》语文跨学科学习。

二、活动目标

1. 了解连城拳的历史、价值和传承方式。
2. 通过现场学习，进一步熟悉连城拳基本步伐，掌握连城拳的要诀。
3. 参与研究成果汇报，培养语言表达能力、表演技能，培养合作精神，增强实践能力。
4. 加强对传统文化的热爱之情，激发对祖国传统文化的自豪感和使命感。

三、活动准备

1. 整合、修改各组学生汇报用的课件。
2. 多媒体设备，可播放视频、音频，麦克风。
3. 用具准备：书籍资料、写真图、演出道具等。

四、活动过程

(一) 谈话导入

1. 简介《走进连城拳》的活动背景以及准备与实施阶段的研究情况，明确本节课的活动内容。

2. 强调汇报要求：

（1）要求各组汇报本组的分工，采用的研究方法，在研究过程中遇到的困难及解决策略。取得的研究成果，并提出本组在研究过程遇到的新问题，把有关问题的关键词板书到黑板上。

（2）各组汇报的形式可以多样，一组汇报时，其他组要认真听，可以进行补充。

（二）活动内容及方法

活动一：连城拳的历史

1. 组长简要介绍本组的组员分工和采用的研究方法。
2. 组员介绍本组在研究过程中遇到的困难和解决策略。
3. 第一小组利用表格和图片相结合的方式，介绍连城拳的历史。

起源—— 发展——兴盛——减弱——回升

4. 讲故事《黄张生与少林功夫》。

明洪武年间（公元 1385 年），汀州府连城县南田村（现连城县隔田村），黄千七的妻张四娘，与本县巡检张绣是河南同乡，素为戚谊之交。巡检张绣任职届满，请张四娘的长子黄张生挑运行李随其回河南。到河南后，张绣便推荐黄张生到河南登封少室山（现嵩山少林寺）拜师学艺。黄张生拜蔡、董、孙三位少林和尚为师，蔡师傅教上盘，董师傅教中盘，孙师傅教下盘。数年后，武功大进，因思家心切，于是打出十八童人阵，木人巷，带着一把山字耙直奔回乡之路——福建省连城县南田村。

黄张生回乡后，经常在族人面前提起在少室山学武的经历，非常思念那些年的学武经历及他的三位少林师父。黄张生经常上山砍柴，在山上练武，这座山就是现在的隔田村的童子岩。山顶上有一块很平的草坪，他就把这块坪当作在少室山的练武场，把在少林寺所学功夫尽数传给了族人。为了遮风挡雨，黄张生就在草坪中搭起一间草屋，供给上山砍柴、习武的人休息。后来，黄张生到少林寺学艺并在山上传给族人的消息被传开，隔田就开始有了"连城少林寺"。想学武，就去"童子岩山顶上"，黄张生在山顶草堂秘密传授少林功夫的事，慢慢地就家喻户晓了。

活动二：连城拳的价值

1. 组长简要介绍本组的组员分工和采用的研究方法。
2. 组员介绍本组在研究过程中遇到的困难和解决策略。
3. 第二小组的组员介绍连城拳价值。

（1）强身健体，提高素质：武术套路其动作包含屈伸、平衡、跳跃、翻腾、跌扑等，人体各部位几乎都要参与运动。系统地进行武术训练，对人体速度、力量、灵巧、耐力、柔韧等身体素质要求较高，人体各部位"一动无有不动"，几乎都参加运动，使人的身心都得到全面锻炼。武术运动讲究调息行气和意念活动，对调节内环境的平衡、调养气血、改善人体机能、健体强身十分有益。

（2）锻炼意志，培养品德：练武对意志品质的考验是多方面的。练习基本功，要不断克服疼痛关，磨炼"冬练三九、夏练三伏"、常年有恒、坚持不懈的意志品质。套路练习，要克服枯燥关，培养刻苦耐劳、砥砺精进、永不自满的品质。遇到强手，要克服消极逃避关，锻炼勇敢无畏、坚韧不屈的战斗意志。经过长期锻炼，可以培养人们勤奋、刻苦、果敢、顽强、虚心好学、勇于进取的良好习性和意志品德。

（3）竞技观赏，丰富生活：武术具有很高的观赏价值，无论套路表演，还是散手比赛，历来为人们所喜闻乐见。无论是显现武术功力与技巧的竞赛表演套路，还是斗智较勇的对抗性散手比赛，都引人入胜，给人以美的享受，具有很高的观赏价值。

（4）交流技艺，增进友谊：武术运动意蕴丰富，技理相通，入门之后会让人产生"艺无止境"之感。群众性的武术活动，成为人们切磋技艺、交流思想、增进友谊的良好手段。随着武术在世界广泛传播，还可促进与国外武术爱好者的交流。许多国家武术爱好者喜爱武术套路，也喜爱武术散手，通过练武了解认识中国文化，探求东方的文明。武术通过体育竞赛、文化交流等途径，在与世界各国人民友好交往中发挥着越来越大的作用。

3. 小结连城拳的价值，集体朗读，加深大家对连城拳价值的理解，板书发现的新问题。

活动三：连城拳的民间传承

1. 组长简要介绍本组的组员分工和采用的研究方法。

2. 组员介绍本组在研究过程中遇到的困难和解决策略。

3. 播放采访连城拳第三十四代传人——黄林的访谈视频。

4. 引导小结视频中介绍的连城拳的民间传承方式：

(1) 村民家中习武。

(2) 村级狮厂集训。

(3) 天川胜会竞技。

5. 表演小品《连城拳的春天》，再现村民传承连城拳的场景。

6. 出示问卷调查样卷，简要汇报调查的结果。

连城拳是客家武术的代表，是福建省七大拳种之一。连城拳内容丰富，系统完整，有拳术、器械、对练、搏击、舞狮等几十个套路。2009年9月，在政府和学校领导及老师的共同努力下，在连城拳第三十四代传承人黄林的热心支持下，我校成为连城县第一所将连城拳引入校本课程的学校。请你根据自己的经历和感受，回答下列有关连城拳的问题。

1. 你了解连城拳的价值吗？（　　）

A. 非常了解　　B. 了解　　C. 了解一些　　D. 不了解

2. 你对连城拳的喜爱程度是？（　　）

A. 非常喜欢　　B. 喜欢　　C. 一般　　D. 不喜欢

3. 你会练连城拳吗？（　　）

A. 很熟练　　B. 不熟练　　C. 会一点　　D. 一点都不会

4. 你家里有多少人会连城拳？（　　）

A. 1人　　B. 2人　　C. 3人　　D. 3人以上

5. 你练的连城拳是谁传授的？（　　）

A. 家长　　B. 教练　　C. 村民　　D. 自学

6. 你参加过哪些跟连城拳有关的活动？（　　）

A. 天川胜会　　B. 连城青狮　　C. 武术比赛　　D. 外乡表演

7. 你获得过哪些级别的比赛？（　　）

A. 国家级　　B. 省级　　C. 市级　　D. 县级

8. 对于连城拳的发展现状，你感到（　　）。

A. 很满意　　B. 满意　　C. 一般　　D. 不满意

9. 对于连城拳的传承，您认为哪种方式更容易接受与普及？（　　）【多选题】

  A. 办连城拳活动培训班　　B. 民间自发组织学习

  C. 找老一辈去学　　　　　D. 连城拳进校园

10. 对于连城拳的发展，您认为需要（　　）【多选题】

  A. 个人的努力　　　　　　B. 政府的重视

  C. 传承人的努力　　　　　D. 加大宣传力度

11. 您对创新连城拳的传承方式有什么好的建议？

  答：_____

7. 小结调查的结论及板书发现的新问题。

调查结果显示，现在的年轻人对福建省非物质文化遗产连城拳并不了解，更不用说做深入的研究。有些人因为缺乏对连城拳价值的认识而不喜欢练习连城拳。他们追捧先新、流行的娱乐方式，忽略了身边传承了数百年的优秀传统文化——连城拳。

连城拳因受中华传统儒道文化思想的影响，形成了客家人特有的尚武精神，对青少年的成长有重要意义。大部分的人都明白，练习连城拳，从个人方面说不仅可以强健身躯，还能磨炼人的意志和毅力，传承一种自强不息的精神，使习武者具有一身浩然正气，具有侠烈英风、清逸大勇之气质，自能心思纯净，坚忍不拔，无私无畏。从践行社会主义核心价值观方面讲，练习传统武术连城拳，能培养公民的社会责任感和勇于担当的意识，传承中华优秀传统文化，增强民族自信。可是作为连城拳发源地的很多人因为怕累，因为怕影响学习，因为家长的不理解、不支持等放弃了连城拳。有些人就算有练习，大多也只体会到"形"，却没领会到其"神"。

武术是中华民族强健之根本，是中华儿女之魂。当今的连城拳，以继承先辈遗产为主导思想，重在传承民族文化。除了连城拳传承者、武术爱好者，就算是很难身体力行的普通人，也要加入到呼吁保护的队伍中来。呼吁社会、家长、学校，齐心合力，把连城拳之魂发扬光大，让广大青少年受益，让客家文化得以传承，并随时代的发展而不断赋予其新的内涵。政府加强宣传，让广大人民群众正确认识连城拳、看待连城拳，使其成为大众运动。学校要加强与家长的沟通，加强对学生的武德教育，让学生正确认识武术文化的价值，让客家人优秀的文化遗产——连城拳得以顺利传承并发扬光大。

活动四：连城拳的校园传承

1. 组长简要介绍本组的组员分工和采用的研究方法。

2. 组员介绍本组在研究过程中遇到的困难和解决策略。

3. 通过收集的图片，汇报武术的校园传承方式：武术课、武术操、武术节、武术考核、武术比赛。

4. 诗歌朗诵《连城拳校园展神韵》，概括学校常态化开展连城拳课程建设情况。

5. 小结调查结论及板书发现的新问题。

活动五：连城拳的要诀

1. 组长简要介绍本组的组员分工和采用的研究方法。

2. 组员介绍本组在研究过程中遇到的困难和解决策略。

3. 演示及现场教学。

（1）出示连城拳基本步伐写真图。

（2）四个组员分别演示连城拳基本步伐：马步、弓步、虚步、仆步。全体同学结合自己的掌握情况予以练习。

（3）组员选择部分同学进行现场教学，纠正不规范的动作。

（4）教师点拨：连城拳属于防御型拳种，套路较为简单，依口诀加上动作指导，再勤加练习就能基本掌握要领。

4. 配乐对比展示：师傅和徒弟现场表演连城拳。

5. 学生谈观看展示后的启发。

6. 教师小结：不管是学习还是练武都是学无止境，要有不断攀登高峰的意志和坚持不懈的精神，方能精益求精。

7. 齐声背诵《连城拳武德守则》。

五、活动总结、评价

1. 教师评价：全体同学积极主动，参与活动。主要采用了文献研究法、问卷调查法、访谈调查法、观察法、行动研究法等。在活动中勇于寻求解决困难的方法，善于总结归纳，所以研究成果丰富，汇报形式多样，全面提高了学生的综合能力。

2. 小组评价：推荐最佳组员并颁奖。

3. 集体评价：投票评选最佳汇报组。

六、活动延伸

1. 各小组根据新发现的问题进一步完善研究方案，继续下一阶段的研究。

2. 每个同学根据各组的研究成果创作一份《走进连城拳》的手抄报。

七、板书设计

　　　　　　　分工　方法　　困难　成果　问题

　　　　　历史
　　　　　价值
连城拳　民间传承
　　　　　校园传承
　　　　　要诀

八、做后反思

语文跨学科学习，不仅让学生获得丰厚的人文修养——对家乡优秀传统文化的了解、传承，还培养他们收集和整理资料的能力，培养合作精神，增强实践能力，激发对祖国传统文化的自豪感，更培养他们对非物质文化遗产的保护和传承的责任感和使命感。

在前期的研究活动中，学生阅读了一些相关的书籍，走访了一些连城拳的传承人，上网查阅了连城拳的资料。学生真正走进社会、走进生活，通过文献研究、访谈、观察等研究方法，了解、吸收、理解连城拳丰富的文化内涵，还积极参加丰富多彩的连城拳活动，在行动中体验到了探索的艰辛和收获的快乐。

在阶段汇报活动中，我们惊喜地发现，学生从腼腆害羞到落落大方，从害怕自卑到自信勇敢，从低头喃语到昂首表达。参与活动的热情高涨，汇报的形式多样，不仅有图片、视频展示，还有讲故事、演小品、诗歌朗诵等。他们在课堂上表现出明朗的态度，表达清楚，尽情地展示着自己丰富的情感和娴熟的技能，成为课堂真正的主人。

语文跨学科学习为学生提供了一个广阔的学习及展示的空间，不仅培养学生的综合实践能力，还为生活能力打下坚实的基础。

案例四　跨学科学习《身边的文化遗产——连城青狮》"做案"设计

一、活动背景

1. 时代背景。十九大报告中指出，文化自信是一个国家、一个民族发展中更基本、更深沉、更持久的力量。青年人应当有强烈的责任担当意识，传承、实践和弘扬民族文化，自觉担起实现中华民族伟大复兴的中国梦的使命担当，成为实现文化自信的主力军。保护文化遗产，保持民族文化的传承，是联结民族情感纽带、增进民族团结和维护国家统一及社会稳定的重要文化基础，也是维护世界文化多样性和创造性、促进人类共同发展的前提。加强文化遗产保护，是建设社会主义先进文化、贯彻落实科学发展观和构建社会主义和谐社会的必然要求。

2. 地域文化。发源于连城县隔川乡隔田村的连城拳是福建省七大拳种之一，至今已有700多年的历史。2001年，连城县被国家体育总局命名为"全国武术之乡"。2009年，连城拳入选福建省非物质文化遗产。连城拳体系完善，内容丰富，有舞狮、拳术、器械、对练、搏击等几十个套路。在所有的客家民俗节庆活动中，开场都是锣鼓开道，先表演青狮献瑞。所以说，有连城拳的地方就一定有连城青狮，有连城青狮的地方就一定有连城拳。连城青狮又称"客家青狮"，是我国狮文化中南狮的"三狮之一"的代表，传承至今已有370多年。2018年6月，连城青狮入选龙岩市第六批非物质文化遗产。

二、活动目标

1. 探访连城青狮，了解连城青狮的历史渊源，明确连城拳与连城青狮之间互相促进的密切关系。深入挖掘连城青狮丰富的文化内涵，深刻领会中国传统武术文化的精髓。

2. 仔细观察连城青狮的造型特点，探究连城青狮外观结构名称、寓意、科技内涵。对制模的泥和纸等材料进行研究，探究连城青狮的手艺创新、材料创新，探寻一条青狮产业化发展的新道路。学习青狮表演时的鼓乐节奏，掌握舞青狮的动作要领，探究连城青狮的技艺传承，在校园内培养更多的青狮传承人，让非物质文化遗产在校园得到更好的保护和传承。

3. 转变学生学习方式，激发好奇心和主动性，培养自主收集和整理资料的能力、语言表达能力、实践创新能力、与他人合作的能力，促进学生关键能力的提高。

4. 把厚重的客家文化底蕴作为校本课程资源的载体，加强对传统文化的热爱之情，激发对祖国传统文化的自豪感和保护非物质文化遗产的使命感。

三、活动内容

本次主题活动的内容丰富，探究连城青狮的历史渊源，了解连城拳与连城青狮之间互相促进的密切关系。挖掘连城青狮丰富的文化内涵，观察连城青狮的造型特点，探究连城青狮外观结构的作用和寓意，以及科技内涵。学习青狮的制作技艺，探究青狮内模的最佳用泥和裱纸的最佳材料，对手工制作技艺进行研究、改进、创新，探寻一条青狮产业化发展的新道路。学习青狮表演时的鼓乐节奏，掌握舞青狮的动作要领，推进青狮的技艺传承，在校园内培养更多的青狮传承人。推动全校、全县对龙岩市非物质文化遗产——连城青狮的保护和传承。

四、研究方法

1. 文献研究法：查阅《连城拳谱》《连城拳》校本教材、网络资源、新闻报道等。

2. 访谈调查法：实地考察连城拳传习中心、采访连城拳传承人、连城青狮传承人、隔川村民、同学等。

3. 比较研究法：观察连城青狮的造型特点，探究连城青狮外观的构造、寓意、科技内涵，师父教授鼓乐和舞青狮的技艺等，与其他结构的青狮及表演进行比较，将古典与现代结合，创造新一代青狮。

4. 实验研究法：开展"青狮内模最佳用泥""青狮外模裱纸最佳材料"的实验。设计实验方案、准备实验器材、参与实验过程、填写实验记录单、撰写实验报告等。

5. 行动研究法：学生参与研究、实践，探究青狮的制作技艺和舞青狮的技艺。

6. 设计制作法：设计手抄报，推广连城青狮的衍生品。

五、活动过程

专题一：调查连城青狮的历史渊源

〔活动目标〕

1. 了解连城青狮的历史渊源，讲述与连城青狮有关的历史故事。

2. 培养收集和整理资料的能力，培养合作精神，增强实践能力。

〔活动准备〕

1. 每个小组讨论后拟定活动实施的方案，确立活动目标、进度安排、实施步骤和组员分工。

2. 准备相关用具：相机、记录本、能上网的电脑、打印机、存储设备等。

〔活动过程〕

（一）情境任务

开展"连城青狮研究"有其厚重的时代背景、真实的土壤和课程需要。统编版语文八年级上册的综合性学习《身边的文化遗产》，详细阐释了文化遗产的概念、价值和意义，设置了文化遗产推荐与评选、实地考察、搜集资料、撰写申请报告、班级召开模拟答辩会等任务。发源于连城县的"连城青狮"获评龙岩市非物质文化遗产，项目负责人邀请你一起参加，请你和组员一起完成以下的活动：调查了解连城青狮在校园的传承情况；撰写倡议书，进行文化遗产保护的动员；开展语文跨学科学习"连城青狮"研究。

（二）开展考察探究活动

1. 上网搜集资料或到图书馆查阅书籍，用图片和文字介绍舞狮的历史。

2. 拟定采访提纲，调查连城青狮的由来。

（1）采访连城青狮传承人。

（2）把采访的内容编成故事。

（3）"青狮故事知多少"交流会。

（4）每个学生都要会讲《黄思焕与连城青狮》的故事。

3. 上网查阅与实地访问相结合，调查连城青狮与连城拳的民间传承情况。

（1）采访连城青狮传承人及隔田村的村民。

（2）汇总、整理采访信息。

（3）重点了解不同时间段和不同区域的连城青狮传承情况。

①闲暇之时，村民在狮厂的训练情况。——小品《连城拳的春天》

②天川胜会时，各青狮队热场、比武情况。——视频回放

③过年期间，连城青狮到各家各户拜年，即"青狮献瑞"情况。——图片展示

④连城青狮在闽西周边地区流传情况。——思维导图

4. 开展连城青狮历史的知识竞赛活动。

身边的文化遗产——连城拳与连城青狮知识竞赛题目

一、填空题（60分，每空格3分，第10题9分）

1. 连城拳有（　　　　）年历史，（　　　　）年入选福建省非物质文化遗产。
2. 连城拳发源于（　　　　），连城拳的师祖是（　　　　）。
3. 连城青狮又称（　　　），传承至今有（　　　）年。最早是隔田拳师（　　　）研究出来。
4. 连城青狮是（　　　　）菩萨的坐骑。
5. 青狮的额头、两颊和鼻子代表的是（　　　　　　）。
6. 传统手工制作一头连城青狮要历时（　　　　）左右才能完成。
7. 连城青狮一般可以在（　　　　）和（　　　　）场合出现。
8. 狮头嘴中吐出的红布——狮舌上一般写有（　　　　）、（　　　　）等吉祥语。
9. 连城青狮基本步伐为连城拳中的（　　　　）和（　　　　）
10. 连城青狮的传播地有哪些？（　　　　　　　　　　）

二、简答题（每题20分）

1. 请你简要说说连城青狮的文化内涵。
2. 练习连城青狮有什么益处？

---

5. 公布并表彰竞赛结果。一等奖2名，二等奖4名，三等奖6名。

专题二：挖掘连城青狮的文化内涵

〔活动目标〕

1. 挖掘连城青狮的文化内涵，加深对连城青狮文化内涵的理解与传承。

2. 培养收集和整理资料的能力，培养合作精神，增强实践能力。

3. 加强对传统文化的热爱之情，激发对祖国传统文化的自豪感和使命感。

〔活动准备〕

1. 每个小组讨论后拟定活动实施的方案，确立活动目标、进度安排、实施步骤和组员分工。

2. 准备相关用具：相机、记录本、能上网的电脑、打印机、存储设备等。

〔活动过程〕

1. 小组成员一起讨论，自由阐述有关连城青狮的文化内涵，并做好相关的记录。

2. 拟定采访提纲，采访连城青狮传承人，请他们谈谈对青狮文化的理解。

3. 拟定采访提纲，采访老师、同学、村民，请他们分别谈谈对青狮文化的理解。

4. 上网搜集资料，或到图书馆查阅书籍，做好相关的记录。

5. 整理归纳采访记录和网络记载，归纳青狮文化内涵的要点。

（1）强身健体，提高素质。——动作展示

（2）驱魔避邪，纳福迎祥。——图片展示

（3）丰富生活，艺术观赏。——列表展示

（4）交流技艺，增进友谊。——图片展示

6. 采连城青狮的传承人，结合新闻报道，整理连城青狮这一年来在本市范围内的演出情况。

时间	地点	参演的项目名称

7. 2018年海峡两岸青少年龙狮交流比赛。

（1）邀请参赛选手介绍比赛情况。

（2）邀请参赛选手的师父介绍比赛注意事项。

（3）展示获奖证书和获奖的奖杯。

（4）与获奖选手合影。

8. 创作与连城青狮有关的诗歌作品。

9. 朗诵优秀作品《客家神兽》。

逢年过节喜庆时

客家青狮来献瑞

吉祥如意家和谐

繁荣昌盛国富强

二十天川盛会时

客家青狮显神威

气势磅礴真威武

比武场上显身手

以武会友增实力

交流技艺助传承

客家神兽代代传

专题三：探究连城青狮的造型特点

〔活动目标〕

1. 了解连城青狮的外观结构名称及文化内涵。

2. 实验探究连城青狮外观的科技内涵。

3. 培养收集和整理资料的能力，培养合作精神，增强实践能力。

〔活动准备〕

1. 每个小组讨论后拟定活动实施的方案，确立活动目标、进度安排、实施步骤和组员分工。

2. 准备相关用具：一头完整的连城青狮模型、相机、记录本、能上网的电脑、打印机、存储设备、钢尺、卷尺、直尺等。

〔活动过程〕

1. 小组成员上网查阅资料，了解北狮和南狮、连城青狮在造型上有什么异同。

北狮的造型特点——图片展示。

南狮的造型特点——图片展示。

2. 近距离仔细观察连城青狮，采访连城青狮传承人，探究连城青狮外观结构名称及寓意。

探究连城青狮外观结构名称及文化内涵。

①额头和两颊：形、意。

②鼻子：形、色、意。

③狮舌：形、意、尺寸变化。

④先天太极八卦图：形、意。

⑤狮身：形、色。

⑥狮尾：形、意。

3. 测量连城青狮各个部位的尺寸，实验探究连城青狮外观的科技内涵。

外观	常规尺寸	问题探究	实验结论
狮头各部位		要做不同大小的狮头，各部位的比例是多少？可以以什么为参照？	
狮舌		长和宽为什么是这个尺寸？可不可以改变尺寸？	
狮身		狮布为什么是这个尺寸？其他尺寸对舞狮有什么影响？狮身长度与舞狮人员的高度、肥胖程度之间的关系。	

4. "连城青狮外观的科技内涵"实验结论汇报会。

（1）狮头各部位。

（2）狮舌。

（3）狮身。

5. 小组游戏《盲人摸狮》。

游戏规则：

（1）每组选两位同学，一位同学抬狮头，蒙住双眼的另外一位同学摸。

（2）蒙住双眼的同学要分别摸出额头和两颊、鼻子、狮舌、先天太极八卦图、狮鬃五个部位。

（3）用时最少的一组为胜方。

专题四：实验探究连城青狮的制作创新

〔活动目标〕

1. 了解并实践连城青狮传统的制作方法。

2. 开展最佳用泥和最佳裱纸的实验，探究青狮制作创新。

3. 培养学生的动手制作能力，培养合作精神和实验能力。

〔活动准备〕

1. 每个小组讨论后拟定活动实施的方案，确立活动目标、进度安排、实施步骤和组员分工。

2. 准备相关用具：相机、记录本、能上网的电脑、打印机、存储设备、钢尺、卷尺、直尺等。

3. 制作材料的准备：小狮头的模型、报纸、白胶、画笔、颜料、青布、小木棍、流苏等。

4. 实验器材准备：黄泥、金沙泥、水泥；报纸、牛皮纸、宣纸；游标卡尺、卷尺、直尺。

〔活动过程〕

1. 小组代表到连城拳传习中心，采访连城青狮传承人，初步了解连城青狮的传统制作方法和制作技艺传承情况。

青狮制作技艺传承现状——图片展示。

传统青狮制作方法——报告展示。

2. 以小组为单位，学习连城青狮的传统制作方法制作一个小的狮头模型。

选材—和泥—制磨—裱纸—上色—装饰。

3. 开展"青狮内模最佳用泥"的实验。

因为狮头不规则，所以内模的选泥显得尤为重要。学生在化学老师的指导下开展"青狮内模最佳用泥"的实验。

（1）设计实验方案。

（2）准备实验材料用具：水泥、普通黄泥、金沙泥、陶泥各两公斤，三个和泥的盘，若干张报纸，手套，水，实验记录单。

材料 项目	水泥	普通黄泥	金沙泥	陶泥
黏性				
易干性和硬度				
塑形性				
腐蚀性				
取材难度				
脱模难度				

（3）实验方法：控制变量法

（4）实验步骤：

①研究三种泥的黏性，在同等质量的三种不同泥里，分别加入相同的水，观察它们的黏稠度。

②先捏出底座，再根据狮头的各部位比例，捏出各种形状，与底座无缝黏合。

③观察并记录三种模型从湿到干的时间。

④试着把模捣烂，研究脱模的难度。

4. 开展"青狮外模裱纸最佳材料"实验。

一场青狮表演的时间大约是 4—5 分钟，需要舞狮人员的体力和耐力。狮头要轻巧、稳固且有柔韧性。学生在物理老师的指导下开展"青狮外模裱纸最佳材料"实验研究。

（1）设计实验方案。

（2）准备实验材料用具：牛皮纸、报纸、宣纸各 50 张，直尺、游标卡尺，水，实验记录单。

项目＼纸	牛皮纸	报纸	宣纸
吸水性			
柔韧性			
厚度			
取材难度			

（3）实验方法：控制变量法、累积法。

（4）实验步骤：

①用同量的水、同样大小的三种纸，测算不同低吸水的时间，研究三种纸的吸水性。

②通过扯、拉的方式，粗略分析三种纸的柔韧性。

③在物理老师的帮助下，学习用游标卡尺测量纸的厚度。用累积法计算出每种纸一张的厚度。

5. 小组讨论、设计连城青狮的衍生品，推动连城青狮的产业化发展。

6. 展示设想或者已经设计出的连城青狮衍生品。

专题五：探究连城青狮的技艺传承

〔活动目标〕

1. 掌握舞青狮的基本鼓乐的打法。

2. 学习连城青狮的基本套路，掌握舞青狮的动作要领。

3. 多渠道提供学习机会，实现连城青狮的技艺传承。

〔活动准备〕

1. 每个小组讨论后拟定活动实施的方案，确立活动目标、进度安排、实施步骤和组员分工。

2. 准备相关用具：一头完整的连城青狮、一面鼓、一面锣、一副镲、五顶草帽、五个带穗子的窗帘扣绳、相机、记录本。

〔活动过程〕

（一）探究连城青狮技艺现有的传承方式——微视频展示并实践练习

1. 鼓乐的技艺。

（1）邀请连城青狮传承人现场演示鼓乐的技艺。

①鼓点的敲法。

②锣的节奏和息音。

③镲的节奏和息音。

（2）学生听讲解，做记录。

（3）学生用双手学习打节奏。

（4）选派节奏打得比较好的三位学生，用实物鼓、锣、镲进行学习、训练。

（5）连城青狮传承人现场指导、纠正。

2. 探究舞狮的基本步伐——连城拳的弓步和虚步。

（1）请经常练习连城拳的学生演示弓步和虚步的动作要领。

（2）全体学生采用"兵教兵"的方式学习这两种动作。

3. 探究舞狮的基本动作。

（1）请两位先行学习连城青狮的学生演示以下动作：

①摇狮头。

②抬狮头。

③盖狮布。

④狮尾动作。

（2）请10位男同学两两组队，一人拿着草帽做狮头，一个拿着窗帘扣绳做狮尾，模拟摇狮头和抬狮头两个动作。

（二）开展舞狮训练活动

1. 选派班级里连城拳练得比较好的五名学生，其中三人向连城青狮的传承人学习舞青狮的基本鼓乐的打法，两人学连城青狮的基本套路，掌握舞青狮的动作要领。

2. 组建八年级第一支舞狮队，利用课余时间练习。

3. 舞狮队在班级展示。

4. 三名学生把舞狮中的鼓、锣、镲的节奏特点进行总结、传授。舞狮头和舞狮尾的学生对相关的动作要领进行梳理、传授。

5. 把学生训练和教授的过程拍成微视频，进行宣传，扩大影响力。

6. 请黄林教练利用武术课的时间指导全班学生练习连城青狮，让学生掌握舞狮的要诀。

（三）梳理连城青狮发展大事记，在学校宣传栏里展示

（四）从以下几个方面探究舞狮技艺保护与传授的创新方式，让更多的人学习技艺，传承非物质文化遗产。

1. 场地。
2. 课程。
3. 活动。
4. 经费。

六、活动评价

《身边的文化遗产——连城青狮》语文跨学科学习活动评价表

小组名称			完成时间		
小组成员			指导老师		
评价内容		个人自评	小组互评	学科教师评价	指导教师评价
参与态度（10分）	对主题活动很有兴趣，活动初始、过程、汇报都积极参与。（10分）				

续表

	评价内容	个人自评	小组互评	学科教师评价	指导教师评价
活动过程（30分）	有具体的小组活动计划。（5分）				
	根据计划开展活动，有较为具体的活动记录。（5分）				
	能用规范的语言书写策划书、调查问卷等。（5分）				
	用实地调查、现场访问、上网搜索、查阅书籍等方法搜集资料。资料有出处记录，丰富且有价值。（5分）				
	能对数据、资料进行科学地统计、归纳、分析，得出结论，形成调查小结。（10分）				
活动成果（30分）	积极参与展示活动，交流汇报的语言清晰流畅。（5分）				
	用读写展示成果，如调查报告、实验报告、小论文等。（10分）				
	用绘画、板报、表演、视频等综合形式展示成果。（10分）				
	利用微信、QQ等媒介对外发布研究成果，产生较好的影响。（5分）				
合作能力（20分）	服从并很好地完成小组分派的任务。（10分）				
	能和其他组员交换共享信息，共同解决问题。（10分）				
创新能力（10分）	善于观察和发现问题，善于思考，实验能力强，能提出创新的观点或建议。（10分）				
总分（100分）	等级：80—100优；70—79良；50—69合格；50分以下有待提高。				

案例五　跨学科学习《倡导低碳生活》"做案"设计

一、活动目标

1. 确定宣传主题：阅读材料，学会从中提取有效信息，在综合分析的基础上确定小组的活动主题，并开展相应的活动。

2. 查阅、考察、搜集资料，撰写与"低碳生活"有关的宣传文稿，提高其他学科的读写能力。

3. 将筛选好的各种资料按照不同的栏目或板块，制作成相应的宣传材料，开展宣传，倡导环保理念，培养合作能力、表达能力。

二、活动重点

在了解碳的基础上，撰写与"低碳生活"有关的宣传文稿。

三、活动难点

制作低碳生活宣传材料。

四、活动过程

（一）情境导入

1. 自由谈对二氧化碳的感性认知。

2. 请学生从认知、情感、意志三个角度确定跨学科学习的目标。

认知：我们知道低碳生活是什么。

情感：我们愿意倡导并过低碳生活。

意志：我们养成低碳生活的习惯。

3. 明确三个学习任务。

确定宣传主题—搜集资料，撰写宣传文稿—制作宣传材料，开展宣传

（二）任务驱动

活动一：确定宣传主题

1. 阅读材料一，围绕"低碳生活，我们可以做什么"的话题，全班一起讨论，确定各组的活动主题。

2. 概括资料夹中资料一的内容要点。

（1）低碳和低碳生活的概念。

（2）低碳生活的价值。

（3）低碳生活的方式。

（4）低碳生活的原则。

3. 明确确定宣传主题的原则。

（1）确定的主题要有价值，有研究意义。

（2）确定的主题要切合生活实际，从小处入手，符合我们的研究能力。

（3）确定主题的支架：是什么？为什么？怎么做？

4. 小组确定宣传要点。

活动二：搜集资料，明确研究方法

1. 理解研究方法的概念和要点。

（1）文献研究法：网站搜集——关键词的选择、搜索引擎的选择。

书籍查找——地理课本、生物课本、化学课本、百科全书等。

（2）访谈法：权威人士和学科教师。

（3）实地考察法（观察法）：教室、校园考察，校外考察。考察方法为用笔记录，用相机拍摄，描述画面，记录感受。

2. 指导制订活动方案。

"倡导低碳生活"活动方案　第_____小组

小组宣传主题	
活动目标	
研究方法	文献研究法☐　问卷调查法☐　实地考察法☐ 观察法☐　实验法☐　访谈法☐　其他☐

续表

活动过程	活动内容	分工合作	困难预设及解决
准备阶段	搜集资料		
实施阶段	撰写宣传文稿 制作宣传材料		
总结阶段	展示宣传材料 开展宣传		
预期活动成果	展板	海报	宣传手册	标语
技术要点			

（三）小组汇报准备阶段的内容和预期的成果，随堂评价

1. 小组的活动主题。

2. 用了××研究方法，搜集有关××主题的材料。

3. 预期的活动成果。

（四）根据学生汇报的材料进行设计指导

1. 文字材料主题分解，提示可以此为板块。

经验（误区）	概念	原理
数据	危害	价值
践行	做法	制度

2. 指导编写宣传口号。

（1）理解标语的概念。

标语是指粘贴、涂刷或涂写在横幅、插牌、墙壁等公共场合的载体上，具有鼓动性、警戒性、装饰性、启发性等宣传意义的文字。

（2）拟写标语的技术要点。

篇幅短小、句式整齐、朗朗上口。

（3）采用多种修辞手法。

（4）口语化、通俗化、温情化、人情化、正面化、具体化、生活化、幽默化。

3. 小组集思广益，编写宣传口号。

①节能低碳，政府先行。

②节能低碳从现在做起，从我做起，从点滴做起。

③清爽地球靠大家，低碳走近你我他。

④少坐汽车多行走，低碳健康我拥有。

⑤低碳走进千万家，节能环保我参加。

⑥节省水电讲环保，低碳生活我来造。

⑦选择低碳，绿色相伴。

⑧倡导低碳生活，呵护生态家园，共享碧水蓝天。

⑨低碳生活是一种美德，环保勤俭是一种时尚。

⑩青山绿水长驻，鸟语花香永在。

⑪愿我们地球的"碳"息越来越少！

⑫减碳，为地球撑起一把绿色之伞！

4. 给全校师生写倡议书。

（1）格式：倡议书一般由标题、称呼、正文、结尾、落款五部分组成。

标题：倡议书标题一般由文种名单独组成，即在第一行正中用较大的字体写"倡议书"三个字。另外，标题还可以由倡议内容和文种名共同组成。

称呼：一般顶格写在第二行开头。需要特别指出的是，倡议书像其他专用书信一样，不写问候语。

正文：一般在第三行空两格写正文。

第一，倡议书的内容需包括以下一些方面。写明倡议书的背景原因和目的：倡议书旨在引起广泛的响应，只有交代清楚倡议活动的原因以及当时的各种背景事实，并申明发布倡议的目的，才会让人理解和信服，自觉行动。这些因素交代不清会使人觉得莫名其妙，难以响应。

第二，写明倡议的具体内容和要求：这是正文的重点部分。倡议的内容一定要具体化。开展怎样的活动，做哪些事情，具体要求是什么，它的价值和意义都有哪些均须一一写出来，倡议的具体内容一般是分条阐述，清晰明确，一目了然。

结尾：结尾要表达倡议者的决心和希望或者写出某种建议。倡议书属于专用书信，按照专用书信的格式写"此致敬礼"。

落款：落款即在右下方写明倡议者单位、集体或个人的名称或姓名，署上发倡议的日期。

（2）范文。

5. 向有关部门提建议。

第一，各级政府应发挥主导作用。首先，政府应加强宣传，引导消费者树立低碳消费理念。其次，政府应完善法律法规和制度机制，引导消费者过低碳生活。再次，政府应完善相应的设施，并提供相应的服务。最后，政府自身也要从"高碳化"向"低碳化"运作转变。

第二，企业应充当中坚力量。企业应实行清洁生产战略，制造出无公害、无污染的低碳产品，加强低碳产品的质量检测和监督工作。

第三，普通民众应成为积极的实施者。每一个人都应参与遏制奢侈消费、提倡崇尚节俭、开展节能减排活动，养成节约环保的消费方式和生活习惯，"低碳"你我的生活。低碳生活倡导的是一种公众环保和社会责任理念，对于普通人来说，低碳生活不是一种能力，而是一种态度，也是一种责任。

（五）展示物化成果并粘贴

分工合作，确定板块内容，撰写宣传文稿，制作宣传材料。

1. 每个小组介绍小组宣传的形式，板块的确定，小组成员的分工。

2. 带着宣传材料，向学校七年段的学生介绍相关环保理念，并提示大家如何在生活中践行。

3. 注意宣传结束，收集清理活动产生的垃圾。

（六）小结活动前后在认知、情感、意志三个维度的变化

1. 认识到低碳生活是一种优质的生活方式。

2. 接受低碳这种绿色、健康的生活方式。

3. 养成在日常生活中节约资源和保护资源的习惯。